市場の8割を左右する「女性視点マーケティング」

女性たちが見ている10年後の消費社会

株式会社 ハー・ストーリィ
日野佳恵子

同文舘出版

はじめに

本書は、女性に向けたマーケティングの本ではない。女性消費者が見ている世界を、マーケティングとして実践する本だ。

マーケティングでは、常に顧客起点で物事を考えろと学ぶ。顧客の立場に立て、ニーズをつかめ、インサイトを掘り下げろなど、さまざまな場面で語られ、そのための手法が取られる。

では、その顧客の主役は誰か。

消費のあらゆる場面に影響力を持つのは女性だ。

そのことを知っているマーケターは多い。しかし、消費リーダーは女性だとわかっていながら、女性の本質の消費行動は研究していない。

「いろいろな調査をするけれど、いまいち満足できない」「いつも同じ結論になる」「アンケートやインタビューをしてもあまり使えない」とマーケターは言う。

本書を書くに至った背景は、これらの疑問からだった。

もちろん、「うちは男性客が多い」「お客を男女では見ていない」「男女半々のお客だから」と言われることもある。

これらのどの言葉も、とてももったいない。何かが足りていない。

スタート地点だ。

目の前の顧客を1カウントとし、「男性は男性のモノを買う」「女性は女性のモノを買う」と考えて、目に見える答えを解決しようとしている。

男性の多くは、「自分のモノを買うことを買物」と見る。これが女性視点マーケティングに不具合を起こす。女性の多くは、自分のモノを買う時に、「誰かのモノを忘れていないかな」ともうひとつの脳で「考えながら」買物をするからだ。

この数年で急成長し、今、大注目を集めているのが作業着のワークマン。

その成長を後押ししているのは、作業着を着る男性ではなく女性消費者だ。

女性消費者の増加に伴い、大型ショッピングモールなどに、「ワークマンプラス」という男女が気軽に立ち寄れる店を次々と出店。2020年10月には「#ワークマン女子」という女性モノを増やした初のショップを横浜にオープン。店舗は、整理券を出すほど行列が続いた。

ワークマン側は、最初は実験店舗の予定だったが、すぐに400店舗の出店計画を発表した。

オープン後のメディア取材に、土屋哲雄専務が興味深いコメントをしている。

「開店から3日間の売れ行きは、男女兼用製品も含め、6割が女性向けに揃えた製品。来店客の8割以上が女性だったにもかかわらず、売上の半分は男性向けの製品だった。レジャー用として、女性が家族の服を購入して帰ったようだ」と話している。

これが「女性視点マーケティング」だ。

女性消費者は「自分を取り巻く人たちのモノ」を買う可能性を秘めて商品を見ている。

女性モノ、男性モノ、ジュニアモノ、キッズモノ、シニアモノ、ペットモノ、そしてトモ（友達）モノまで数えきれない。

マーケティングでは、「女性は家族のモノを代理購買する」という表現をする。

しかし、代理購買という単純な消費行動ではない。

子どもの塾の先生へのお礼、女子会の手土産など、代理ではなく、関係維持のための買物もある。

頭の中にあらゆる関係者リストを持ち、モノを見ながら人と関連づけて買物を判断している。

話を戻そう。

本書を執筆するにあたって、ワークマン（90ページ）に加え、私自身が女性視点マーケティングを語るうえで、特に読者の皆様にお伝えしたい企業として、スープストックトーキョー（97ページ）DEAN & DELUCA（ディーン＆デルーカ）（１０４ページ）、パスコ（１１８ページ）の４社様にも取材をさせていただいた。関係の皆様には心からお礼申し上げたい。

さらに、その他多数の企業事例が登場する。できるだけ具体的な事例をお伝えしたほうがピンとわかっていただけるだろうと考えてのことだ。

今、世界中が女性視点を求めていると「感じて」いる。

それは、「男性だから」「女性だから」という不平等感の話ではなく、存在する者同士がお互いを理解し合い、手を取り合っていくことこそが、世界の課題を解決していくからだ。

日本は、先進国の中でも極端に、政治、経済の責任あるポストに女性の参画が少ない。

それは、ビジネスでのマーケティング視点にも、女性視点という存在が見落とされてきたということは間違いないだろう。

女性視点マーケティングとは、従来とは別の、もうひとつのマーケティングである。

女性消費者は、マーケットに大きな影響をもたらす消費リーダーであることを考えれば、女性視点マーケティングを今からでも急ぎ実践することは、ワークマンのように、見えなかった世界が広がっている可能性に満ちていることに気がつく。

女性視点マーケティングの醍醐味。

それは、女性たちが10年先を見て生きていることだ。

しかし、面白いことに当の女性たちにはその自覚がない。女性同士の共感は、同じ女性同士の中で通じ合うので、特別なことと気づかない。

私は、２００９年に『「ワタシが主役」が消費を動かす――お客様の〝成功〟をイメージできますか？』（ダイヤモンド社）という本を出版した。当時、たくさんの女性消費者にアンケートとインタビューを行ない、大阪市立大学の永田潤子教授に分析をお願いし、女性たちが見ている社会について発表した。

あれから約10年。今、世の中で起きていること、人々に求められている社会的責任は、当時の女性たちが語っていたことそのものだ。当時はあまりＣＳＲ（企業の社会的責任）とか、サステナブル（持続可能なありさま）とか、ましてやＳＤＧｓ（持続可能な開発目標）などの単語は知らなかった。

女性たちは、なぜ10年先が見えるのか。正しくは「感じる」のか。

その理由は、女性の心身が種を保存し、次世代につなごうとするためだ。言葉や形ではなく、心身が捉える。近年、絶滅危惧種を取り上げた図鑑や本が増えているが、人間もリストアップされるべき方向に向かっているのではないか。だから社会課題解決の運動が年々大きくなっている。

今、社会起業家の女性は多く、スウェーデンの環境活動家グレタ・トゥーンベリさんは、15歳の時に活動をはじめたという。日本も含めて世界各国で10代、20代の女性たちが声をあげている。それは10年後の自分たちが大人になった時の暮らしを考えているからだ。

いきなりマーケティングから生物学的な話になるが、女性には10歳前後で初潮を迎え、月の満ち欠けのごとく次世代とつながろうとする力が備わっている。

米国ゴールドマン・サックスが２０１４年に発表した「Giving Credit Where It Is Due」からわ

かったことがある。

女性の支出の優先順位は、男性のそれとは異なり、女性は家族の幸せを向上させる商品やサービスを購入する可能性が特に多く、教育やヘルスケア、栄養などの分野に消費する。これは男性の倍の数字であり、労働生産そのもの以上に、いわば「将来の人材への投資」として、その社会にもたらす影響は絶大なはずだ。

また、ハーバード・ビジネス・レビューの「The Female Economy」によると、「女性は男性に比べ、より社会的責任性の強い企業の商品やサービスを購入する傾向にある」と報告している。

弊社が日々行なっている女性へのヒアリングでは、既婚未婚、子どものありなしにかかわらず、女性たちは、「未来の」「子どもたちの」といった言葉をよく発する。

女性に向き合えば、10年先に起こり得る課題を口にする。

女性視点マーケティングは、まだ未知の領域。

本書を手に取っている賢く知性ある読者の方々と、このマーケティングを新たな分野へと昇華させたい。「持続可能な」という大きなテーマでなくていい、子どもたちが笑顔で暮らす日本、地球に向けて歩き出そう。

それが今、もっとも求められているマーケティングであり、ブランディングだろう。

本書の読者と私とで約束をしたい。

「自信に満ち溢れた笑顔の未来のために、大人の私たちができることに踏み出していく」

さあ、女性視点マーケティングの世界へようこそ。

2021年1月

株式会社ハー・ストーリィ　代表取締役　日野佳恵子

女性たちが見ている10年後の消費社会
市場の８割を左右する「女性視点マーケティング」
contents

第5章 女性視点マーケティングを成功に導く5つの理解

第6章 女性視点マーケティングの実践トレーニング

第7章 2021年以降、伸びる女性マーケットと着眼点

第8章 女性特有の「ブルー消費」は空白ゾーン

第9章 女性たちが見ている10年後の消費社会

カバー・本文デザイン
ホリウチミホ（ニクスインク）

プロローグ

女性視点から
社会を見れば、
10年先が見える

男女は同床異夢。女性視点は未来を感じ取る

本書を書きはじめたのは、2019年秋だった。

もちろんテーマは「女性視点マーケティング」。私が長年研究と実践を重ねてきた内容を集大成にして発表したいとパソコンに向かっていた。

半年後の翌2020年春には出版の予定だったが、誰もが想像していなかったウイルスとの闘いがやってきた。新型コロナウイルスの影響によって、世界中、そして日本経済も大打撃を受けた。

コロナ禍で私は、弊社が月刊で発行している女性消費者動向レポート「HERSTORY REVIEW」をバージョンアップさせ、紙の形式からPDFのダウンロード形式で読めるようにした。

取材どころではなくなった3月から6月までの自粛環境の中、社内もリモートワークに変わった。

仕事上、定期的に女性消費者にグループインタビューを行なっていたが、これも個別のオンラインインタビューに切り替えた。20代から60代までの女性たちに個別にインタビューをしていく。彼女たちは年齢も住んでいる場所も違う。しかし、世代を超えて、場所を超えて類似した新しいワードを口にしていた。

そうだった。**女性たちは、いつでも暮らしの最前線で「これから」を感じ取る。**

それは家族を、自分を守るために、暮らしを守るために「先手」を打つ女性たちの本能だ。

仕事をし、家事をし、子育てをし、学校の支度をし、塾と関わり、地域と暮らし、家族の買物に追われる中で、どう「取りまわし」ていくか、という処世術だ。

男女平等だ、女性活躍だと言いながら、日本では女性の家事育児労働時間は、先進国中、世界第1位で、男性は世界最下位だ。


彼女たちの発言を聞きながら、女性消費者動向レポート「HERSTORY REVIEW」2020年7月号を「無料号外」にして、できるだけ多くの方に配ろうと決めた。

そして、**「女性消費者7つのWithコロナ様式」**を発表し、想像を超える多くのダウンロードをいただく中で、女性たちのリアリティに近づく調査、報告を強化しようと決意していった。

同時に、書き進めていた本書も、より女性たちの本質に寄せていく内容に変えていった。

「女性たちは未来を見ている」ことを多くの方に実感していただくための内容にしたいと何度も書き直しを加えた。幸いに、新型コロナ感染拡大によって自宅中心の活動になったことで、執筆環境が整っていた。

それが本書のタイトル、「女性たちが見ている10年後の消費社会」となった。

「HERSTORY REVIEW」２０２０年下期キーワードの動きを確認

まずは、想定外の年となった２０２０年の新型コロナウイルス感染拡大の自粛後から年末までの変化を確認し、そこから10年後を考えてみたい。

毎月10代から60代までの女性に、アンケートを取り、オンラインインタビューをし続けていくことで、刻々と変化していく気持ちを定点的に追い、その変遷をキーワード化してレポート「HERSTORY REVIEW」で発表し続けてきた。

【２０２０年７月　女性消費者７つのWithコロナ様式】

女性たちは家族を守るために、家庭防疫大臣のごとく振る舞う。

①衛生管理：家庭内の衛生管理責任者の意識を持ち、指揮を執る
②家族優先：家族単位での行動を優先。行動管理者となる
③手製向上：時間の過ごし方を工夫。手づくりで楽しさと時間消化
④内需活性：国内支援、ふるさと支援、災害地支援。近場で遊ぶ
⑤接続連携：ＳＮＳで常時、頻繁に遠方の親や知人たちと情報交換

⑥健康免疫：免疫力を高める食材や発酵食品を摂取、体質改善主導
⑦内部留保：保険の見直し、貯蓄や運用を学ぶ、意義ある買物へ

【2020年8月　抑えの夏、気分は外へ】

子どもや家族のメンタル、そして自分の体調も考えて気分転換の工夫をする。旅行や外出の制限があるなら、家の中で外出気分を味わおうと、ベランダにテントを張ってキャンプ風、部屋の中に駄菓子や釣りゲームを置いて夏祭り気分、飲み歩きできない夫のために居酒屋風メニューを手づくりして女将さん疑似店舗、ハワイに行った気分のインテリアで、パインジュースにお花をつけてなど、涙ぐましい工夫例が多数、聞かれた。

【2020年9月　気にかけ合う身近消費】

家族の防疫のコツに慣れてきたことで、次第に周囲の人々に目が行く。なかでも実家の両親や遠方の友人知人などだ。ＳＮＳやリモートでは思いが届かない。そこでお菓子、果物、手づくりのマスク、子ども向けのスナック、おもちゃなどを贈答し合った。タイミング的に敬老の日も重なったことも大きい。荷物には便箋を使用して手紙を入れるなど、デジタルでは味わえない気持ちを表わす行動が見られた。

【2020年10月　緩みを整える支度消費】

経済が動き出し、防疫術も身につけて、普通の生活に戻れるように努力を開始。ふと気づくと出かける頻度が少なかったことで、髪の毛はパサパサ、お肌は乾燥、運動不足とホームウェアで身体も緩んでいるという自分自身を放置していたことに気づいた。まるで我に返ったかのように自分メンテナンスに動き出した。

慌てて高級シャンプーやトリートメントを購入。エステや美容院へ。

そろそろ他人と会う態勢に自分を整えて、身支度に対する消費が活発に。

【2020年11月　脱コロナ奮起　塗りかえ消費】

今年も残すところあと2ヶ月。GoTo トラベルがスタートし、格安で泊まれる温泉地で少しリッチな部屋を予約。都内在住者でも都内のホテルに家族で毎週末に宿泊。部屋は人数分取って個室で楽しんでいるという声など。1年間、ネガティブだった空気を一気にポジティブな記憶に塗り替えて終わりたいという奮起が見えていた。

【2020年12月　暮らしアップデート　サステナブル意識消費】

再びコロナ第三波。しかしもう、これまで得てきた経験を実行するのみ。

暮らしの視座がひとつ上がった。想定以上に長引く自粛生活によって、体験してきた行動の中には、習慣として定着しそうなことも多い。「新しい生活様式」は、人を想い、誰かのために役立つ行動に向かいはじめた。女性はもともと社会貢献意識が高い。女性たちの発言には、サステナブルやエシカル（倫理的・道義的）な行動を意識していることが幅広い世代ではっきりと聞かれるようになった。

【2021年1月　結構いいね！　新習慣2021　ニューノーマルラバー消費】

新しい年が明けた。「ネットフル活用」「家族時間を快適にする工夫」「大切な人を想う」「助け合い協力し合う」「無理をして生きない」。

つらいこともあったけど、いいことも発見できた。この暮らしを愛していこう。明日へつなごうという行動が見えてきた。

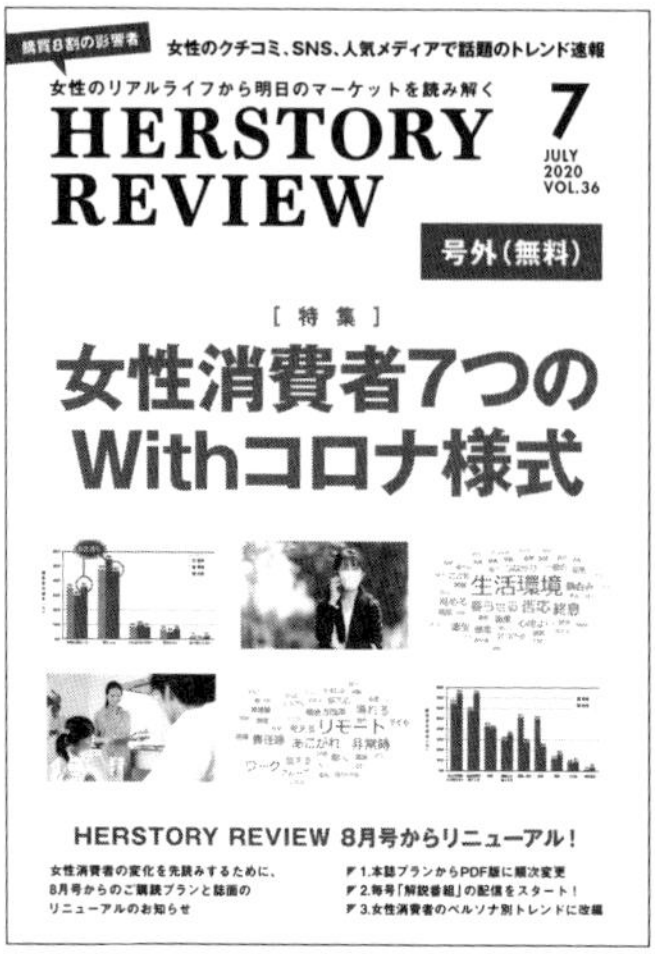

女性消費者7つのWithコロナ様式

7つのwithコロナ様式		女性が強化する消費
1. 衛生管理	→	恒常的な消費　（当面、衛生管理は強化維持）
2. 家族優先	→	家族の絆消費　（家族、祖父母と連携・結束）
3. 手製向上	→	手づくり消費　（手づくりは心癒すひととき）
4. 内需活性	→	国内支援消費　（地域や近場で買い物・遊ぶ）
5. 接続連携	→	EC&SNS消費　（動画共有で買い物を相互影響）
6. 健康免疫	→	体質強化消費　（身体づくりは基本的価値に）
7. 内部留保	→	貯蓄保全消費　（いざに備えて貯蓄や運用）

女性消費者動向レポート「HERSTORY　REVIEW」無料号外 2020年7月号表紙と、発表した「女性消費者７つの With コロナ様式」（画像：HERSTORY オリジナル）。

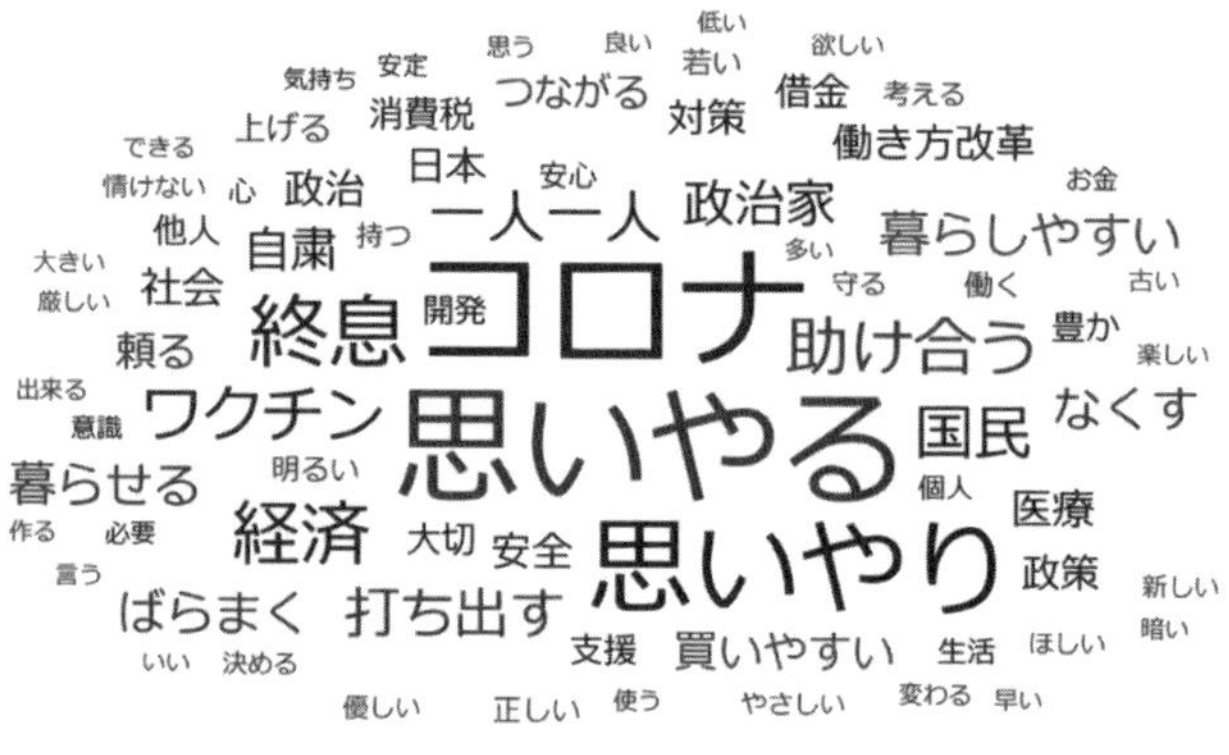

テキストデータを視覚化した「ワードクラウド」。文字の大きさはスコアの高い単語。秋以降の調査から「コロナ」「思いやり」「思いやる」という言葉が強く見えるのがわかる（画像:HERSTORY オリジナル）。

「HERSTORY REVIEW」表紙

2020年8月

次第に
日常感覚

抑えつつも楽しもう、
GoToも大事かもね

9月

あきらめ
ムード

身近な人と楽しく過
ごす工夫をしよう

10月

アフターに
備える

さすがに緩みすぎた。
整え直す心支度

11月

暗い年で
終わらせない

気分を切り替えるた
めの消費行動へ

12月

暮しアップデート

サステナブル行動は当たり前。「誰かのため
に」という行動が基本

2021年1月

結構いいね！　新習慣2021

ニューノーマルを愛する新しい消費行動。コ
ロナで変化した暮らしも結構いいね！

2020年8月号以降半年間の特集の変遷

「見えないこと」が価値になる2021年からの10年

多くの人々が言う。新型コロナウイルスの感染拡大によって**「価値観が変わった」「以前のやり方は通用しない」「この先どうなるのか。消費者の先が見えない」**と。

安心してほしい。それは女性視点が教えてくれる。

女性は、見えていない世界を感じる力がある。きっとこれを第六感と呼んできたのだろう。見えないだけに、今までは周囲に上手に伝えることができなかった。目に見えるモノに価値がある時代がとても長かったこともある。

マーケティングは、モノの量を拡大するために必要な視点だった。

やっと時代が追いついてきた。**「見えないこと」が価値になっている。**

「感じる」マーケティング＝女性視点マーケティングを知ろう。

近年、よく言われている**「モノからコトへ」**という言葉。

女性視点マーケティングでは、もともとモノよりは目に見えないコトを重視する。また、「共感マーケティング」「共生マーケティング」「共創マーケティング」といった「共」を活用する言葉も見聞きするようになったが、**「共」は女性視点マーケティングの真髄**になる。

さらに「プロダクトインからマーケットインへ」という言葉。

まさに、女性視点マーケティングは、日常の生活から物事を見るマーケティングに当たる。

２０１０年からの10年。女性たちが見てきた世界は「コトからイミ（意味、背景や想い）」へと移行していた。そしてコロナによって命の大切さや思いやりなど、社会的な存在意義を強く意識するようになった。２０２０年、「イミからイギ（意義）」へと進行した。

「モノ↓コト↓イミ↓イギ」へと女性視点は本質の変化を受け入れていく。女性たちは10年先を「感じて」いる。２０２１年からは「イギ」の時代になる。今まで見えなかった女性視点を取り入れて、共に次世代へ「イギ」ある社会をつないでいこう。

女性視点マーケティングの気づきと誕生

私が女性視点マーケティングに気づいたのは、広告会社に勤めていた20代の頃だった。会議中のやり取りでは、常にデータが求められ、新人だった私は、説明するための資料づくりに忙殺され、仕上げた資料はコテンパンに否定された。

いつも、口にはできなかったけど、「こうしたらいいのにな」という根拠のない感覚を持っていた。それを言語化したいと、ビジネススクールや数々のセミナーに学びに行った。

そしてある時、気がついた。**マーケティングとは、男性視点なのだ**と。

この気づきはとてもショックだった。

そこで独立することにした。「感じるマーケティング＝女性視点マーケティング」が存在することを実証するための会社、株式会社ハー・ストーリィを創業した。１９９０年のことだ。

当初は、「女性マーケティング」と「女性視点マーケティング」という言葉の使い分けを私自身も明確にできていなかった。名刺交換をすると、女性とついているだけで、「うちは化粧品とかではないので」とか「女性向けの商品ではないので」と言われることが多々あった。

「女性視点マーケティングは、女性モノとか男性モノとかシニアモノといったくくりではない」と伝えたいが伝わらないジレンマと葛藤した。

女性の見ているマーケットは広い。

暮らし、健康、教育、介護、レジャーとありとあらゆる分野に関係し、それらの消費財を主に購入し、誰かに渡し、誰かに意見し、クチコミし、ＳＮＳで発信する。

女性にとっての当たり前は、ビジネスでの当たり前ではなく、さまざまな場面でフラストレーションを持った。

明確に言語化できたのは、２００４年、トヨタ自動車国内営業部のカローラ営業本部本部長の新井範彦氏（当時）との出会いによってだった（詳細は著書『「ワタシが主役」が消費を動かす――お客様の〝成功〟をイメージできますか？』（ダイヤモンド社）に掲載）。

車を購入する男性の75％は、妻の意見が大きく関与しているというデータから、「女性が見る購入決定要因と接点となる販売ディーラーのあり方を調査したい」というご依頼がスタートだった。

その結果、女性はたとえドライバーであっても、「車のことはわからない」「興味が低い」「わからないことがわからない」という姿が浮き彫りとなった。

当時、すでに女性ドライバー数は登録者数で見ても4割を超えていた。「本人がドライバーであるにもかかわらず、車のことは得意ではない。しかし、夫の車の購入に75％は関与している」という状況は何を指すのか。

仮説ではあったが、車を見ながら、車以外のことを関連させて関与するのではないかということが考えられた。

現実に夫婦の購入場面で、夫はレザー張りの内装を求め、妻は子どもが食べモノで汚したり、酔って吐いたりした時の状況に対応できる内装を訴えてけんかになったなど、多くの現実が見えてきた。

そして新井氏が発令したのが、「女性視点マーケティング」活動だった。

・女性視点マーケティングは、女性向けのキャンペーンやプロモーションではない
・従来のマーケティングプロセスのすべてを疑ってかかってみる活動
・女性視点から見れば、たとえばメカに強くない男性や高齢者などへのアプローチにも有効になる可

能性がある
というものだ。

その後、当時の全国のカローラ店ディーラーには、女性社員を中心にプロジェクトが結成され、従来の売り方と並行して、女性の視点から気になることを洗い出して販売に活かすという「女性視点マーケティング」の活動が展開された。

たとえば、男性視点ではスペックの数値で商品を訴求するが、女性視点では活用シーンがイメージできるような単語や伝え方の言い換えをした。具体的には、男性視点では「最小回転半径4・6メートル」と伝えるところを、女性視点では「切り返しなしでUターンができます」といったようにだ。

その他、店内のテーブルや椅子、観葉植物など快適性の見直し、分煙の工夫、トイレのパウダールーム化、授乳室やおむつ替えルームの設置、キッズコーナーや遊具の衛生管理など、ありとあらゆる場面で女性視点を取り入れ、どんどん改善されていった。

同時に、全国から地方各社の女性が一堂に集まる会議も開催された。当時、まさに女性活躍を推進する動きとしても注目され、個々のディーラーの中で内包されていった。

女性視点マーケティングは、従来のマーケティングを疑う

女性視点マーケティング概念図

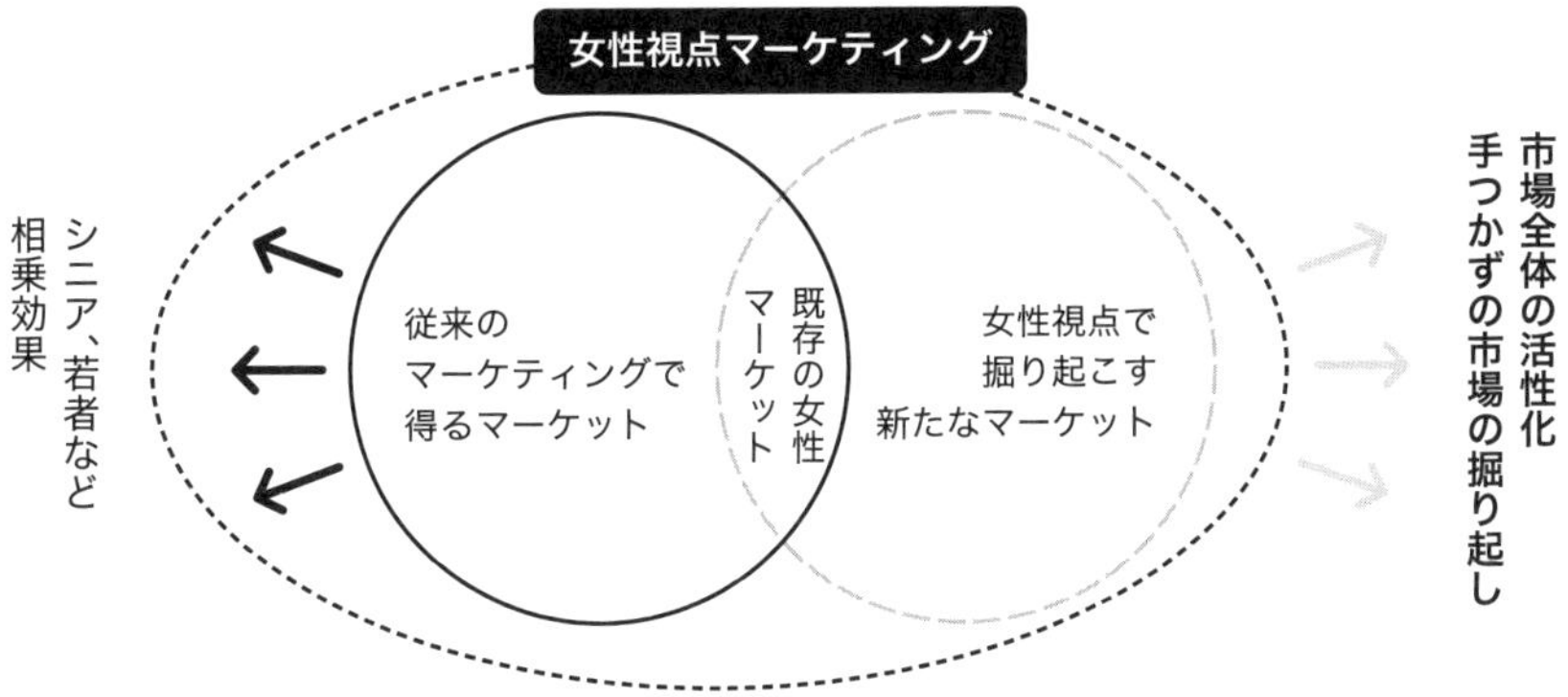

得られるメリット・成果

・女性視点で掘り起こす新たなマーケットの獲得
・生活者視点から得られる潜在ニーズの掘り起こし
・女性視点（新しい視点）から生まれる商品企画、販売方法、広告宣伝、ノウハウ構築
・イメージアップによる若者を魅きつけるリクルート効果
・CS（顧客満足）、ES（従業員満足）の向上

女性が見ている消費社会とは、

・モノを見ながら常に家族や子ども、関係する人々の使用場面を想像する
・選択責任者として、家族に、子どもに、社会によいモノかを選定する
・購入時に「モノ＋人に優しい状態＝商品価値」となる感覚が強い

この3つが大きなポイントとなる。

女性視点マーケティングは、研究すればするほど横に広い。

対象やカテゴリーがぐんぐん広がる。

女性の消費行動の基本は、モノとモノ以外の「人に優しいか」という気持ちとセットで動く。

女性は、自分と自分に関わる人のために、日々、膨大な情報をキャッチし、加工し、自らも女性たちに伝える。

約10年前に発表した「女性視点マーケティング」の図

従来のマーケティング

1. プロダクト志向、モノ発想（スペック、機能価値）
2. シェアを奪う（競争に勝つ）
3. Push型、量の拡大、売上と占有率
4. 顧客はターゲット（狙い打つ）

→

女性視点

1. ライフ志向、コト発想（私にとって大切、社会的価値）
2. 共に育てる、共に生きる（バランス重視）
3. Pull型、気持ちの充実、利益と社会還元
4. 顧客はパートナー（共感者）

女性視点は、共感を大切にし、「共」に関わり、ファンとしてインフルエンサーに変容していくモデル。女性が買いたくなる（クチコミしたくなる）仕組みを軸にマーケティングを展開

2009年、女性消費者にインタビューし、重視しているキーワードから導き出した「女性視点マーケティングと従来のマーケティングの違い」

たとえば、家族や友人知人に自分の勝手な気持ちで行なう**「おせっかい消費」**、家族の使用するモノを代わって購入する**「代理購買消費」**、友達との話題のために購入する**「クチコミ消費」**、近々会う友達とのお茶会に持参するお土産やギフトなどの**「交際維持消費」**など……。

あらゆる場面で、自分と自分以外の人を頭に浮かべては買物をする。

女性視点マーケティングを研究している間、世の中は、昭和、平成、令和と3つの時代を経た。20世紀の大量生産、大量消費という時代も終わりを告げた。

地球温暖化は進み、災害は増え、疫病に世界が脅かされることになった。

企業は、サステナビリティ（持続可能な）、SDGs（持続可能な開発目標）に向けた姿勢と行

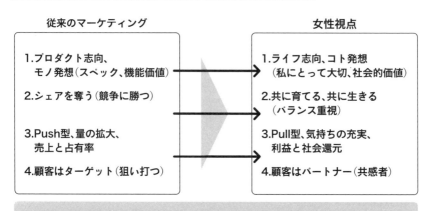

動が、いよいよ待ったなしで問われている。
同時にマーケティングのキーワードも変化してきた。
そこは10年先を感じ取ってきた女性視点マーケティングが大得意とするところだ。

女性視点マーケティング成功のための4つのお願いと心構え

本書をこれから読み進めるうえでのお願い事が4つある。

1．男性と女性は同床異夢。互いの視点は異なるということを素直に受け入れて読み進めてほしい。男女はあきらかに違う。脳科学の数々の本、大学ゼミとの消費者行動研究、そして私自身の実体験から実証を重ねてきた。

2．女性視点マーケティングは、女性客向けだけではない。幅広いお客様や男性向けの業界にとっても新しいマーケットの創造になり得るので、周囲にすすめてほしい。今、知って損のないマーケティングだと。

3．ひとりで理解してひとりで行動しない。従来のマーケティングとは逆の考え方が多々あるため、理解者を増やさなければ成功しない。上司やチーム、取引先と理解を共有し、できるだけ関係者を巻き込んでほしい。

4．女性視点マーケティングは、女性ならばわかるというものではない。また、女性は「感じる」ことはできても言語化が苦手な場合も多い。加えて女性は、ライフイベントが激しく変化する。状態が異なると同じ女性でも理解できないことが発生する。女性だからこそ女性を俯瞰してほしい。

第1章

女性トレンド
最新キーワード

時代と共に柔軟に変化し続ける女性たち

女性視点マーケティングを語るうえで、重要なのは社会のトレンド（時流）だ。

女性は生活に密着し、些細な変化に気づき、暮らしに反映させていく。

まず今、日本の女性がどんな状況下にあるかを共通認識として持とう。

日本の女性は、世界一のスピードで変化していると言われている。

「最近の女性たちは、どんどん多様化している」「女性といってもいろいろいるだろう」「世の中は、男女共に大きく変わっているはず」「今どき、男女差をいうのはナンセンス」など、さまざまなご意見があるのではないかと思う。

そこで、まずは、日本の女性たちがどのように変化し続けているのかをご説明したい。

弊社は、毎年2月に、その年の女性消費者動向を「女性トレンドセミナー」という場で、キーワードにして発表し続けてきた。

その年間トレンドキーワードの変遷を振り返ってみよう。

昭和から令和にかけての女性マーケットの変遷

日本の女性を取り巻く環境はこの30年で大きく変わった。

昭和、平成、令和と時代が進むにつれ、女性の行動範囲は家庭だけでなく、職場や社会的な場所へとその活躍の場は急速に拡がっている。

【「適齢期」が幸せ基準の昭和、「社会進出」が進んだ平成】

１９２６年から１９８９年までの昭和時代、女性は結婚適齢期（24歳前後）を迎えたら結婚して家庭に入り、専業主婦として家族を支えることが当然とされてきた。家庭を切り盛りすることで働く夫を支える妻、子どもの世話をする母という二役にのみ、女性の役割は求められていた。

この流れを変えたのが、１９８６年に施行された「男女雇用機会均等法」だ。この法律に後押しされて、続く平成時代（１９８９年～２０１９年）では、社会に進出する女性が急増していく。

働く女性が増えるにつれ、育児や短時間勤務などに関する法律も徐々に整備され、時代を象徴するかのような「肉食女子」「草食男子」などの言葉が流行した。また、仕事を優先する女性が増えたことは、「少子高齢化」「晩婚化」に影響を及ぼしているのではないかと言われるようになった。

【２０１４年　スマホ元年　情報発信者へ】

この年、女性たちが持つ携帯電話は、初めてガラケーよりもスマホのほうが多くなった。

【２０１５年　新消費創生　少子高齢化をジワリと実感】

少子高齢化を実感しはじめた。子どもは宝。６ポケット（両親と両祖父母）消費に注目。

【２０１６年　なりたい自分になれない「迷路の中の女たち」】

女性の社会進出や発信力が、右肩上がりに増えていくなか、ひとつの分岐点となったのが２０１６年だ。人口減少、つまり「働き手の減少」が叫ばれて以来、女性を積極的に活用していこうとする社会の流れを受けて、女性たちは現実とまわりからの期待とのギャップに悩みはじめる。

この頃、話題になったのが、「＃保育園落ちた」というＳＮＳの書き込みだった。年末の流行語大賞のベスト10に入るほど話題になった。

【２０１７年　自分らしい生き方へ「解放区の生き方指南書探し」】

女性たちの中に広がった空気は、「固定的な価値観から解放されて、自分らしい生き方を探しはじめよう」というトレンドだ。

２０１７年2月発売の女性雑誌「an・an」（マガジンハウス）の表紙はアーティストのPerfume（パフューム）の3人。タイトルは「オンナの生き方は、いつも難しい。生き方を選ぶ。」だった。３

人を出すことで、3人いれば生き方も三様であることを伝えてもいた。

副題には、「恋愛／結婚／出産／仕事／転職／起業」という6つのライフイベントが出されていた。「結婚のメリット&デメリットは?」「出産&子育ての選択とスケジュール」といった言葉が添えられている。

女性は、ライフイベントに向き合うべき時が多い。都度、分岐点で選択を迫られるが、そのどれが自分の人生にとって正解なのかはわからない。この頃から「適齢期」や「クリスマスイブ（24歳までに結婚）」といったような固定概念から解放されるムードが広がってきた。「生き方は自由」となってきたが、それゆえに選択肢が多いという新たなストレスを生んだ。「私はどう生きたらいいの。その指南書がほしい」という本音だ。

【2018年 インスタ映えは存在証明「私の存在を実感したい」】

前年の2017年末の流行語大賞は「インスタ映え」となった。その後、2018年、2019年と「映《ば》える」は、女性たちのトレンド行動として浸透していく。

前年からの流れで、女性の生き方の選択に正解がない不安感や迷いを抱えている女性たちにとって、インスタグラムの「いいね!」は、互いに承認しあえることで、存在証明の力になっていく。有名タレントでなくともフォロワーを何万人も持つ「インスタグラマー」と呼ばれる発信力のある女性たちが多数生まれ、消費に影響を及ぼす存在となっていく。

この年、女性に対する差別問題なども大きく取り上げられる動きが世界で見られた。2018年の流行語大賞には「#MeToo（私も）」がランクイン。「#MeToo」はセクハラに声を上げた女性たちの世界的な運動。米国のニュース雑誌「ＴＩＭＥ」は２０１７年度パーソン・オブ・ザ・イヤーとして、「#MeToo」運動を起こした女性61人全員を写真つきで紹介して、大きな話題を呼んだ。

翌1月の第75回ゴールデングローブ賞授賞式では、賛同した女優たちが黒い衣装で参加して連携を意思表示。女性たちが沈黙を破り、声を発して存在を示す流れが強くなる。世界各地で女性たちは「自らの存在の証を得る動き」を活発化させはじめる。

【２０１９年　令和の幕開け「ワタシは私。質実美健な選択者」】

「『FRaU』の最新号、買いましたか?」

２０１８年も終わりに近づく時期、何人もの知人に聞かれた。

「FRaU」は講談社が発行する女性雑誌で、ファッション、カルチャー、ライフスタイルなどを幅広く記事にしている。

２０１９年1月号「ＳＤＧｓ　世界を変える、はじめかた」というタイトルで、一般の女性に「ＳＤＧｓ」という言葉を強く発信した日本では最初の女性雑誌だろう。同誌は発売後も重版を重ね続けたと聞く。その後も毎年1月号はＳＤＧｓを特集テーマとして企画は第2弾、第3弾と続いている。

女性たちは、世界の課題を雑誌から学ぶようになった。そして「自分はどうあるべきか」という消費行動の変化へとつながっていく。

近年は、エシカル（倫理的な行動）やサステナブル（持続可能な）を意識したファッションやコスメ、暮らし方を選択することがおしゃれな人というイメージになってきた。外側を飾るのではなく、中身を磨くことが本物であり、心身が健康で、地球や社会の未来を考えて行動することがもっとも美しい生き方という価値観になった。

選択者はワタシ。自分の目で、品質・美しさ・健康によいモノを選ぶ。そのためには、自らの知識も高めようとする行動も強くなる。

【2020年　リカバリーは、私たちの手で】

2020年の幕開けは、「リカバリーは、私たちの手で」だった。

まさかその後に、新型コロナウイルスで世界中が大変なことになっていくとは思っていなかったが、このキーワードは、妙にその後を予見したような言葉となった。

正式には、「リカバリーは、私たちの手で。私が動く、あしたの子どもたちのために。未来意思時代へ」だ。

2月には「サステナブル・ブランド国際会議2020横浜」が開催されていた。

リサーチ会社のインテージは、「FRaU」に掲載された「今日からできる100のこと」を参考に45の行動リストを作成し、全国15歳〜69歳の男女3206人に調査している（https://www.intage.co.jp/gallery/sustainability2/）。

その結果から生活者のサステナブル行動を4分類し、サステナブル行動の意識が高い人から、Super層、High層、Moderate層、Low層とした。上位のSuper層、High層は、どちらも男女比

4：6で、女性のほうが高くなっている。

2020年7月、20代向けの女性ファッション雑誌「ViVi」9月号（講談社）が大きくSDGs特集を組んだ。吉本の若手人気芸人EXITを起用し、新鮮な紙面で、読んでいるだけでハッピーになる内容だった。一日一善ならぬ一日一SDGsとして、私たちが身近にできる行動を30日分、30daysとして提案している。

たとえば、「days2: フードロスえぐい。解決アプリを使うなりー」では廃棄予定の食品をテイクアウトできるサブスクアプリの「Reduce Go」や予約人数と同じ数の子どもたちに寄付できるグルメ予約サイト「テーブルクロス」などをおすすめしている。「days6：つねに低電力モーでよろたの」では、低電力モードにすることで20％〜30％も消費電力が節約できること、いらない写真やアプリを削除するのも有効だと伝える。

ポップなノリで若い読者にわかりやすく書かれている。

この号では、エシカルコスメ（環境、人、社会に優しいコスメ）の特集もしている。

SDGsは、特別な人たちの高尚な言葉ではなくなった。新型コロナウイルスの感染拡大に直面した2020年。「ViVi」の特集は、20代の女性たちが、楽しみながらも持続可能な社会を自分たちの手でつかもうとする行動へと変わっていくことの大切さを指南した。

【2021年　暮らしから社会を塗り替えていく主導者へ】

2021年が幕開けた。

誰も想像していなかった新型コロナウイルス感染拡大という、価値観を大きく変える1年を過ごして迎える2021年となった。

たった1年で多くの命を失い、経済不況を起こし、グローバル社会は一転して、世界中で鎖国状態が起きた。この期間、女性たちの価値観も大きな変化を余儀なくされた。

女性消費者調査から見えていたのは、新型コロナ禍における「家庭の衛生管理責任者」という自覚と行動だった。やがてそれは人を「思いやる、気にかけ合う、応援する買物へ」と意識変化し、その後、定着していった。

SDGsという言葉の広がりとも重なり、次第に社会に目が向いていく。

また、デジタルネイティブ世代が活躍する年代となり、クラウドファンディングやネットを活用した寄付や応援が気軽にできる社会になったことも大きい。

「自分の買物が誰かを幸せにする」ことが身近となった。「同じ買うのなら」「どうせ買うなら」という言葉がよく聞かれる。

女性雑誌の「FRaU」「ViVi」以外にも、「SPUR」（集英社）、「Hanako」（マガジンハウス）などが次々とSDGsの特集を掲載し、サステナブルという言葉がいよいよ大衆へと広がってきた。

2020年秋以降の女性たちへのインタビューでは、「お茶は買わずにパックで。ペットボトルは買っていない」「洋服はリサイクルショップに持って行く」、そして「夫や子どもにエコ意識を啓蒙してきたが、やっと行動するようになった」「友達と誘い合いゴミ拾いのサークルに入った」などのコメントが聞かれた。やはり女性たちは周囲を巻き込みながら生活のリーダーシップを取っているのだ。

２０２１年からの女性たちは、身近な暮らしから少しでも社会に役立つことを主導していくだろう。

第2章

女性に関するデータの変化を見れば未来が見える

女性の変化データから読む2021年からの消費社会

女性は、人生のどの時点にいるのかで、価値観がくるくると変わる。なかでも結婚・出産・育児というライフイベントにいる女性は、日常生活に与えるインパクトが大きいため、価値観は目まぐるしく変化する。

本書では、女性全体が今、どんな状況に置かれて、そのなかでどう生きていようとしているのかをデータから読み取っていきたい。特に経年的なデータを見れば、右肩上がりなのか右肩下がりなのか、山なのか谷なのかで、5年~10年先のグラフがどうなるかが大方読めるはずだ。

また、私たちは国の政策によってレールが敷かれていく。今後、国が手を入れていくポイントは、男女差の大きい数値や、国際比較において女性活躍が遅れている分野等だろう。この2つの現状を把握すれば、この先の国の動きは予測できるはずだ。まずは実態を見てみよう。

①女性就業率の伸びを見ていく
――就業率は過去最高70%超。正規雇用か非正規雇用かも意識する

女性の就業率の伸びを意識してみよう。働く女性が増えるということは、時間の使い方、買物の仕方が変わる。

女性の就業率が過去最高を更新し続けている。またすべての年代で就業率が上昇している。この30年で女性たちは自分の生き方を自由に選択するようになったことで、昔のように多くの人が同じ年齢・時期に結婚、出産をして一時期仕事を離れるというようなことはなくなった。

もうひとつ意識していきたいデータがある。それが**正規雇用か非正規雇用か**だ。

以前は女性マーケットを語るうえで、専業主婦と有職主婦の比率を見ていた。専業主婦と有職主婦の比率が入れ替わったのは、2004年から2008年あたり。ここから一気に「働く女性」という言葉のほうがマジョリティになっていったのだ。

就業率が上がっていると聞くと、イコール正規社員と思いがちだが、女性の就業率の上昇は、非正規雇用のほうが多い。いわゆるパート、アルバイトなど時間や日数で働く人だ。

女性の就業率の推移

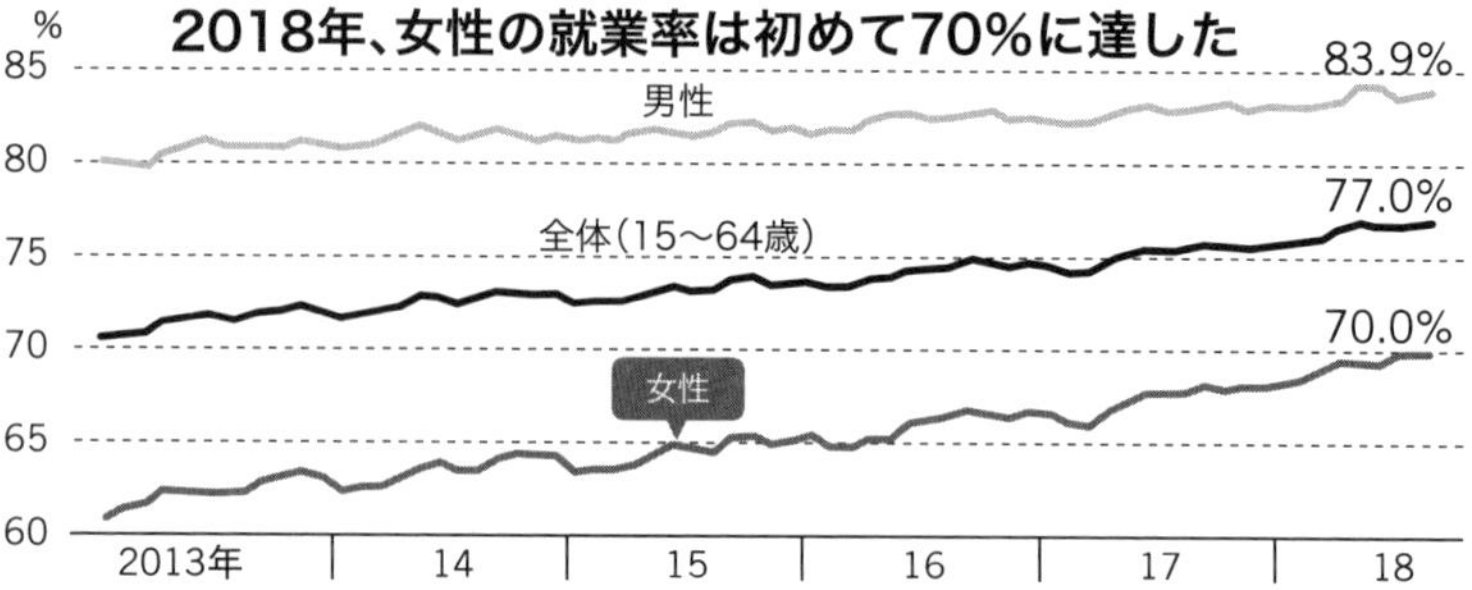

出所:総務省「労働力調査」

女性の年齢階級別労働力率の推移

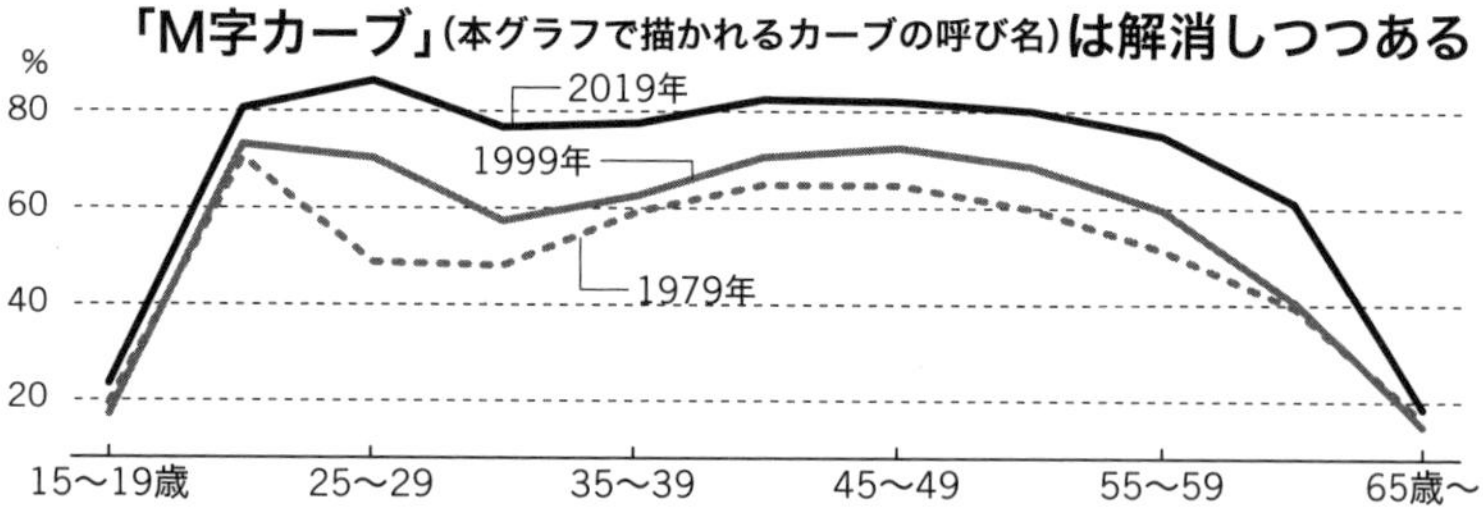

注:2019年は6月分結果、その他は年平均

出所:総務省「労働力調査」

専業主婦世帯と共働き世帯の推移

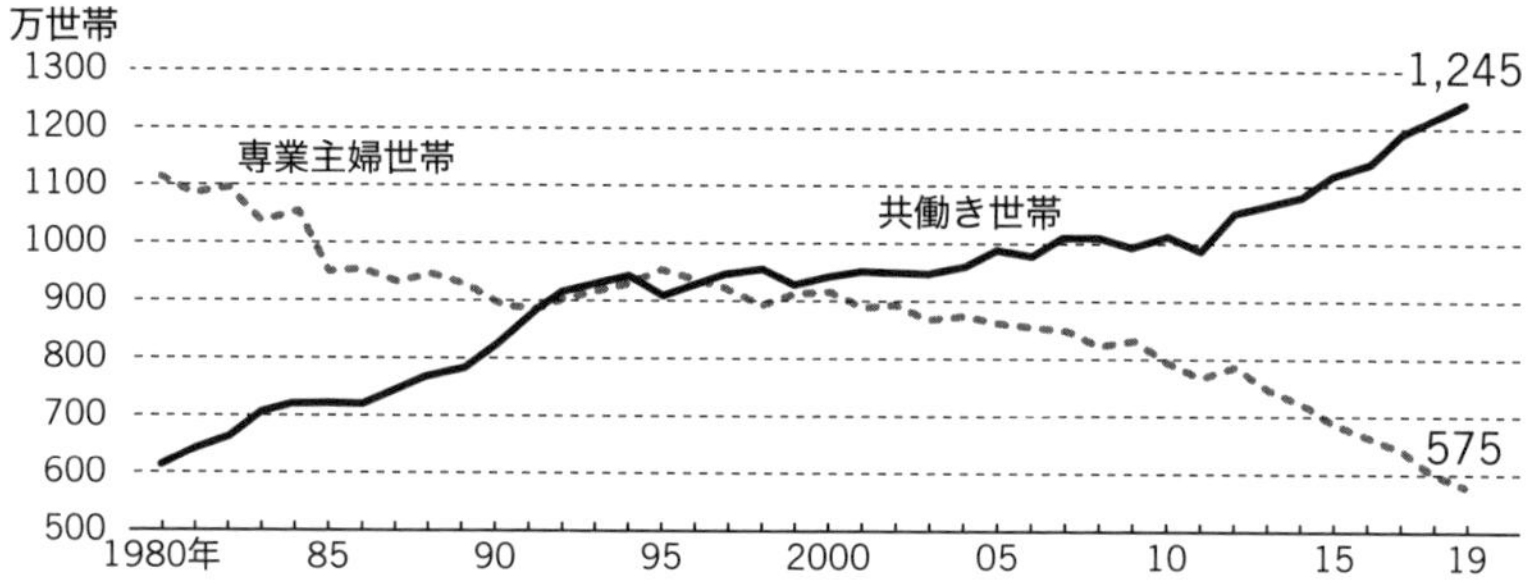

注:「専業主婦世帯」は、夫が非農林業雇用者で妻が非就業者(非労働力人口及び完全失業者)の世帯。
注:「共働き世帯」は、夫婦ともに非農林業雇用者の世帯。
注:2013年〜2016年は、2015年国勢調査基準のベンチマーク人口に基づく時系列用接続数値。

出所:厚生労働省「厚生労働白書」、内閣府「男女共同参画白書」、総務省「労働力調査特別調査」、総務省「労働力調査(詳細集計)」

これは見落としがちな大きなチェックポイントだ。

今、女性の半数以上は非正規雇用で働いている。男性は圧倒的に正規雇用が多い。つまり、男性と比べると不安定な立場にある。

30代40代は、仕事に責任が出てきて忙しくなってくる時。その年代で非正規が多いという数値からは、就業と家事育児の両立の難しさがあるということがわかる。

コロナ禍で表面化した女性・非正規に厳しい日本の現実。介護、保育、医療、スーパー、コンビニ、旅行、ブライダル、観光といった分野を支えているのは非正規の女性。コロナ禍で職を失い、困窮、絶望、自殺増加を起こした。

しかし今後、非正規雇用よりも正規雇用のほうが大きくなっていく流れが予測される。すると日本の消費社会は変わるだろう。女性たちのほとんどが、今より家庭時間が減るため、**家族との共働連携や代行サービスの利用、効率化のための家電やデジタルツールなどはどんどん活用されていく。**

【予測】

今後10年、男女共に家事育児と仕事の両立がうまくいかない大きなストレスが続く。〝男女両方〟そして社会で家事育児を支えていくという動きに向かう。なかでも子育て中の非正規社員の女性たちがストレスを抱えている分野に着目し、解決していく商品やサービスは、すべての子育て世代に共通する悩みを解決していくため需要が多く、派生効果も大きいだろう。男性の家事育児参加のための商品、サービスもどんどん伸びていく。10年後は、男女共に正規社員が主役マーケットになる。国も非正規社員の抱える生活困窮などの課題解決に動き出す。働き方改革は、次の時代に突入する。

②出生数は過去最低を更新し続けている

厚生労働省の発表によると、２０１９年、国内出生数は86万５２３４人。前年比５・９２％の急減。90万人を割り込むのが想定より２年早い。このスピードは、三世代、つまり孫の世代で４分の１近く減るという速さだとみんな気づいているだろうか。さらに執筆中に入ったニュースでは、２０２０年はコロナ禍によって衝撃の前年比▲１・９％の84万７０００人となる見通しだという。１年間で約２万人減。少子化が想定より一気に10年前倒しになりかねない状況が起きた。

人口の減少は自然減も入れて約51万人。これは現在の鳥取県全体の人口に近い。コロナ禍でなくとも１年間にひとつの県が消滅していることになるのだ。

２０２０年１月１日時点の人口は１億２７１３万人だが、２０６５年は約８８０８万人と推定されている。**しかも実態は、この数字の計算より速く進んでいるのだ。**

２０６５年は、今年生まれた子どもたちはまだ45歳。この子たちは、将来、どれほどの負担を背負

出生数の推移

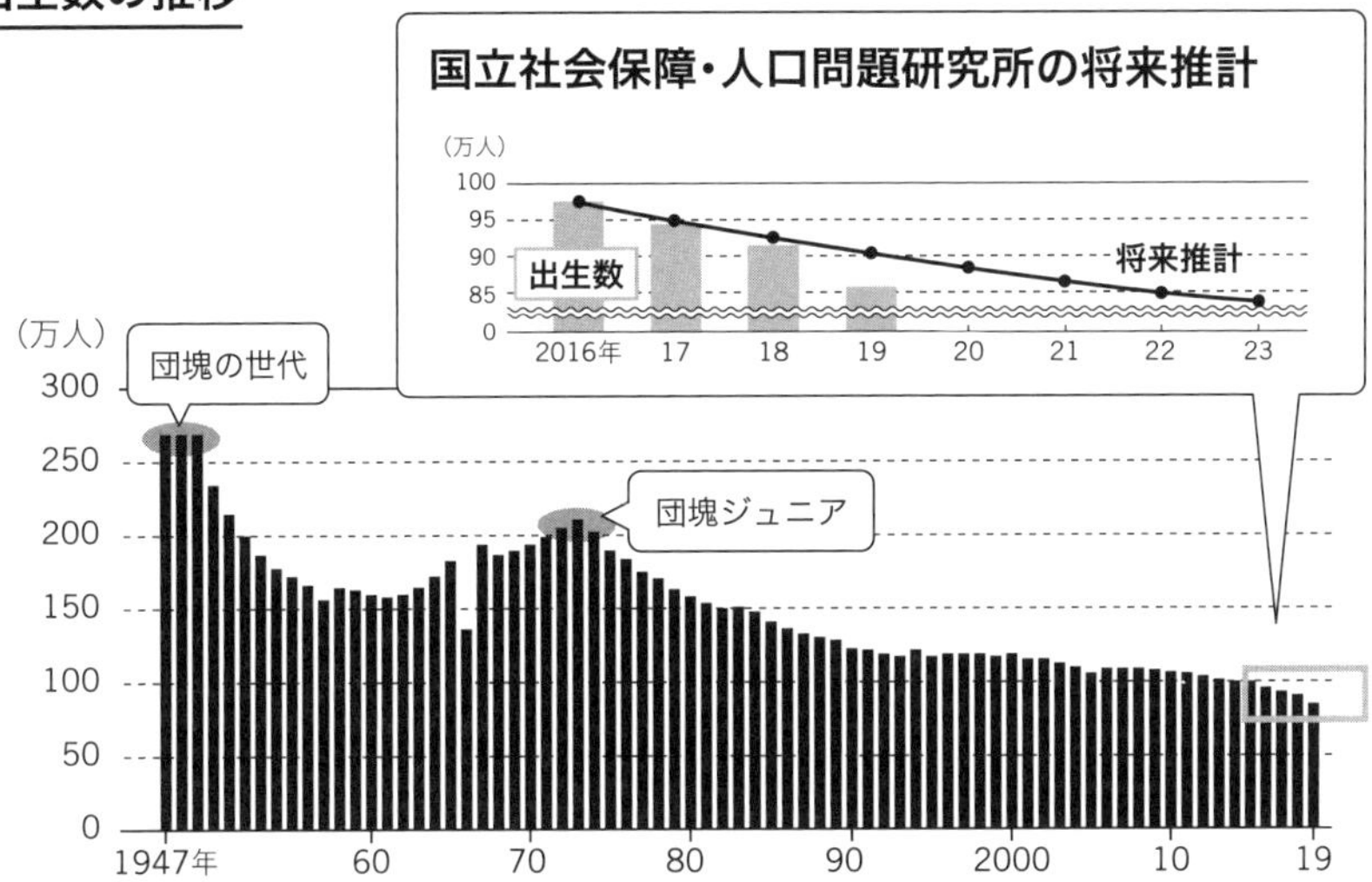

出所:厚生労働省「人口動態統計」(2019年は推計値)

平均初婚年齢と出産時の母の年齢

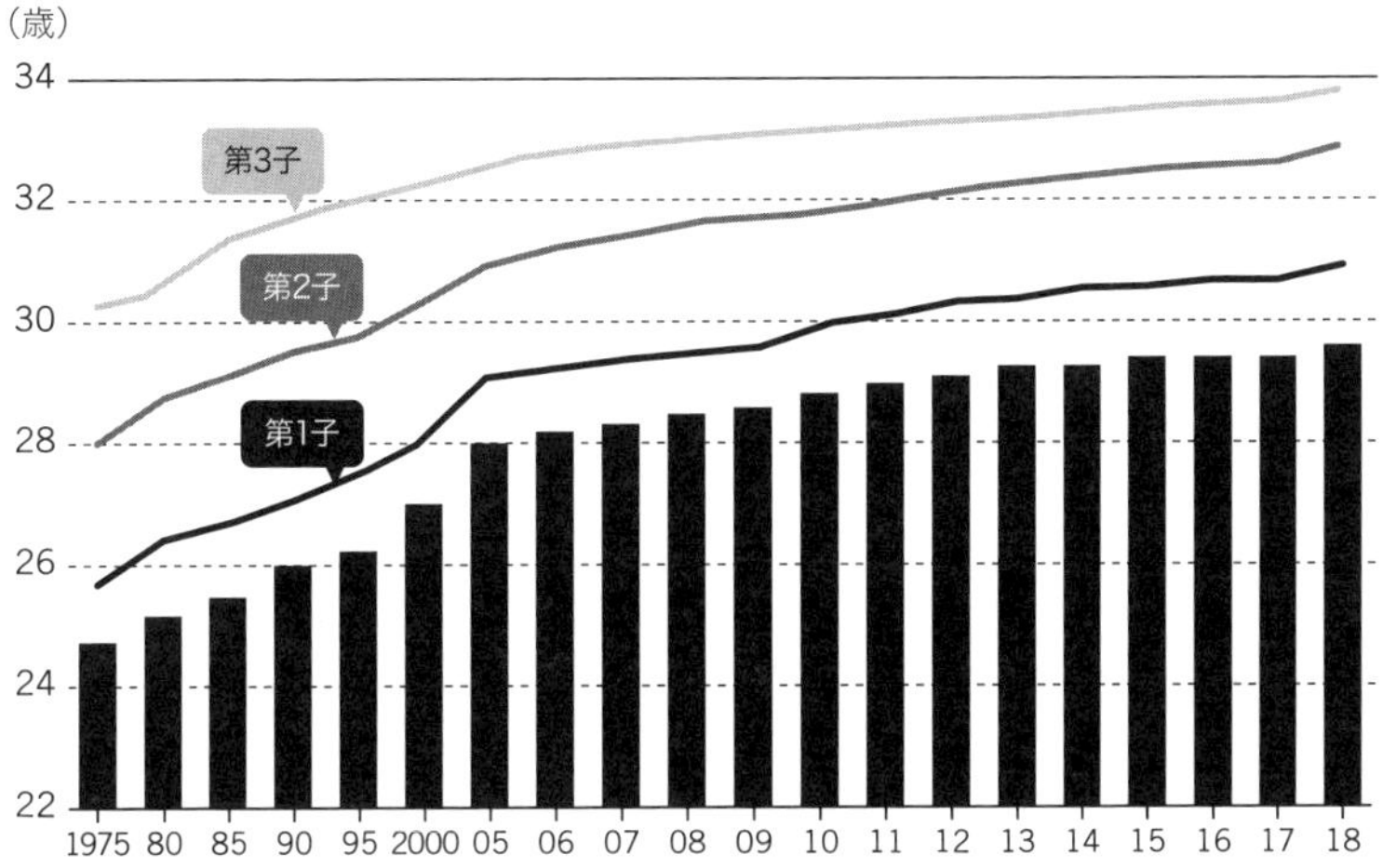

棒グラフ=平均初婚年齢
折れ線グラフ=出産時の母親の年齢

出所:厚生労働省「人口動態統計」

うことになるのか。私たちは深刻に責任を考える必要に迫られている。

ちなみに、明治時代初めまで人口は約3000万人と、今の約4分の1だった。孫世代は明治時代に近づくレベルで加速中。さらに下まわる可能性に向かっている。また、**女性が結婚する年齢、初めて子どもを出産する年齢は上がっている。**

1980年の平均初婚年齢は、夫が27・8歳、妻は25・2歳。2018年にはそれぞれ、31・1歳、29・4歳となった。初婚年齢の上昇に伴って、第1子出産時の平均年齢も上昇。2019年、第1子を産む女性の平均年齢は31歳。1985年より5歳高くなっている。

ただし、これらの〝平均〟というデータの見方には注意もある。じわじわと晩婚化に向かっているのは事実だが、都市と地方の格差もあり、実態としては、28歳までに結婚している女性は2018年のデータで57・6％と約6割。32歳では80・3％と8割に到達する。また、男性もデータでは27歳をピークに結婚をしている現実かあるため、「周囲も晩婚だから」では大いに勘違いもしやすい。女性は男性と異なり、出産を担うことから、生殖適齢期に関する情報に敏感。出産と結婚は切り離して考えられない。

働く女性のキャリアプランと出産の時期と婚期のトリプル意識は男女に大きな差がある。女性活躍を考える時、このトリプルの視点を忘れては、女性のストレスは増幅し、少子化を止めることもまた難しい。

【予測】
今後10年、結婚年齢、出産年齢はさらに上がり続けそうだ。出産年齢が高くなれば、子どもが成人するまでの母親としての年齢期間も後ろ倒しになる。30歳で初産の場合、50歳で子どもが成人となる。夫は年上が多いと考えると、**夫婦のテーマは健康で長生きすることだろう**。体力づくり、閉経（更年期）の体調不良を改善することへのニーズが高くなる。

③世界ジェンダー・ギャップランキング

――日本は121位でG7最下位

世界経済フォーラムが毎年発表している「ジェンダー・ギャップ指数」のランキングを意識して追うことは、女性視点マーケティングの重要な指標になる。２０２０年、日本はＧ７で最下位、１５３ヶ国中１２１位だ。前年は１１０位。さらに下がった。

この数値が上がりはじめれば、女性の消費パワーはさらに大きくなると予測するため、意識して上げていきたい重要な指標だ。

指標は、**政治・経済・教育・健康の４つで数値化**される。政治・経済の分野で、日本はいかに女性が活躍していないかがわかる。

このジェンダー・ギャップ指数の低さは、ＳＤＧｓの17の目標5「ジェンダー平等を実現しよう」

とも連動することから意識せざるを得ない課題となっていくだろう。

新型コロナの拡大の中で、女性リーダーの活躍は目立った。ニュージーランドのジャシンダ・アーダーン首相や台湾の蔡英文総統は、その代表的存在だ。今回の世界的なパンデミックを契機に、女性リーダーの存在とリーダーシップが世界から評価されることになった。

女性リーダーは、「一人ひとりの命が大切だ」という発信と行動を促した特徴が目立った。対して、トランプ米大統領やブラジルのボルソナーロ大統領などは、命を軽視する発信と行動を取った。マスク着用を自身がギリギリまでしないといったような行動は、特に子どもを持つ母親、高齢の親を持つ人々などの国民に恐怖を与え、何よりも大きな不安感を持たせた。

こうした女性リーダーと男性リーダーの比較記事をメディアは取り上げていた。

これは極端な例だと捉える方もいるかもしれないが、女性リーダーの発信は、今、世界中で取り組まれている地球環境保護や人権格差をなくすといったＳＤＧｓをリードするにふさわしいリーダーシップに見える。「２０２０年スピーチ・オブ・ザ・イヤー」では、ドイツのメルケル首相の演説が選ばれた。パンデミック初期の3月18日にメルケル首相が国民に向けて行なったテレビ演説は、世界的に高く評価された。このスピーチが評価されたのは「共感能力」だ。

21世紀型のリーダーシップは、社会全体を考えて行動しなければならない。今までの力で押し倒す破壊的なリーダーに辟易した若者たちが、世界各地で声を上げている。

日本で最初のクラウドファンディングサービスREADYFORを立ち上げた米良はるかさんは当時、24歳の大学院生だった。READYFORは、社会課題解決案件が多い。

女性リーダーを増やすことは、世界の向かうべき課題解決を推し進めていくためにも必要なことだろう。政治、経済への女性参画数値が低いことは、ダイバーシティ（多様性）という観点から見ても低次マネジメント力であると捉えられてしまうだろう。

日本が真に世界のリーダーとして認められるためには、女性リーダーの育成は急務なのだ。

【予測】

今後10年、女性リーダー、マネジメント層が増えていく。日本のジェンダー・ギャップランキングは、大変、恥ずかしい順位だと思う。とはいえ、多くの人々がこのランキングを上げようと行動を開始するだろう。女性の起業家、経営者、取締役、管理職などのリーダーは必ず増えていく。

しかし、今まで女性リーダーの数が極端に少なかった国だけに、「ビジネスをする女性のリーダー」に向けたマーケティングは、ほぼ未着手だ。商品、サービスはとても少ない。これから必ず拡大してくるマーケットだ。

④50歳時未婚率の増加数を見る
――2030年には、男性27・6％女性18・8％（推測値）

50歳の時点で一度も結婚したことがないというシングルの男女が増えている。日本の年齢階級別未婚率（２０１５年）は、男性35歳〜39歳が35・０％。女性35歳〜39歳が23・9％で、年々上昇傾向が続いている。50歳までに一度も結婚したことがない人の割合（配偶者との離婚や死別は含まない）は、１９８５年までは男女共５％未満だったが、２０１５年には男性が23・4％、女性が14・１％となっている。

２０３０年の数字を、国立社会保障・人口問題研究所が出した推計値で見ると、男性は、27・６％、女性は18・８％だ。

女性の場合は、学歴、地位が向上すると、社会参加と活躍が活発となり、結婚、出産への関心が薄れ、積極的な行動が取れないなどが要因とも言われている。

昭和の時代は、近所に仲人さんがいて、結婚する時まで世話を焼いてくれたが、今は、マッチングアプリで、自らさまざまな人と気軽に会うこともできる。気軽なだけに、多様な人たちと出会うことはできるが、それはそれで結婚相手を見つけるのはたやすくない。気軽に出会えても、本気の結婚と

生涯未婚率の推移（将来推計含む）

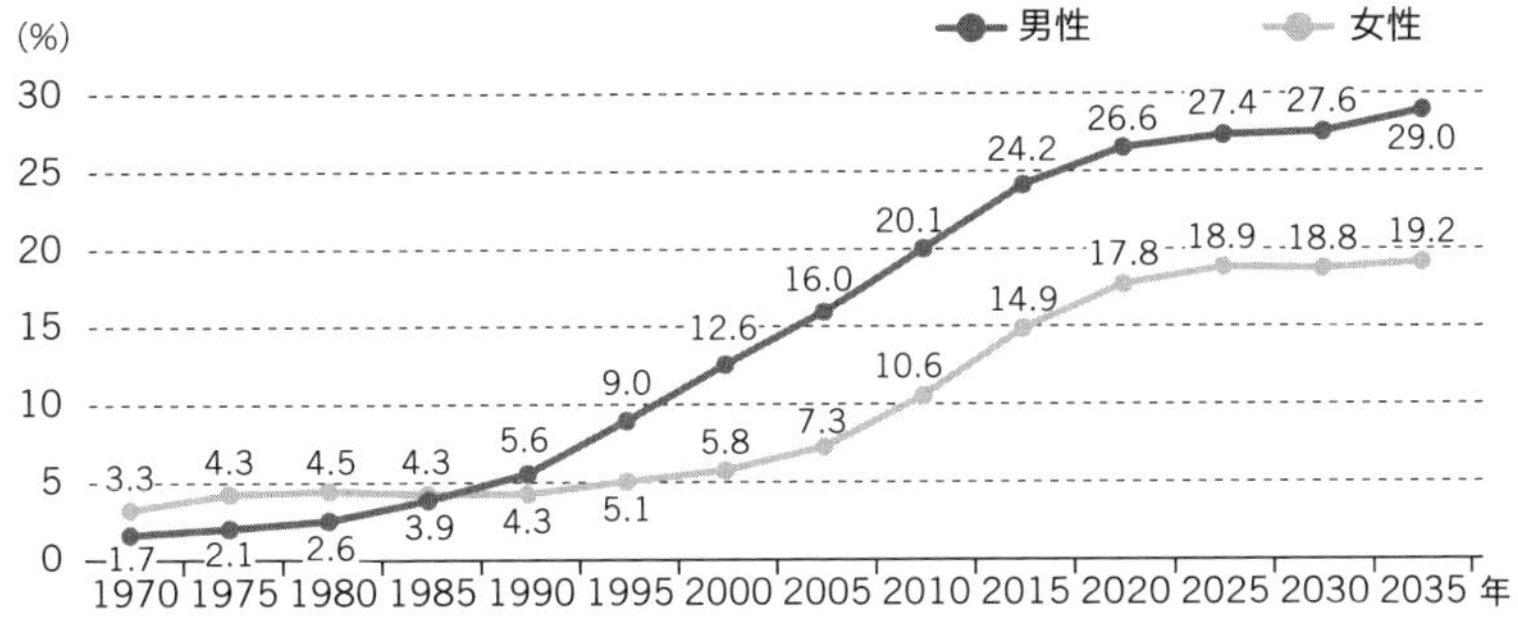

出所：国立社会保障・人口問題研究所「人口統計資料集（2015年版）」、「日本の世帯数の将来推計（全国推計2013年1月推計）」。2010年までは「人口統計資料集（2015年版）」、2015年以降は「日本の世帯数の将来推計」より、45～49歳の未婚率と50～54歳の未婚率の平均。
注：生涯未婚率とは、50歳時点で1度も結婚をしたことのない人の割合

世帯類型別世帯数の推移（全体世帯数に占める比率の推移）

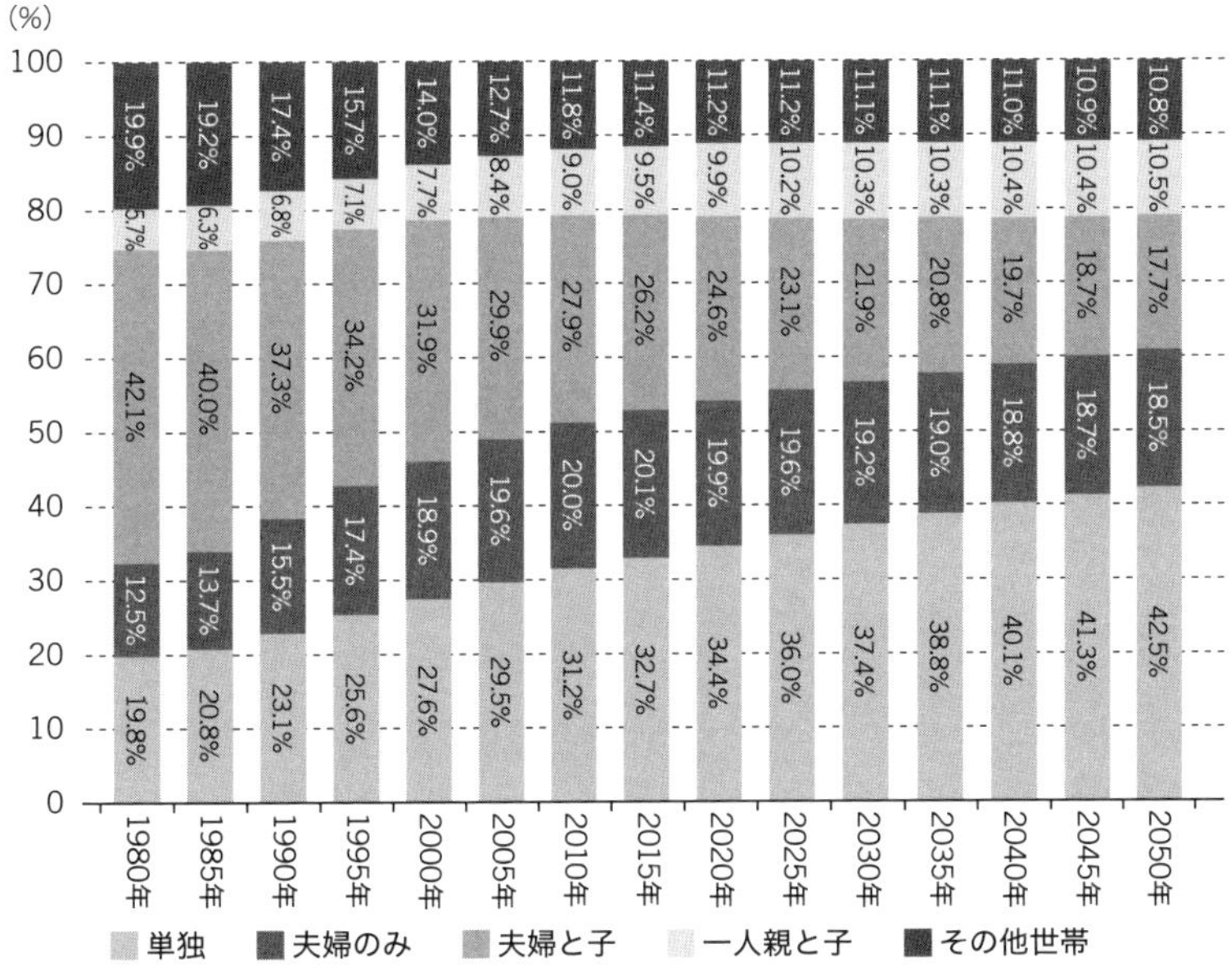

出所：国土交通省開催国土審議会・政策部会での試算・提示
注：2005年分までは国勢調査による確定値、それ以降は社会情勢などを勘案した上での推定値

いう道のりは、簡単ではなくなっている。そのストレスで、出会いを探すのをやめてしまう人もいる。

「50歳時未婚率」というデータは、少し前までは、「生涯未婚率」という名称だった。昔の男女は、50歳まで未婚だったら生涯未婚だろうと思われていたことになる。

「50歳時」という言葉が加えられたように、**これからは年齢にとらわれず、いくつのタイミングでも結婚の機会はあるし、再婚もできる。**

海外の場合は、結婚していない事実婚や同棲カップルで子どもを持っている人も多い。**結婚や家族という固定概念にとらわれない生き方**も広がるだろう。

結婚はしないが、子どもだけはほしいという女性の希望も増加している。フィギュアスケーターの安藤美姫さんや歌手の浜崎あゆみさんなどは、結婚はせず、パートナーを公表しないシングルマザー。

50歳時未婚率のデータの数値の上昇は、恋愛観、結婚観、子育て観の多様化につながっているとも言えそうだ。

【予測】

今後10年、全世帯でひとり暮らしの世帯率は増加していく。２０３０年以降は全世帯の約4割となる。年齢問わずひとり暮らしの男女が増加していく。ひとりで過ごす暮らしをテーマに、商品、サービスを考えていくことは、年齢を広く捉えることができれば大きなマーケットになるだろう。

ただし、世界ジェンダーギャップ指数のランキング上位国を見る限り、女性の社会進出と出生率は比例していない。

少子化を克服した北欧諸国等を参考に、国の政策対応を行なえば、ひとり世帯の減少、少子化に歯止めをかけることはできる。その重要ポイントが、女性の政治、経済への要職への参加だ。これから10年で、どういう道を選択するのか。日本は分岐点にいる。

⑤長寿国ニッポン、平均寿命と共に消費者人生が伸びている

医療技術の発展と共に平均寿命は延びている。

２０１９年の日本人の平均寿命は、男性81・４１歳、女性87・４５歳。明治時代の平均寿命は、男性42・３歳、女性44・３歳。明治時代から見れば寿命はほぼ2倍に延びたことになる。

男女で寿命が長いのは世界共通して女性である。彼女たちの消費者人生は最長を更新し続けている。

また、**２０２５年には3人に1人が65歳以上、２０４０年は人口の3割が85歳以上の高齢者になる**とされ、日本は、世界のどの国も経験したことがない「超高齢化社会」の先進国になる。

日本人の寿命は今後も延び続け、２０１９年に生まれた86万人の子どもたちは、１１０歳まで生き

100歳以上の高齢者数と平均寿命の推移

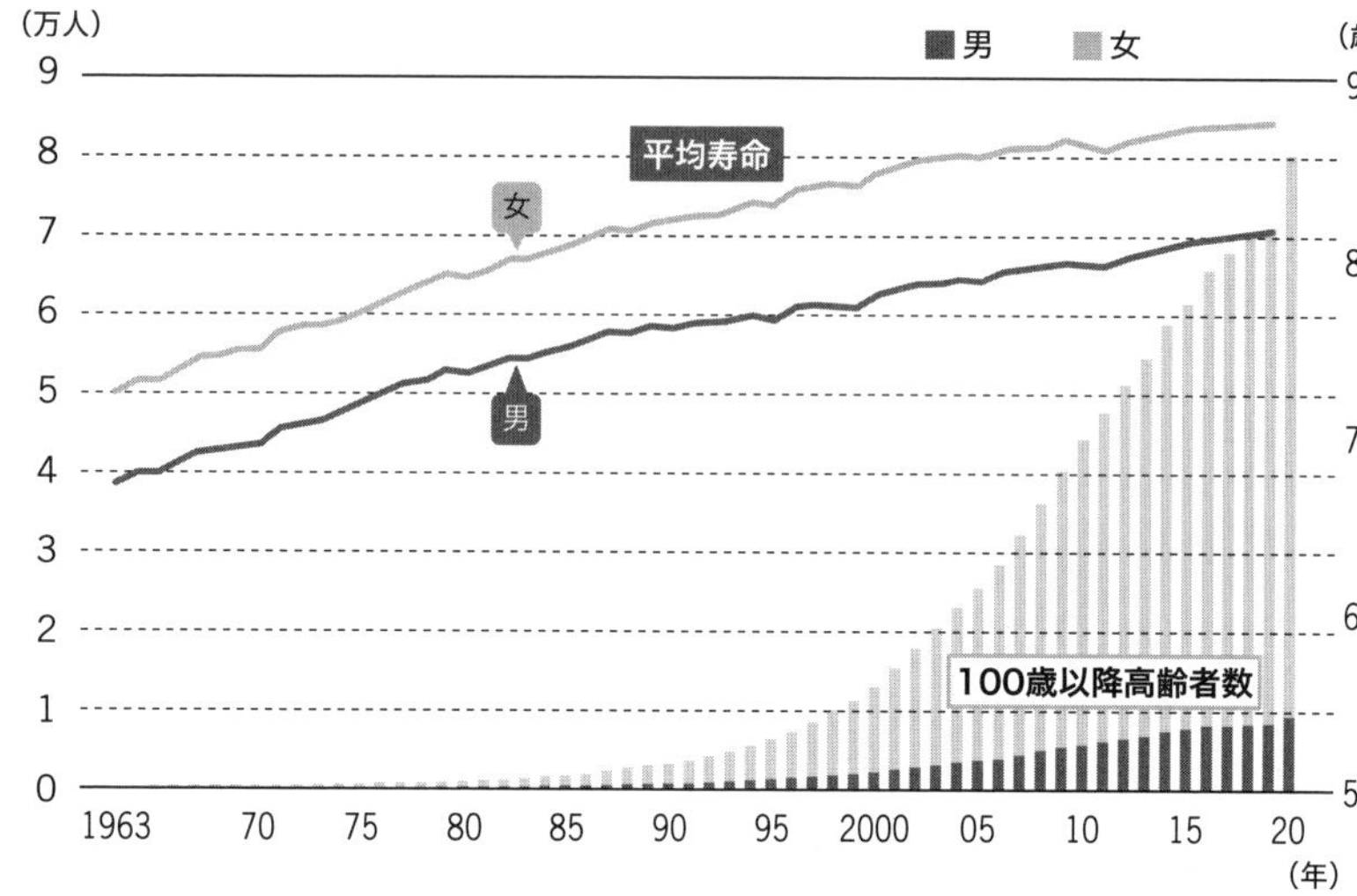

出所：厚生労働省発表データ

るとも言われている。

現在と同じ65歳が定年と考えると、人生は残り45年も残っている。

再び０歳が中高年になるまでの年月が残っていることになる。

考えたら寿命が延びる分だけ、消費者としての時間も延びることになる。これからの商売は、客数を考えるよりは、一人ひとりのお客様と長くつき合い続けることに価値を置いたほうがいい。

【予測】

今後10年、平均寿命と健康寿命の推移は共に伸びていく。２０２０年9月、１００歳以上の高齢者の数は前年より９１７６人増加し、初めて８万人を突破、８万４５０人となった。１００歳以上人口の増加は50年連続。

世界有数の長寿国日本だが、１００歳以上人口は圧倒的に女性が多く、全体の88・2％を占める。65歳を一区切りとしても残り35年。女性の消費者人生は長いことを視野に入れて長いつき合いを考えよう。

２０２０年は国勢調査が実施されてから１００年目の年だった。１００年前と比べて、人口は2倍以上になり、寿命も2倍になり、高齢化が進んだ。

人口減少は一気に再び下降していくが、寿命は医学の進歩によってさらに進むはずだ。そうなると、消費者を数で捉えるのではなく、長期にわたっての関係づくりに重きを置き、ライフタイムバリュー（顧客生涯価値）を提供していくことこそが国内におけるマーケティングの唯一の道と考える。

人生の中間地点である40代から50代の女性たちは、その後、さらに倍の消費者時間を持っている。しかし、従来のマーケティングは男性視点に偏っていたこともあるためか、中年以下の女性に向けたマーケティングに目が行っていた傾向がある。中年以上の女性たちのマーケットは、人口から考えると若い世代より大きいことは明らか。今後10年、中年以下の女性たちはもちろんのこと、中年以上の女性たちのハートをどれだけ射とめることができるかは大きな鍵だろう。

第3章

女性は買物の9割に影響を及ぼす消費リーダー

女性は、世帯消費の8割を決め、9割に口を出す

女性たちの環境が変われば、それに伴って買物行動も変わる。

しかも、そのインパクトは、世帯消費の8割を決め、9割に口を出すという結果が弊社調べで見えている。

本章では、女性の消費に与える影響がいかにすごいのかを改めて確認しておきたい。**女性は、ありとあらゆる場面で、自分や誰かのことを考え、関わる商品やサービスを好むと好まざると買っている。**それがどういうことなのか、本章でまとめてみたい。

①女性消費者は、世帯消費の6割〜8割を決めている。
②女性消費者は、世帯消費の実に9割に口を出している。
③女性消費者は、女縁から情報を入手し、次の女縁に渡す。情報の渦は拡大する。

この3つによって、女性は消費を動かし、影響を及ぼし、拡大させていく。

圧倒的消費リーダーである。

家族に関わる消費財49品目中9割に口出しをする

「世帯消費の8割を握っているのは女性だ」という話を耳にしたことはないだろうか。

弊社でも定期的に世帯消費の決定権を調べており、選択項目にもよるが、おおむね6割〜8割で女性が世帯における消費財の購買決定をしている。

2019年に行なった「家族に関わる消費財49品目に対しての影響者」という調査で面白い結果が出た。

まずは、49品目の購入決定を夫と妻のどちらが主にするか、という設問では、夫が決定者である＝14・3％、妻が決定者である＝63・3％、残りは半々という調査結果になった。

では、パートナーの買物に対して意見や口出しをして、買物に影響を及ぼしているか、という質問に対して、口を出すという回答をしたのは、妻89・9％。夫59・1％という結果だった。

以前、眼鏡店の女性スタッフから「男性のお客様が眼鏡を購入後に、妻と娘から不評で」とフレームの交換相談があるという話を聞いたことがある。なかには、奥様と一緒に再来ということもあるらしい。

家庭で使用するものの購入

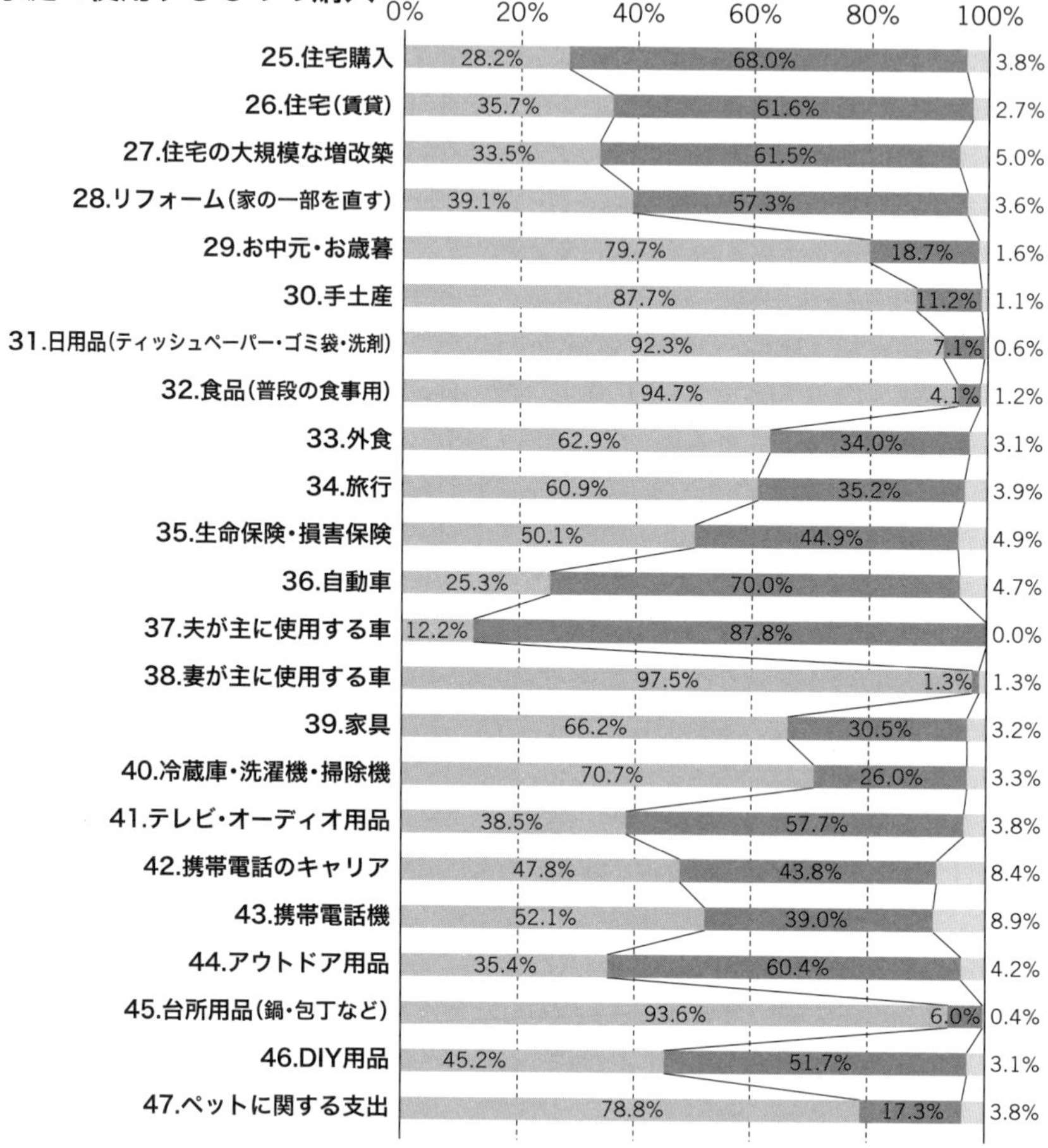
0%
20%
40%
60%
80%
100%
25.住宅購入 28.2% 68.0% 3.8%
26.住宅(賃貸) 35.7% 61.6% 2.7%
27.住宅の大規模な増改築 33.5% 61.5% 5.0%
28.リフォーム(家の一部を直す) 39.1% 57.3% 3.6%
29.お中元・お歳暮 79.7% 18.7% 1.6%
30.手土産 87.7% 11.2% 1.1%
31.日用品(ティッシュペーパー・ゴミ袋・洗剤) 92.3% 7.1% 0.6%
32.食品(普段の食事用) 94.7% 4.1% 1.2%
33.外食 62.9% 34.0% 3.1%
34.旅行 60.9% 35.2% 3.9%
35.生命保険・損害保険 50.1% 44.9% 4.9%
36.自動車 25.3% 70.0% 4.7%
37.夫が主に使用する車 12.2% 87.8% 0.0%
38.妻が主に使用する車 97.5% 1.3% 1.3%
39.家具 66.2% 30.5% 3.2%
40.冷蔵庫・洗濯機・掃除機 70.7% 26.0% 3.3%
41.テレビ・オーディオ用品 38.5% 57.7% 3.8%
42.携帯電話のキャリア 47.8% 43.8% 8.4%
43.携帯電話機 52.1% 39.0% 8.9%
44.アウトドア用品 35.4% 60.4% 4.2%
45.台所用品(鍋・包丁など) 93.6% 6.0% 0.4%
46.DIY用品 45.2% 51.7% 3.1%
47.ペットに関する支出 78.8% 17.3% 3.8%

親についての支出

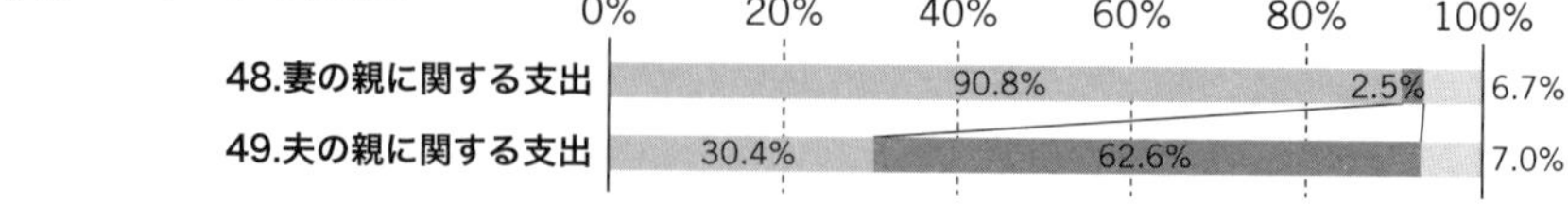
0%
20%
40%
60%
80%
100%
48.妻の親に関する支出 90.8% 2.5% 6.7%
49.夫の親に関する支出 30.4% 62.6% 7.0%

全国女性 25 歳～ 60 歳 500 人（HERSTORY 調べ 2019 年）

家族に関わる消費財アンケート

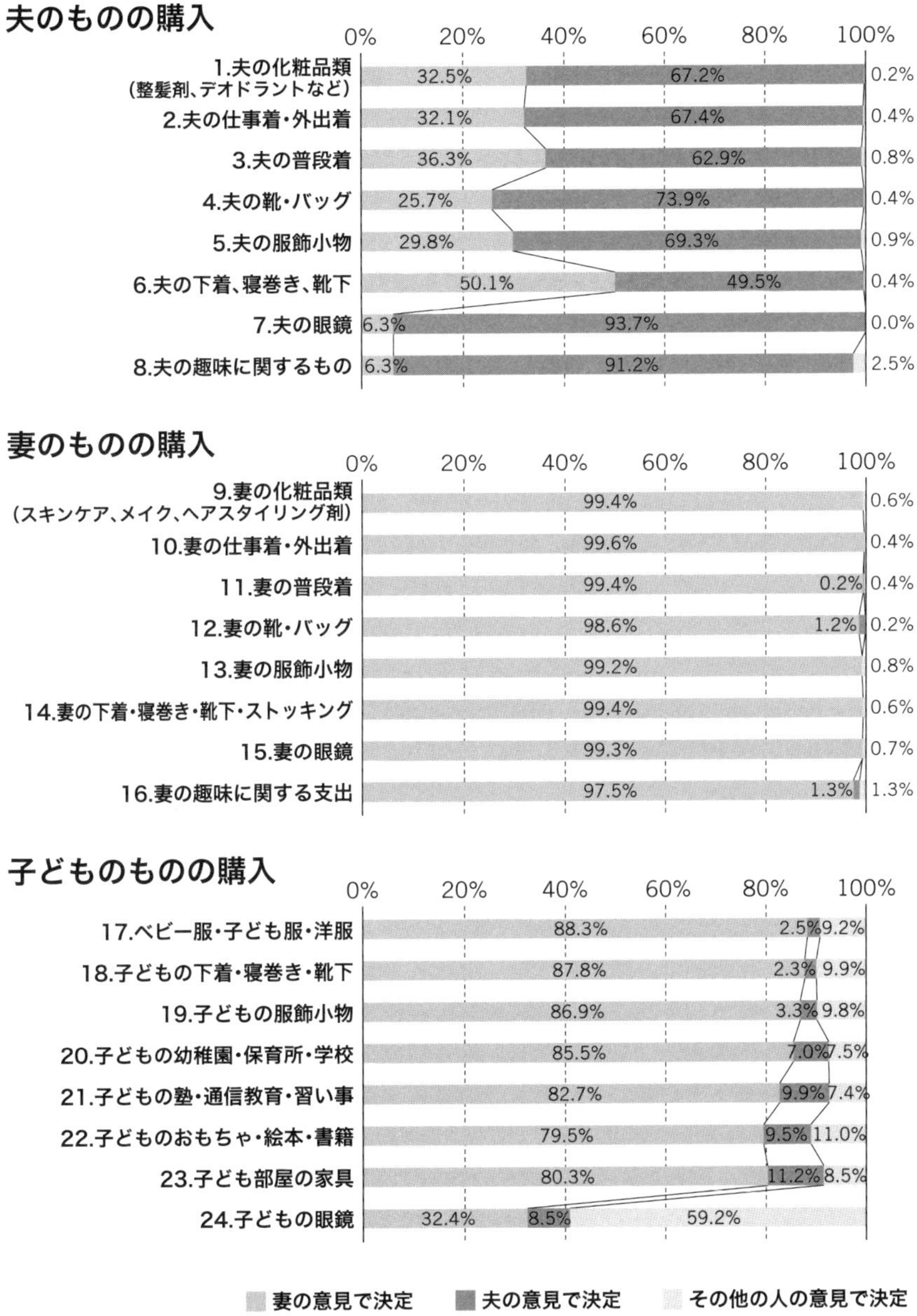
夫のものの購入
0% 20% 40% 60% 80% 100%
1.夫の化粧品類（整髪剤、デオドラントなど） 32.5% 67.2% 0.2%
2.夫の仕事着・外出着 32.1% 67.4% 0.4%
3.夫の普段着 36.3% 62.9% 0.8%
4.夫の靴・バッグ 25.7% 73.9% 0.4%
5.夫の服飾小物 29.8% 69.3% 0.9%
6.夫の下着、寝巻き、靴下 50.1% 49.5% 0.4%
7.夫の眼鏡 6.3% 93.7% 0.0%
8.夫の趣味に関するもの 6.3% 91.2% 2.5%
妻のものの購入
0% 20% 40% 60% 80% 100%
9.妻の化粧品類（スキンケア、メイク、ヘアスタイリング剤） 99.4% 0.6%
10.妻の仕事着・外出着 99.6% 0.4%
11.妻の普段着 99.4% 0.2% 0.4%
12.妻の靴・バッグ 98.6% 1.2% 0.2%
13.妻の服飾小物 99.2% 0.8%
14.妻の下着・寝巻き・靴下・ストッキング 99.4% 0.6%
15.妻の眼鏡 99.3% 0.7%
16.妻の趣味に関する支出 97.5% 1.3% 1.3%
子どものものの購入
0% 20% 40% 60% 80% 100%
17.ベビー服・子ども服・洋服 88.3% 2.5% 9.2%
18.子どもの下着・寝巻き・靴下 87.8% 2.3% 9.9%
19.子どもの服飾小物 86.9% 3.3% 9.8%
20.子どもの幼稚園・保育所・学校 85.5% 7.0% 7.5%
21.子どもの塾・通信教育・習い事 82.7% 9.9% 7.4%
22.子どものおもちゃ・絵本・書籍 79.5% 9.5% 11.0%
23.子ども部屋の家具 80.3% 11.2% 8.5%
24.子どもの眼鏡 32.4% 8.5% 59.2%
妻の意見で決定
夫の意見で決定
その他の人の意見で決定

「似合う、似合わない」と夫の買物に口を出して、商品を交換させてしまう妻。こうしたケースはほかの業種でもよく耳にする。

女性は「7つの消費」を創出する

周囲の人の買物にまで口を出す女性は、消費を創造し、拡大させる。

これが、女性視点マーケティングの面白さだ。

夫の買物に9割は口を出すといった結果だけではなく、子どもの買物、親への買物など、周辺のありとあらゆる人々に関わっていく。

それをまとめると、大きく7つの消費を創出するリーダーだ。

①生活基盤消費
②生活向上消費
③おせっかい消費
④代理購買消費
⑤交際維持消費

⑥**クチコミ消費**
⑦**トレンド消費**

順番に説明していこう。

①生活基盤消費

生活必需品の管理監督者は、女性だろう。生活をしていくうえで欠かせないトイレットペーパー、ティッシュ、ゴミ袋など家の中の細々した、かといってなければならないモノの多くを女性は在庫管理している。また、緊急時において、人々が不安感から買い溜めをする行動に走ることが起こるが、そうした場面でも**女性たちの情報網はピカイチに早い。女性同士のＳＮＳ連絡網**がセンサーを張り巡らしている。

新型コロナウイルスが、まだあまり大きな社会不安になっていなかった時に、私はたまたま大手の流通小売の経営企画室の室長と会議をしていた。そこに室長の携帯が鳴り、奥様から「トイレットペーパーとマスクが一気になくなるから、あなたの店ですぐに買っておいて」と言われたと、会議が終わるとすぐに売場に向かわれた。

小売業の第一線で働く方が、妻からトイレットペーパーとマスクを買うように電話で指示を受け、素直に従っている様子を見て少々驚いた。仕事として商品を取り扱うプロの夫も、妻の情報スピードと連絡にはかなわないといった感じだ。

②生活向上消費

女性は、**常に日々の暮らしを少しでもよくしたいと思っている。**

だから生活向上につながる情報を好む。たとえばレシピ、たとえば暮らしの知恵、たとえばダイエットや健康情報など。いつも生活情報にアンテナを張っている。

レストランの新商品の試食会などを開催したとする。

女性消費者を集めたグループインタビューでは、必ずと言っていいほど、「これとこれを組み合わせるなんて考えたことがなかったです」「意外においしい、今夜すぐにやってみよう」「自分が知らなかった方法を知って参考になりました」といったような言葉が出る。

常に自分を基準にして、少しでも自分が向上するための情報を得たいと思っている。

逆に、**「この程度なら自分でもできる」など、自分と同じでは意味がない。**「さっきのサラダ程度なら、いつもの食材にフルーツを乗せただけだから別に新しい発見はないです」といった言葉が出ることもよくある。

自分を基準に、今より自分の暮らしや生活が向上することに関心を示す。

ツイッターで160万人以上のフォロワーを持つ（2020年12月時点）「リュウジ@料理のおにいさんバズレシピ」や「伝説の家政婦タサン志麻さん」などは、一般家庭の冷蔵庫にあるもので、家族構成を考えた料理をつくることが身近で新鮮と大ブレイク。

これは美容などでも同じ。化粧品を買いたいのではなく、「自分がきれいになりたい」がゴール。少しでも肌がきれいに見えるファンデーションの選び方、使い方、塗り方などを知りたい。どんなに肌が美しくなるファンデーションと宣伝されても、それだけでは物足りない。どうしたらその商品を使って、最大限の効果が得られるのかという方法に関心を示す。

そのため、美容においては芸能人のメイクテクニックや、人気ユーチューバーの発信するテクニックの情報のほうが、メーカーの発信よりもはるかに具体的でリアルで役立つ。

ユーチューバーの紹介する商品のほうが、疑似体験やリアリティが高いため、ほしくなる。

生活向上消費には、こうした女性の〝今よりよくなりたい〟という向上意欲に応える「指南役」の存在があるとさらに強い。ＳＮＳによって女性たちの消費はどんどん熱くなっている。

③おせっかい消費

「おせっかい」という言葉は、女性に向けられた言葉だろう。男性のおせっかいというのは、ほとんど聞かない。女性のおせっかいのイメージは、こちらが何かを頼まなくても、先まわりして何かをくれたり、買ったり、世話を焼いてくれたりするイメージではないだろうか。

こうした「おせっかい行動」は、すべて**自分以外の人のことを日頃から気にかけていることで起こる行動**だと言える。

たとえば、ひとり暮らしの息子や娘に対して、「お米、送っておいたから」「温かい下着、入れておいたからね」「しっかりご飯食べてる？　野菜送ったからね」などなど。子どもの暮らしや身体を気にかけて何かを送るなどの消費行動は、ほぼ母親だろう。

父親が、子どもに冬の下着を送ったといった話は聞かないのではないだろうか。

また、旅行シーズンになると、特急列車などで、中高年の女性たちのグループに出会うことがある。彼女たちは、次々とカバンの中から、まるでドラえもんのポケットのように、「おみかん食べない？」「おはぎつくったの」「おいしい漬物たくさんもらったから、あなたにもあげようと思って」などの会話が飛び交っている。

実は、こうした行動は20代でも30代でも変わらず見られる。「これ買っといたよ」「これ好きでしょう？　このサイトで売ってるよ」などなど。

「おせっかい消費」は、世代を問わずいつまでも女性たちの得意行動のようだ。

④代理購買消費

夫が、妻や子どものモノを代理で買うという行動に比べて、妻が、夫や子どものモノを買うほうが圧倒的に多くなる。

ある大手通販会社と一緒に「誰が本当の顧客か」という分析をした時、男性向けのファッションカタログを見て商品を買っているのは、ほぼ妻だったという結果が出た。その逆は皆無に等しかった。

夫は、「自分のモノは自分で買う」ことはあっても、「妻のモノを買う」という消費行動はとても少ないことがわかる。

既婚女性80人に聞きました。
カタログ通販で買物をする時に、自分と自分以外の誰かの買物をしますか？

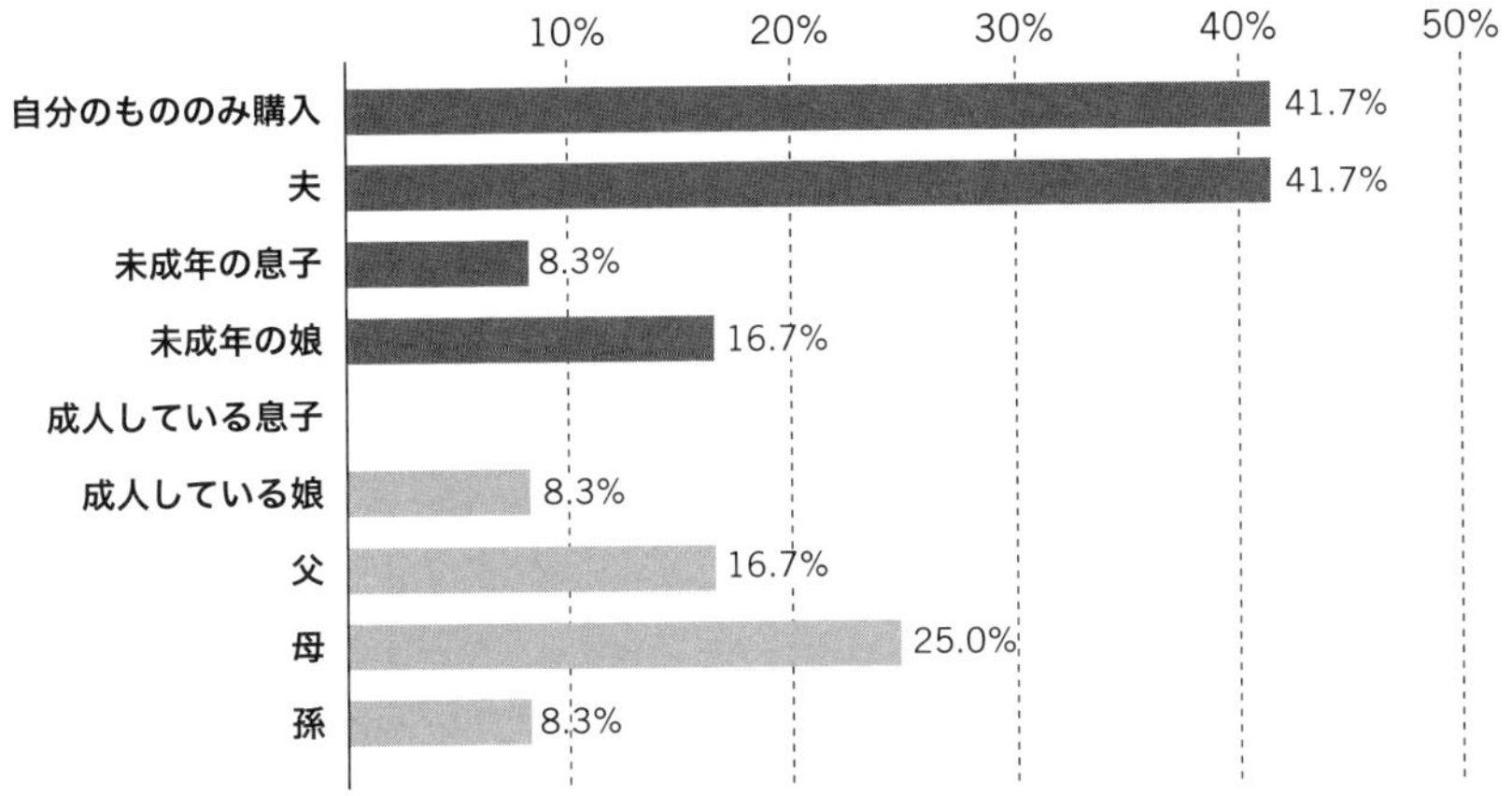

HERSTORY 調べ（2019 年）

子どものパンツや靴下、義理の母の誕生日祝い、職場の後輩の結婚祝い、調味料などの補充、災害に備えた保存食、夫の好きなビールなどが、**妻の頭の中には膨大なデータとして収められている**のだ。

たとえば、スーパーに行った時には、今夜の料理に必要な「目的の食材」を考えつつも、子どもの水筒や習い事のことも考えている。カートを押して棚を見ながら、「忘れているモノはないかな」「今週はもう来られないから、他に何か買うモノはなかったかな」と必要なモノを、情景と共に思い出そうとする。

一般的に、**女性は「シーンでモノを買う」**と言われるのは、こうして**日常生活と紐づけながら買物をする**ためだ。女性の買物が長いと言われる理由にもつながるだろう。

「ついでにあっちも見たい」「こっちも見たい」

と動きまわるのは、家族や知人たちのことを想像するためだ。そのため、生活シーンや誰かを想像しやすい売場をつくれば、思い出して購入することも起きる。気づくと商品点数が増え、客単価が上がっている。

⑤交際維持消費

女性たちは他人との関係をつなぐ行動をよくする。そのひとつがちょっとしたプレゼント。小土産やプチギフトだ。

小土産は、女子会、ママ友会、趣味の会などの集いの場に持参する品。プチギフトは、職場の仲間や友人の誕生日や結婚祝い、うれしいことやいいことがあった時など、正式な場ではなくとも、女性同士が集まる場に、お菓子などの手土産を持参することがよくある。

ギフトと聞くと、お中元、お歳暮、年賀といった仰々しい儀礼をイメージしやすいかもしれないが、「久しぶりに大学時代の友達と集まるから」といった理由で、クッキーが2、3枚入ったリボンつきの小袋のような小土産を持参し合う。

アイドルのファン仲間なども、日頃はSNSで交流し、実際のコンサート会場で待ち合わせると、互いが手づくりしたアイドルグッズや、かわいい便箋や封筒を使って書いた手紙やカードを交換したりしている。

インタビューなどでも、「友達とプレゼントを贈り合う」「女子会に持参する小土産にいい品をいつも探している」などといった声をしばしば聞く。女性たちの交際維持消費は、女性たちの暮らしに自然に根づいている。

⑥クチコミ消費

女性はクチコミをする。私は、**〝女性は存在そのものがチラシ〟**だとさえ思っている。表現を変えれば、インフルエンサー。弊社では、クチコミシーダーとも呼んでいる。「話題の種をまく人」というイメージだ。

『話を聞かない男、地図が読めない女』（アラン・ピーズ、バーバラ・ピーズ著　主婦の友社）というベストセラーがあるが、この中で、男女が1日に発する言語量を比較したところ、女性が男性の3倍という結果が書かれていた。

情報発信が好きな女性たちにとって、SNS社会は、最高の環境を提供していると言えそうだ。もっともわかりやすいのが、**インスタグラム**。本来、女性はきれいな写真や絵が好きというのもあって、まさに「映え」という言葉が流行したように、**より華やかに、色鮮やかに、お気に入りのモノや風景を撮影しては発信し、それを気に入った人たちがフォローしていくという循環**は、女性同士の出会いをつなぎ、大きなコミュニティ化を実現した。インスタグラムの利用者は6割以上が女性だ。

以前（2015年）、成城大学経済学部経営学科の神田範明教授ゼミ（当時）で、男女の買物における情報の関心、興味の違いについて比較調査をしていただいた。

男女で大きな差がないものも多かったが、あきらかに違ったのが、女性のクチコミから入手する情報だった。ＳＮＳも含めて他人が発信している情報を受けて消費行動に移るのは、多くは女性であることがわかった。この時の調査では、クチコミやＳＮＳだけではなく、チラシやフリーペーパーに対しても女性は関心が高かった。このことから、多様なルートから情報を得ようとしているのは女性だと言える。女性たちは、入手方法は幅広いが、総じて他人のクチコミから影響を受ける消費行動をしている。

⑦トレンド消費

女性たちがもっともわくわくする買物は、トレンド消費だ。話題の商品を買うことは楽しいし、盛り上がる。なかでも**季節トレンド**は毎年楽しめるルーティンサイクルだ。

春になれば春らしいネイル、夏になれば透明バッグなどの涼しそうな小物、秋になれば秋らしい深みのある色のリップ、冬にはクリスマスコフレなど、季節と色柄がセットで想像できる女性たちは、季節が変わる度に身につけるモノの色柄を変えて楽しむ。

女性のトレンド消費のさらにすごいところは、ここで、「今年の春のピンクは、透けピンクです」とか、「大人ピンクです」「ガーリーなピンクです」と言ってくるところだ。この絶妙なニュアンスに**「今っぽい」「今年っぽい」**がある。

以前、女性スタッフと会話をしている時に、「あの会社のインスタの写真、たしかにきれいですけど、たぶん、フリー素材ですよね。毎年、使いまわしている感じの写真なんです。今年らしさがないから、手抜きしているように見えるんですよね」と言っていた。

女性たちは、常に「新しさ」を感じ取る。トレンド感のある商品を買って、気分を上げている。トレンド消費は、新商品ではなくていいので、「今年っぽい使い方」「今っぽい食べ方」「この秋らしい着こなし」など、今まである商品にアレンジを加えたり、言葉を添えて、いかに新しく感じさせるかという編集力が重要だ。

そういえば、20代30代の女性インタビューでは、「検索はインスタ」という言葉がよく聞かれる。理由は「新しい情報が入る」からと。インスタはトレンド入手に欠かせない。

ここまでの、女性の「7つの消費」は、いかがだっただろうか。

女性たちが、いかに多くの消費に関わっているかを感じ取っていただけたと思う。これらは互いに影響し合っている。ひとりの女性から多数の女性に飛び火して大きな消費が創造されているのだ。

誰かを気にかける「つながり」のための消費行動8パターン

前出の「7つの消費」のほとんどは、女性にとって「自分のためだけではない買物」というのが根底に見て取れる。女性の消費行動とは、誰かを気にかける「つながりのため」と言えるのだ。「つながり消費」について、いつもお世話になっている学習院大学経済学部経営学科・青木幸弘教授の研究プロジェクトが発行した青木幸弘＋女性のライフコース研究会の書籍『ライフコース・マーケティング』（日本経済新聞出版）に掲載されている「つながり消費」という図（千葉商科大学・宮澤薫教授作成）が参考になる。

この図を参考に、独自の体験的な見地から情報を加えた図を整理し、「つながり消費行動8つのパターン」としてみた。また、「つながり消費」は、本当に女性のほうが高いのかを男女比較調査各100名で行なってみた。その結果、8つのすべてにおいて女性のほうが高かったことがわかった。

「つながり消費」は、大きく5つの消費テーマと8つの消費行動になる。

1．つながりを深める消費
①思い出消費
②責任消費
2．つながりを創る消費
③交際消費
④ギフト消費
3．つながりを維持する消費
⑤個性化消費

女性の「つながり」をめぐる8つの消費の基本パターン

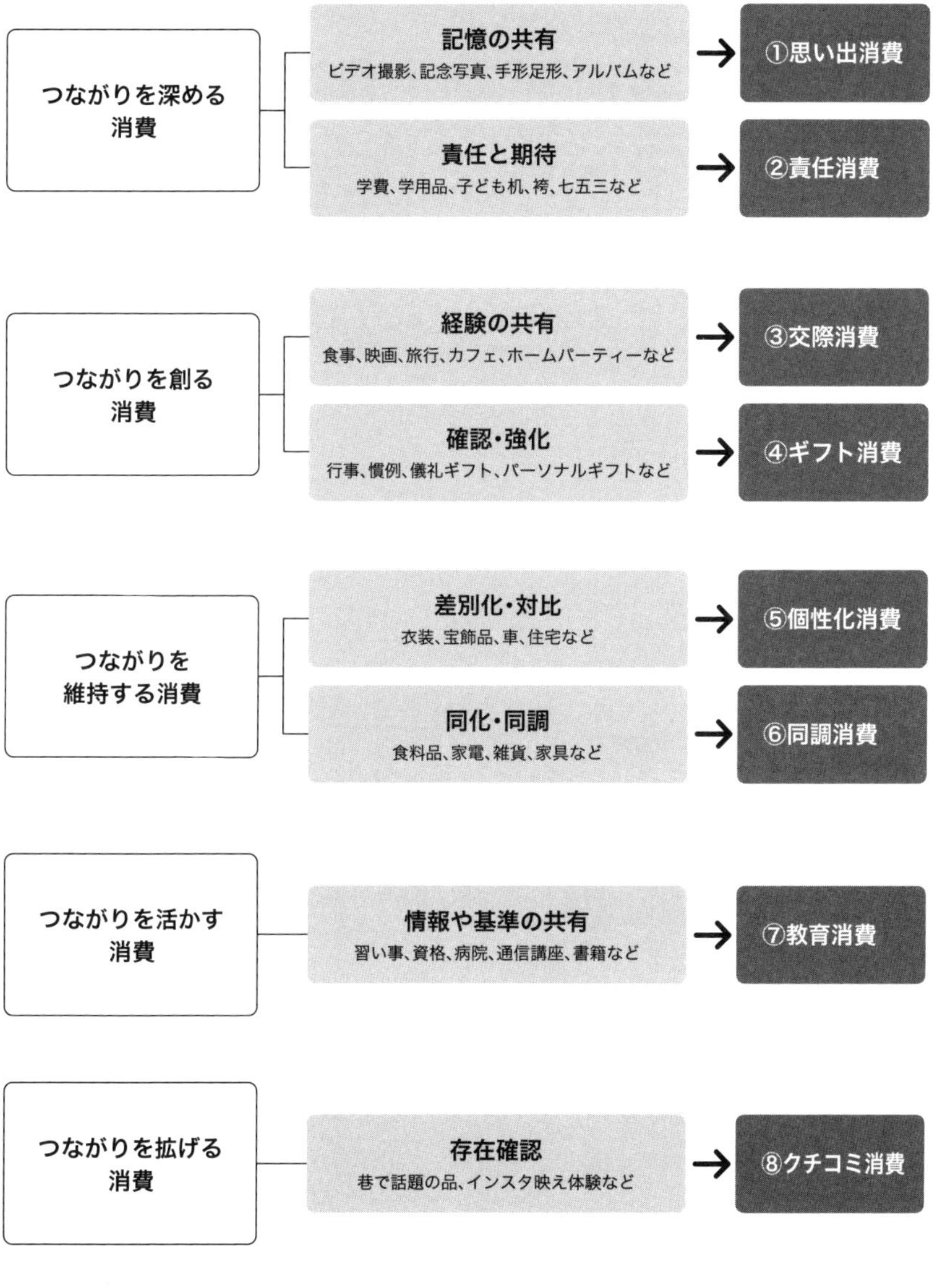

千葉商科大学・宮澤薫教授作成資料をもとにHERSTORYの研究調査を加筆したオリジナル

つながるための消費に対する意識

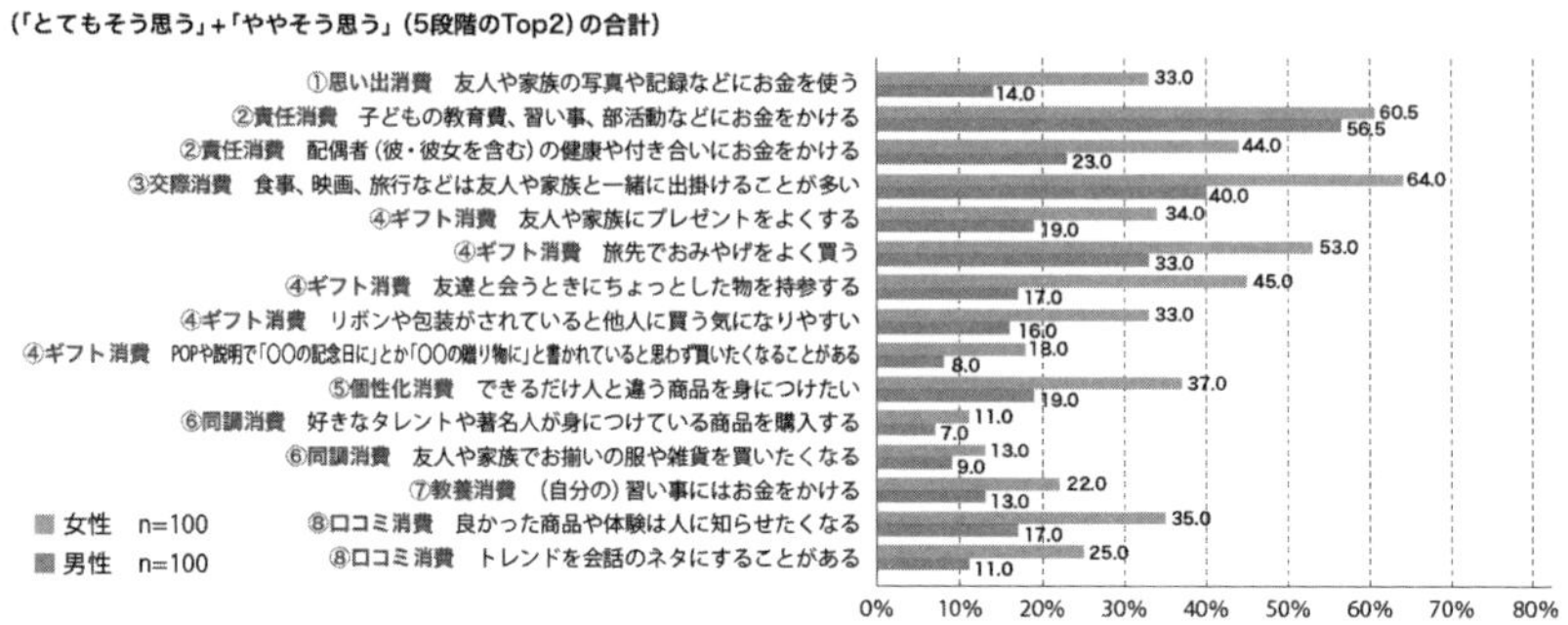

HERSTORY 調べ
画像：HERSTORY オリジナル

⑥同調消費
4．つながりを活かす消費
⑦教養消費
5．つながりを拡げる消費
⑧クチコミ消費

これらの調査から、女性の買物が、いかに周囲の人とのつながりのために行なわれているかがわかると思う。

女性が購買決定の6割～8割を占めると言われる理由は、こうした人間関係のつながりを維持していくための買物を、女性が日常生活で行なっていることからも言える。

これは本書の「はじめに」で紹介した米国ゴールドマン・サックスが2014年に発表した「Giving Credit Where It Is Due」と同じ結果とも言える。

女性は収入の多くを、家族や子どもなどの身近な対象のために、教育やヘルスケア、栄養などの分野に消費するという点だ。

単純に「夫のパンツを買うのは妻だから」とか、「子どもの学用品を買うのは母親が多い」といったような代理購買という話だけではないことがよくわかる。

女性たちは日常的に売場に立って、「あっ、これ娘に贈ろう」とか、「あっ、夕方の子ども会でみんなに配るのにちょうどいいわ」とひらめく。店頭やサイトでは、女性たちがひらめきやすい提案を発信すれば、売上は伸びるだろう。

女性は、通過儀礼・冠婚葬祭・年中行事など「節目消費」をする

女性たちは、日常生活において、何かにつけて「つながり」を維持して生きている。

そのタイミングは、**「節目消費」**だ。具体的に分解してみると、おおむね3つの場面がある。

こちらも学習院大学の青木幸弘教授と女性のライフコース研究会の書籍『ライフコース・マーケティング』（日本経済新聞出版）で詳細に紹介されている。

本書は、女性のライフコースとマーケティングの関係を紐解いた希少な本で、私にとってはバイブル。深く学びたい方にはぜひおすすめだ。

①通過儀礼

七五三、入学式、卒業式、昇進・転職、還暦など、人間が成長していく過程で次なる段階の期間に新しい意味を付与する儀礼。人生儀礼とも言う。

②冠婚葬祭

冠（成人式）、婚（結婚式）、葬（葬式）、祭（法要）といった、人が生まれてから亡くなり、その後に行なわれるものまでを含めた家族的催し物全般を指す言葉である。

③年中行事

正月、節分、ひな祭り、七夕、お盆、クリスマスなど、毎年特定の時期に行なわれる行事の総称。狭義では伝統的な事柄、特に宮中での公事を指すが、広義では個人的な事柄から全国的、世界的な事柄なども含まれる。

たとえば「真珠のネックレス」を販売する時、「たしかな品質の真珠で、価格がお得」といったチラシ風の告知だけであれば、「それでもやっぱり着けていく場が少ないからもったいないかも」となりやすい。しかし、「娘の卒業式に（通過儀礼）」「お葬式に（冠婚葬祭）」「結婚記念日に（年中行事）」と3つの場面での着用シーンを見せると、「あぁ、あんな場所にも、こんな場所にも、たしかに助かるわ。こんなにいろいろな場面で使えるならお得ね」となる。

女性の場合、「価格が安い」というのも一手あるが、**いろいろな場面に使えると、さまざまなシー**

ライフイベントに対する意識

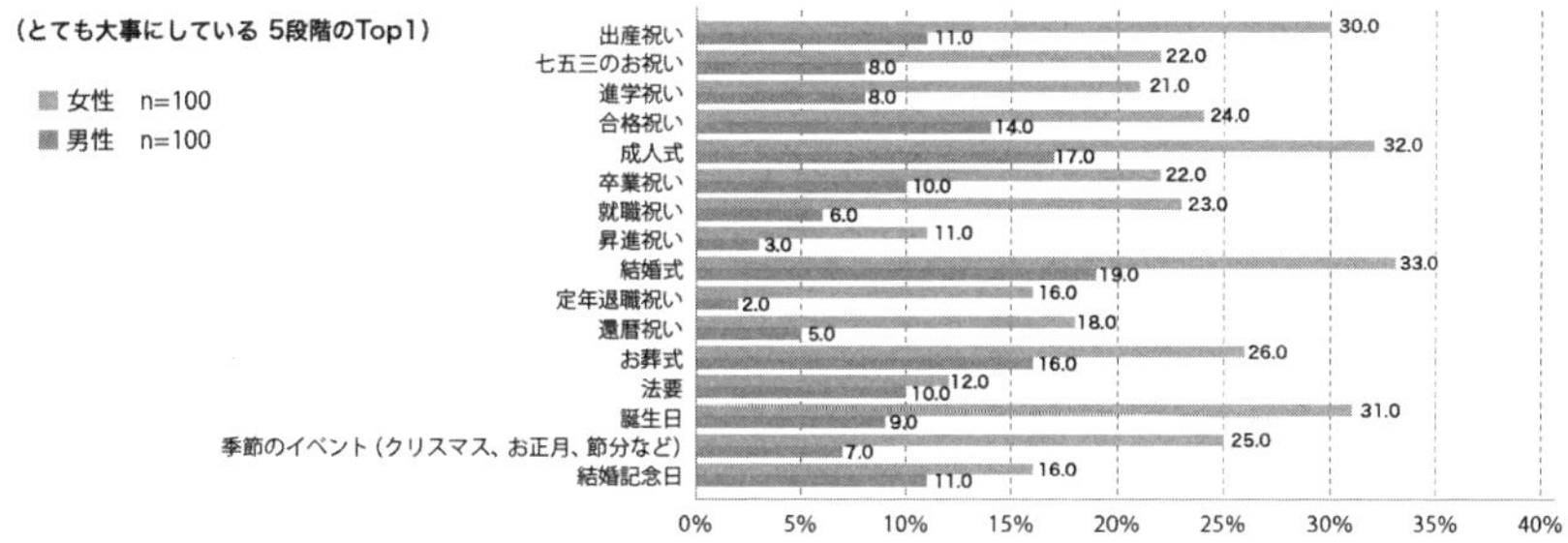

HERSTORY 調べ
画像：HERSTORY オリジナル

ンの数を見せたほうが「お得」と感じる。複数場面で使えることは大きなお得なのだ。

どの行事も大事なおつき合い。「面倒くさい、大変」と思う反面、手を抜いて後ろ指を指されるのも避けたいので、「それなりに」の上手な使いまわしの知恵が必要となる。

女性たちの「節目消費」についても、男女比較各100名の調査結果を記載する。こちらもすべてで女性が男性よりも意識が高い。

入学式、卒業式、結婚祝い、出産祝いなど、さまざまな節目の行事に対して、強く意識しているのはあきらかに女性だということがわかる。女性たちは、年間に多くの節目の行事を意識して消費行動を起こしているのだ。

女性視点は「女縁」でブームやヒットをループさせていく

「7つの消費」「つながりの消費行動8パターン」「節目消費」で、すでに読者には、女性たちの消費行動がいかに多岐にわたるかを十分に感じていただいたと思う。

この**消費行動に多大な影響を与え合っているのが「女縁」、つまり女性同士の縁だ。**

女性が、「こんな時は何を買ったらいいのだろう」と思う時に、頼りになるのが同じ女性経験者たちのアドバイスだ。だから女性は横のつながりの仕組みが重要になる。

「女縁」は、女性それぞれの生活や暮らしに密着して幅広く存在し、その数は年齢に比例して増えていく。それは好むと好まざるとにかかわらず、女同士が暮らしや地域で関わりを持っていくことが生活をしていくうえで必要だからだ。

なかでも**「母娘」**という絆は強い。もっとも消費に影響していく。**女性のヒットを調べていると、おおむね25年～30年サイクルで昔のヒットが再燃する。**

これは、女性の出産年齢と深い関わりがあると見ている。25歳～30歳で出産する女性たちの娘が15歳の時、母親は40歳～45歳だ。

さらにその上となると、65歳～70歳だ。３世代で影響し合うことさえ少なくない。

近年の例をあげると、タピオカブームだろう。２０１９年ぐるなび総研の「今年の一皿」第1位は「タピオカ」、２０２０年は「テイクアウトグルメ」だった。

タピオカの第一次ブームは１９９２年頃。台湾など海外旅行に女性たちが出かけて新鮮なスイーツに刺激された。タピオカ以外にもパンナコッタ、ティラミスなども同じ頃にブームとなった。約30年を経て、「ＳＮＳ映え」が追い風となって、大ブームとなっていった。

このように、スイーツやフードに限らずに、ファッション、メイク、髪型などが、昔、流行したスタイルの進化版として再ブームを繰り返す。

母親が高校生、大学生の頃に楽しんだモノを娘と一緒に語り合えることが大きい。しかも今は、ネットで昔の映像や音楽に触れることも容易にできるため、よりブームが大きくなりやすい。

たとえば、富士フイルムの「写ルンです」という使い捨てカメラが発売されたのは１９８６年。２００１年をピークに、スマホの普及などに伴い、その売れ行きは年々縮小してきた。しかし近年、女子高校生の間で、アナログ感覚で写真を撮ることや、現像しなければどんな風に写っているかわからないというドキドキ感が人気となって再び火がついた。

親にとっては修学旅行に持参した思い出の道具。娘にとっては、レトロ感を感じさせるオシャレアイテムのひとつとなったのだ。

また、アニメ「美少女戦士セーラームーン」のブームも繰り返されている。「セーラームーン」は少女漫画雑誌「なかよし」（講談社）で、１９９２年から１９９７年まで連載されていた漫画。25周年ではグッズが多数再発売され、その後も続いている。かつてセーラームーンに親しんだ40代の女性はもちろんのこと、知らなかった娘世代が、母親の影響を受けてファンになり、グッズを集めたり、アニメを読んだり、舞台や映画にもつながっていく。

資生堂のメイクアップブランド、マキアージュとセーラームーンがコラボした限定デザイン商品などは、予約開始と同時に注文が殺到するなど話題となった。

女性消費者にインタビューをすると、「母のすすめで」「母が使っていたので」「母と一緒に」「娘と」「娘に」などのワードが、お決まりのように出てくる。年代を問わず、どの世代からも出てくることで、いかに母娘の「血縁」が、「女縁」のなかでも最強の情報グループかがわかる。

最近は、女の子とママが一緒に使えるせっけんやシャンプーのブランドも増えている。

女の子からすれば「少しおしゃまで、ママと同じ匂い」、ママからすれば「子どもに使える商品は、肌に優しくて環境にもいい。そしてゴミも少なくて済む」と、オーガニックやサステナブルな観点も重なって、女の子とママが相乗りした商品は、ちょっとしたブームが起きている。母娘が共に愛用する商品は、ロングセラーになりやすい。そういえば、牛乳石鹸の「カウブランド赤箱」の人気は根強い。「＃赤箱女子」は２０１８年に同社が発売90周年を迎えたキャンペーンとしてスタートしたが、「＃赤箱女子友」としてファン同士がつながるなど、拡がりは衰え知らずだ。母から娘へ、娘から友へ、代々にわたって愛されるブランドの陰には親子の想い出からはじまっていることが多い。

5つの「女縁」

――血縁・地縁・職縁・友縁・交縁

女性は、暮らしの中でいくつもの「女縁」グループを持っている。グループごとに関心事の話題は異なり、その場、その時、その相手に合わせて情報交換の内容が変わる。ひとりの女性の「女縁」は、年齢を重ねるほど規模を拡大していく。大きく5つに分類した女縁グループをお伝えしよう。

①血縁

家族、親族、血縁関係。中でも母、娘、祖母、叔母、義理の母、義理の叔母などの「女縁」。子どもの成長時期から親の介護時期まで、「血縁」は、良好かどうかは別として強固にある。母の手料理のつくり方、わが家の風習などの伝承からファッション、アイドル、美容、商品、人気のカフェやパン屋など、あらゆる情報を交換し合う女縁が「血縁」だ。

②地縁

地域の縁。居住地や学区を中心につながる縁。伝統的な地域活動の祭りや学校行事、子ども会、町内会、PTA活動のバザーや役員活動、児童館保護者会、マンション住人の会などで出会っていく。「地縁」は、その後、ここから「友縁」になる出会いもあるが、あくまで気持ちのうえでは深くない関係が「地縁」だ。

③職縁

職場や仕事を通じて出会った縁。女性の先輩、後輩、同僚、取引先など仕事を通じて出会った女縁は、女性にとっては将来の仕事と家庭の両立や、キャリアアップなどについての悩みを相談する相手として強い味方。ロールモデルという存在もある。ランチタイムや女子会など、恋愛話から職場の噂話まで花が咲く女縁が「職縁」だ。

④友縁

学生時代の友達、幼なじみ、趣味を通じて出会った友達、子どもを通じて出会ったママ友（幼保園・小中高）などで、親しく友達として話せる仲。長くつき合う関係が多い。子どもの手が離れた世代の場合、みんなで1年に1回、温泉旅行へ行くとか、月1回の食事会を定期的に開いているなどの行動がよく見られる女縁が「友縁」だ。

⑤交縁

共通の関心事でつながる情報交流の縁。趣味の会の仲間、社会活動のボランティアなどを通じてつ

「女縁」の５つの縁

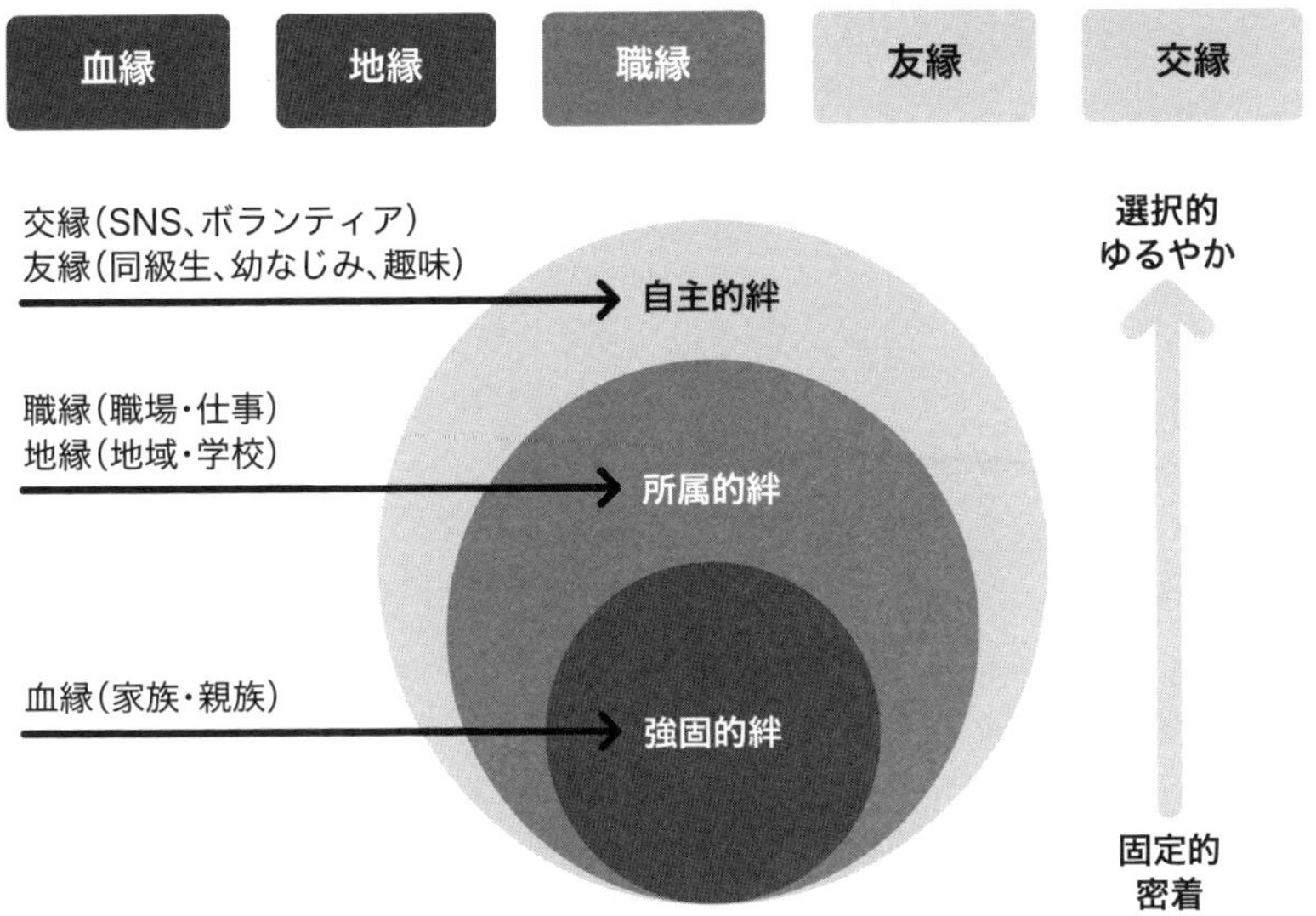

出所：『現代日本人の絆』（亀岡誠 著　日本経済新聞出版）を元に HERSTORY がオリジナル制作

ながったコミュニティやサークル的な縁。また、アイドルのファン同士などネットで交流する縁。何年も会っていないが、ＳＮＳでつながっていて何かあれば連絡が取れる縁など、交流を目的とした女縁が「交縁」だ。

本章では、女性がどれだけ消費リーダーであるかをお伝えしてきた。女性たちは、

・世帯消費の９割に口を出す
・「７つの消費」を創出する
・「つながり」のための８つの消費パターンを取る
・「節目消費」をする
・「５つの女縁」を持つ

驚きの消費リーダーだ。常に誰かと「共」にあることを意識して行動している。

第4章

女性視点マーケティングのビジネスモデル事例

女性視点マーケティングの成功は「共」にある

女性視点マーケティングの成功は、**女性顧客との関係構築**にあると言える。

女性は、モノではなく人との関係性で生きている。買物をしている時も、常に誰かを想像し、誰かが使っている場面を考え、誰かの喜ぶ顔が見たいと思い巡らせながら品定めをする。

「女性視点マーケティングの成功モデル」とはどういうものか、参考になる文章を見つけたので紹介したい。

『女性市場攻略法』(三菱総合研究所編 日本経済新聞出版)に掲載されている「女性市場に関する企業アンケート」によると、女性マーケティングが成功している企業は、**「独自のモニター組織から情報収集」を実践している点が特徴的**だったと言う。

一方、女性顧客とのコミュニケーション状況が成功している企業とそうではない企業を比較すると、「女性顧客が参加できるイベント・キャンペーンによる交流」「女性会員の組織化」「インターネットにおける女性顧客、潜在女性顧客との対話・交流サイト設置」で差が出ているため、女性との長期的な接点を結ぶことが鍵になりそうだ、と発表している。

まさにこの発表の通り、女性視点マーケティングの成功は、**女性顧客と長期的に寄り添いながら接点を持ち続けることにある。**

そのため女性視点マーケティングでは、マーケティングプロセスのすべてにおいて女性消費者と「共」にあるかどうかを意識して進めることを奨励している。

女性視点マーケティングプロセスの「共」は、大きく分解すると6つの過程がある。

▽女性視点マーケティングプロセスに組み込むべき「6つの共」

①「共感」女性の声に耳を傾ける。「共感」が市場を発見させる
②「共鳴」女性はブランドの物語とヒロインに「共鳴」する
③「共創」女性は商品を魅力的に伝える「共創」に感動する
④「共働」女性は誰かの役に立ちたい。「共働」の相互扶助で
⑤「共育」女性ファンと企業は、コミュニティで「共育」し合う
⑥「共生」女性は暮らしのリーダーとしてサステナブルを見る

これらの「6つの共」をもとに、実際に取材した企業例を読んでいただきたい。
それがどういうことなのか参考になると思う。

①「共感」——女性の声に耳を傾ける。「共感」が市場を発見させる
——ワークマン

女性は、自分事にならなければ「共感」はできない。女性の意見をいつでも聞ける体制を持っておくべきだ。新しい視点、気づいていなかった市場を発見させてくれる。

今や大注目の存在となったワークマン。作業服という女性消費者とは対極に見えた事業を展開しながら、女性消費者に支持され、急成長を遂げた過程には、「顧客の声を聞く」という文化があったことが強かったと言う。

聞くだけではなく、ＳＮＳのインフルエンサーを味方にするプロモーションで、いつか宣伝費ゼロを目指していくという話も聞いた。

まさに顧客と「共」に、「共感」をつくり続けていく姿をこれからも学び、追っていきたい。

事例

女性視点プラスで売上増大！
新規顧客開拓のカギは「異常値」「声」「女性社員」

ワークマン（株式会社ワークマン　営業企画部兼広報部　林知幸様）

【企業情報】

株式会社ワークマン（東京都）　https://www.workman.co.jp/

事業内容：作業着や作業関連用品、アウトドア・スポーツウェアなどを扱うワーキングウェア専門店。全国でフランチャイズを展開し、現在８８８店舗（２０２０年10月時点）を抱える。高い機能性を持つ低価格の商品を企画・生産・販売している。

チェーン全店売上高（店舗売上合計）：１２２０億４４００万円（２０２０年３月期）

創業：１９７９年11月30日（株式会社ワークマンとしての設立は１９８２年８月19日）

小さな「異常値」で気がついた予想外のニーズ

さわやかな秋晴れが広がるなか、神奈川県横浜市の桜木町駅前に誕生した「#ワークマン女子」１号店を訪れた。ワークマンならではの作業服・作業用品を一切置かず、アウトドア、レイン用品、スポーツウェアを主軸とした新店舗は、これまで全国に展開してきた８８８店舗（作業服専門店「ワークマン」６６２店舗／一般向けおよび作業服専門店「ワークマンプラス」２２６店舗）のなかでも、最大級の売場面積を誇る。

今年で創業41年目を迎えた同社は、「高機能・高品質の商品を低価格で提供する」ことを目標に掲げ、設立以来一貫して、職人向けの防護服やレインウェア・つなぎ・とび服・安全靴などの作業関連用品を製造・販売してきた。約３００人の社員のうち3分の2以上を男性社員が占め、客層としても社内風土としても、女性が大きく関わることはほとんどなかった。

ところが、とあるSNSでの投稿がきっかけで、ワークマンの商品が女性の熱い視線を一気に集めるようになる。

「『ファイングリップシューズ』という厨房用の靴が、梅雨時に急に売上を伸ばしたんです。店舗スタッフに尋ねたところ、若い女性が購入していることがわかりました」。こう振り返るのは、営業企画部兼広報部の林知幸さんだ。

さらに調べていくと、この靴がマタニティシューズに適しているとすすめるSNSの投稿を見つけた。このことがきっかけで、店舗には妊婦や赤ちゃんを抱っこした女性が数多く訪れるようになったという。「滑らないという靴の機能性に共感して、本来我々が想定しなかったお客様が購入してくれました。もしかしたらワークマンの作業服や靴は、一般のお客様にとって魅力的な商品に映っているのではないかという思いが頭をよぎりました」と林さんは続ける。

そもそも、男性作業着の市場だけでは、「1000店舗・1000億円」の売上が限界だろうという焦りもあった。そんな時、ふと見つけた梅雨時の「異常値」が、新しい見込み客を掘り当てるサインになったのだ。

その後もワークマンで買物を楽しむ女性や一般客は増え続け、林さんの直感は確信へと変わっていった。2018年、ついに同社は一般向けの新業態、アウトドア・スポーツウェアを多く扱う「ワークマンプラス」をららぽーと立川立飛店にオープンした。さらにその2年後、女性を主体にした「#ワークマン女子」が初めて登場することになったのだった。

男性向け市場からの思い切った方向転換に、「お客様が先に商品に目をつけて使用してくれていた。今回は我々が後を追いかけただけです」と林さんは笑う。

アンバサダー制度で「声」を聞く

「ワークマンプラス」の店舗が増えるにつれ、女性社員の採用も徐々に増えたが、もともと同社は女性ウェアの開発に対してさほどノウハウがなかったという。そんな時、商品開発の頼もしい味方になってくれたのが、独自に採用した約30人の公式アンバサダーの存在だ。

ブロガーをはじめ、ユーチューバーやインスタグラマーを含めたアンバサダーたちは公募で決めるのではなく、各自の投稿を見て同社が判断した。フォロワー数の大小に関係なく、商品への深い愛着を感じられるユーザーに直接メッセージを送って協力を仰いだ。

30名近くいるアンバサダーのうち20名は女性というあたり、同社の女性向け商品を一から学ぼうとする熱意がよく伝わってくる。

「彼らは本社に足を運び、マーチャンダイザーと話して改善点を伝えてくれます。実はこの制度には金銭のやり取りが一切発生していません。その代わり、自分が関わった商品が店頭に並んだり、活動内容を各自のSNSで配信しフォロワーを増やすのに役立ててもらっています」

このWin-Winの関係があるからこそ、アンバサダーたちは遠慮なく思ったことを口に出せるし、その貴重な「声」が新商品に余すことなく活かされる。

「# ワークマン女子」店頭

インスタ映えスポット

撥水加工を施したワンピースやスカート、ポケットがたくさんついたトップスなど、リアルな声を実現したウェアは、実際消費者に人気が高い。

もうひとつ、同社の転換点にまつわる興味深いエピソードがある。今回新たに出店した「#ワークマン女子」には、店内に4ヶ所の「インスタ映え・動画映えスポット」をつくった。

当初携わったのは営業企画部の男性社員だったが、女性視点ゼロの提案内容に女性社員から厳しい指摘を受けた。企画チームは総入れ替えとなり、女性社員が主導して「ゆるキャラ」づくりや「小顔効果のためのアイテム制作」など、次々にアイデアを発信。結果、女性主体の店舗にふさわしい見事な映えスポットが出揃った。

時代はファッション性から機能性重視へ

SNSの一投稿がきっかけで、思いがけず多くの女性ファンを獲得したワークマンだが、その背景には女性トレンドの変化が見え隠れする。おしゃれから機能性ファッションへ、ハイヒールからスニーカーへ転身する女性が後を絶たないなか、同社に寄せられる期待はますます大きくなっている。

もちろん林さんもその点を見逃さない。「他社製品と比べた時、ワークマンならではの機能性ウェアがどこまで勝負できるのかを考えています。これからの売上は女性客にかかっている。今回出店した『#ワークマン女子』のように女性に向けて舵取りをしていかないと、いずれまた限界がくると思っています」。

特に今回のコロナ騒動を経て、新たな動向が生まれつつあると林さんは指摘する。3密を避け、家族で外出する機会が増えたことだ。

「今後の新規出店はすべて『ワークマンプラス』と『#ワークマン女子』の業態で出す予定です。ターゲット層を分けることで、各店の混雑を減らし、必要な人が必要な時にスムーズに購入できるよう工夫しています」(林さん)

同社はまた、急速な店舗拡大の傍ら、SDGsを意識した企業活動も地道に続けている。オリジナルスポーツウェア「FieldCore(フィールドコア)」のデニムパンツ「AERO STRETCH(エアロストレッチ)」は2020年モデルより、地域環境に配慮した製造をはじめている。もともと衣類加工に最大70リットルもの水を使用してきたが、現在は7リットルにまで削減。スペインの Jeanologia 社の技術協力を得て、環境に優しい工程を実現している。さらに、衣料店には欠かせない配送のための多数の段ボールも、複数回利用できる「通い箱」を活用中だ。高い機能性と魅力的な価格で果敢に挑むワークマン。留まることのない挑戦は、長引くコロナ不況を打破する勇気を与えてくれる。

Key Point

①売上の「異常値」から客層の変化を読み取る
②リアルな声を参考に商品開発に取り組む
③女性社員が主導してアイデアを店舗に実現

②「共鳴」――女性はブランドの物語とヒロインに「共鳴」する

――スープストックトーキョー

女性に支持される企業は、ブランドに物語と世界観がある。女性にとってのブランドとは、「その物語に自分はいるか」と想像できることだ。女性は物語が好きだ。その世界に浸ることで「共鳴」する。物語と世界観がズレていると女性たちは見破る。

だから社員の意識統一も重要だ。「らしい」「らしくない」を判断できる基準があるといい。ブランドの物語と世界観を理解しやすくするには、〝ブランドパーソナリティ〟の設定をおすすめしたい。ブランドを擬人化する。雰囲気や性格、好きなこと、嫌いなことなどの行動を言語化しておくことで、社内の誰もがブランドを語り行動できるようになる。

女性たちをひととき夢の国に連れて行こう。

事例

ひとりの女性の「ふーふー」からはじまったスープ専門店
「世の中の体温をあげる」ためのコミュニケーションツールとしての〝スープ〟

Soup Stock Tokyo（株式会社スマイルズ　代表取締役社長　遠山正道様）

【企業情報】

株式会社スープストックトーキョー（東京都）　https://www.soup-stock-tokyo.com/

事業内容：スープ専門店「Soup Stock Tokyo」をはじめとした飲食店および小売店の運営を主とする。食料品の他、繊維製品・雑貨の企画や製造・販売も手掛ける。商品はインターネット等でも通信販売しており、さらに各種イベントの企画なども行なっている。

年商：87億2540万円（2020年3月時点）

創業：2016年2月1日（株式会社スマイルズより分社。Soup Stock Tokyo の店舗自体は1999年に1号店をオープン）

商品ブランドへの理解を深めた創業期の擬人化「秋野つゆ」の存在

株式会社スープストックトーキョーは、添加物に頼らず旬の素材のおいしさを引き出した食べるスープ専門店「Soup Stock Tokyo」を主に運営している。現在、全国に60店舗以上を展開し、冷凍スープやレトルトカレーなどの物販に加え、オリジナル雑貨や食卓を彩るアイテムを販売するギフトショップ併設の店舗も展開している。

1999年、東京・お台場に1号店を出店した頃、スープと女性に焦点をあてた飲食店は非常に珍しかった。当時、三菱商事の社員だった遠山正道さん（現・株式会社スマイルズ代表取締役社長）は、2000年、同社初の社内ベンチャーとして株式会社スマイルズを立ち上げ、このスープ専門店に本格的に取り組みはじめた。

スープストックトーキョー中目黒店（photo by HIROKI KAWATA）

「もともと食のビジネスに興味があり、何をやろうか考えている時に、突然、スープをすすってホッとする女性の絵が浮かんだんです。女性がひとりで気軽に入れる飲食店がないことも気になっていました。早速会社を説得するために、シーンを言語化するための物語を企画書にまとめました」と振り返る。

現在、スープストックトーキョーの会長として「Soup Stock Tokyo」の他、スマイルズの社長としてネクタイ専門店やセレクトリサイクルショップなど、暮らしにまつわるさまざまな事業を手がける遠山さんだが、最初に奔走した「Soup Stock Tokyo」が大きな成功を収めた背景には、ひとりの女性が大きく関わっている。

「秋野つゆ」37歳。おっとりしているが、しっかりしており自立している。オシャレに無頓着なのにセンスがよい。装飾的なものは苦手で、シンプルを好む。

実はこの女性、遠山さんが「Soup Stock Tokyo」をはじめるにあたり、ブランドを人物に置き換えてみようと試みた結果たどりついた、架空の人物である。「秋野つゆ」の目線で、立ち上げ当初から同店のロゴや店内装飾、メニューづくりなどが進んでいった。ブランドに人格を与えたこの存在は、同店のコンセプトをまわりと共有し、細かい消費者ニーズを汲み取るのに大いに貢献し、2020年、同社の年商は87億円を超えるまでになった。

「ちょうどその頃生まれた娘がアトピーでした。母乳を飲ませるために妻が食事制限をしているのを見て、家族が安心して食べられるような体にいいものをつくりたいという思いもありました」と遠山さん。同店最大のウリである旬の食材を使うことや添加物に頼らないおいしさへのこだわりは、「秋野つゆ」はもちろん、こうした身近な家族から得たヒントもとになっている。

共通意識が社員の幹を太くする

こうしたブランドに人格を与える手法は、社外の理解を得やすいと同時に、社内のいたるところでも影響を与えている。もっとも大きな成果は、社員全員が「秋野つゆ」すなわち「スープストックトーキョーさん」の目線であらゆる判断をできるようになったことだ。

「店がブランドをつくる時って、何万回も意思決定をしなければならない場面があるんです。料理の味、チラシづくり、細かい内装など、すべての意思決定に私が関わるのは、無理な話です。その点、みんなが思い描ける人格があると楽です。秋野さんだったらどうジャッジするかな、装飾より機能を好む彼女なら、飾りがついたきれいな扉より開閉しやすい扉にするだろうなど、全員がぶれずに決断を下していけます」と遠山さんは説明する。

同社では入社研修の際、必ずこの「秋野つゆ」について学ぶという。彼女が心地よく感じる店舗とはどういうものなのかを一から叩き込み、全員が同じ意識でもって現場に臨めるように準備を整える。

「Soup Stock Tokyo」以外にも、いくつもの事業を抱える多忙な会長に代わって、現場では社員たちがどんどん仕事を進めていく。ここ10年ほど、遠山さんはスープの試食からも遠ざかっているという。それでもたまに店舗で口にする商品は、相変わらずおいしく、創業時の想いをきちんと継いでいる。それだけ社員たちが会社の目指す方向性を理解し、太い幹となって進んでいるからだ。普段はそれぞれ別の部署や職場で働いていても、そこには常に「秋野つゆ」という共通意識が存在する。そしてこの目線をもとに、あらゆる場面で各社員が判断していく。

コロナ禍でも、遠山さんは社員たちのなかに大きな矢印を感じ取っていた。非常事態宣言真っ只中の今年4月、全店休業を余儀なくされた同社の売上は、昨年に比べて大幅に落ち込んだ。そんななかでも、社員たちからほとばしるまっすぐな矢印は、急下降したり予想外の方向へ飛ぶこともなく、穏やかに、しかししっかりと前を向いていた。それぞれ危機感を持ちながらも、自力で何とか乗り切ろうとするパワーを、遠山さんはそこに感じたと言う。

秋野つゆの人物像(設定内容から一部抜粋)

Soup Stock Tokyoとは……

Soup Stock Tokyoを、「秋野つゆ」という人物(フィクション)に置き換えて考えてみました。

Soup Stock Tokyoの

メニューは…………彼女がつくる、あるいは好むメニューです。
インテリアは………彼女の性格をそのまま現わしたようなものです。
お客様は……………彼女の友達、彼女を慕って集まってくる人々です。

▼

Soup Stock Tokyoの目指すものは………彼女の目指すもの、理想そのものです。

名　前	秋野つゆ
性別・年齢	女性・37歳
性　格	おっとりしているがシッカリしており、自立している。
タイプ	人のことはあまり気にせず、個性的。人と同じことは恥ずかしいこと。 あまり、細かいことは気にしない、大雑把。しかしこだわりは強い。
評　判	「化粧気はないのに、きれい。オシャレに無頓着なのに、センスがよい」 「装飾的なもの、ファンシーなものは苦手で、シンプルを好む」
信　条	「こうじゃなきゃいけない」という考えは、持たない。
料　理	手軽でぶっきらぼうな料理ながら、ウマイと大評判。 国籍の偏りはなく、自分が判断する。あえて言えば、やはり自分が育った和食がベースか。 おばあさんの影響大。 素材の味を活かす努力は、素材に対する礼儀として当然のスタンス。 子どもが産まれてからは、特に素材や調味料に気を配るようになった
理　想	①個性的で魅力的な人、すごい人、圧倒的にチャーミングな人などと出会うこと。 ②その人たちと共有する考え・感性を具体的な形で社会に投げかけ、個人や個人の集合である社会に対し、少しでも充実するような提案をしていくこと。

秋野つゆの、料理の嗜好と指向

✕ トリュフ、フォアグラ、燕の巣、霜降り松坂牛、大とろ…
食べればおいしいのだろうが、食べる機会もないし、どこに売っているのかもわからない。人からいただいても子どもと食べる気にならない。

○ 舞茸、レバ焼き、ところてん、もも肉、赤身…みんな大好き。
高級なものに頼らず、生活の中にある、新鮮で、旬な素材を使う。ただし、見たことがない、怪しい素材には大いに興味がわく。好奇心旺盛。

✕ 「脂」は字の如く「旨さ」だとは思う。バターもおいしい。

○ でも、やはり油は控えておく。使う油は、オリーブオイルだけにしておく。

これから必要とされるのは「自ら仕掛ける人」

明確なブランディングのもと、ますます社員の団結力を強める同社だが、今後どのように歩みを進めていくのだろうか。遠山さんは語る。

「これからの人は3種類に分かれます。Aはお声がかかる人、Bは自ら仕掛ける人、Cはそのどちらでもない人です。これまでの時代は、Aが大事でした。だから一所懸命勉強をして、必死で学歴を積んで立派な企業からお声がかかるように備えてきたんです。

ただ全体の寿命が伸びていく中で、いつまでもお声がかかるかというとそうではありません。そのため、自分から仕掛けて何かを生み出す側を経験したほうがいいんです」

これは店舗にも当てはまる。いつまでも選ばれ続ける店舗でいるためには、消費者任せにするのではなく、自ら仕掛け発信し続けることが重要だ。

その点、季節や週ごとに素材が入れ替わり、さらに店舗によっても異なるメニューを提供する「Soup Stock Tokyo」は、消費者を飽きさせない仕掛けづくりに余念がない。

共通の目線を持った社員たちに、もうひとつ遠山さんが伝えていることがある。それは、自分の暮らしや幸せにも敏感になって、実現のために努力することだ。自分の人生は自分の手でつかみ取れる、株式会社スマイルズも株式会社スープストックトーキョーもそんなメンバーの集まりであってほしいと願っている。

「この20年、単なるスープ屋ではなく、一種のインフラとして世間に定着させることを目指してきました。これからもお客様から『このお店があってよかったね』と言われるような場所にしていきたいですね」。遠山さんと社員たちの挑戦はまだまだ続きそうだ。

Key Point

①ブランドに人格を与えることで社員の目線を同一にする
②各自現場での判断は共通意識のもとに行なわれる
③自分の暮らしや幸せに敏感になり実現に向けて努力する

③「共創」——女性は商品を魅力的に伝える「共創」に感動する

——DEAN & DELUCA（ディーン&デルーカ）

女性は、その商品は大切にされているかを感じ取る。

女性にとって、大切にされているか、されていないかは、まるで自分のことのように胸を痛める。

女性に商品を売りたい時は、最大限、魅力的に見せることに手を抜かないことだ。

商品の置き方、形、向き、旬、産地、背景、想い、ウェブ表現、チラシデザイン、説明文など、その一つひとつの扱いに愛情があるかないかを見て取る。

丁寧な商品づくり、手を入れた売場、愛情を込めた販売、それらの「共創」に感動する。

女性は、デザインとかクリエイティブという一部的なセンスではなく、オーケストラのようなハーモニーで迎えよう。愛情ある「共創」で迎えられた時、女性は「感動」するのだ。

事例

食の美しさを最大限に店舗で魅せる。コンセプトは「見るたのしみ、つくるたのしみ、食するよろこび」

DEAN & DELUCA（株式会社ウェルカム　ディーン＆デルーカ事業部　マーケティングディレクター　菅野幸子様）

【企業情報】

株式会社ウェルカム（東京都）　https://www.welcome.jp/
ディーン＆デルーカ事業部　https://www.deandeluca.co.jp/
事業内容：輸入食品および加工食品等の製造・販売、カフェの運営を手掛ける。他にもケータリングから食品卸、カタログギフトまで、さまざまな食との出逢いを提案。独自のネットワークとセレクトによるこだわりの食材は消費者に人気が高い。
年商：約１１６億円（２０１８年決算期）
創業：２００２年（日本での事業設立年）
※すべてディーン＆デルーカ事業部のみの情報となります。

DEAN & DELUCA 店頭

食が主役のディスプレイ

目指すのは「レストランクオリティ」

米国ニューヨークでジョルジオ・デルーカ氏とジョエル・ディーン氏によって同社が設立されたのは1977年のことだ。デルーカ氏のルーツであるイタリア、そして地中海の食材をニューヨークで紹介したいと立ち上げた小売事業「DEAN & DELUCA」は、その印象的なロゴと共に瞬く間に世界へ広がっていった。

日本では2003年より、品川・六本木・丸の内など東京の中心部はじめ、関西・九州に順次店舗を展開している。マーケットストア17店舗、カフェ34店舗の計51店舗に加え、レストラン（マーケットストア内に設置されたテーブル席）やオンライン事業など、「LIVING WITH FOOD（食することとは人生を味わうこと）」の創業理念のもと、日々良質な食材を提供し続けている。食材の他にも、カップやバッグ、ブライダルギフトやプチギフトなどの雑貨事業でも大きな成功を収めている。

今回のコロナ禍で実店舗の閉鎖が相次ぐなか、同社のオンライン販売での売上は2～3倍まで跳ね上がった。緊急時でも食べたくなる同社のクオリティ。一体何が消費者をそこまで惹きつけたのだろうか。

「店舗の料理人たちは全員、一流レストランや個人店で腕を磨いてきたメンバーばかりなので、レストランクオリティの料理を楽しめるんです」と胸を張るのは、株式会社ウェルカム マーケティング室の菅野幸子さんだ。

「加工されたものではなく、新鮮な野菜や素材が毎日届けられ、一から仕込みを行ないます。『見るたのしみ、つくるたのしみ、食するよろこび』という当社のコンセプト通り、食のおいしさを最大限に引き出し、大切な人と家で囲む食卓を大事にしています」と語る。

菅野さんの言葉通り、同社の料理は消費者にとって特別な食卓となっている。今回のコロナ騒動のなかでも結婚記念日を祝いたいと、ひとり約4000円のパーティメニューを注文した夫婦がいた。外食で祝えない代わりに、自宅で思い出に残る時間を過ごしたい——そう考えた時に、特別な料理として選ばれたのが「DEAN & DELUCA」のフードだった。家庭の食卓を重視する同社の理念が、消費者にもしっかり伝わっているのがよくわかる。

トレンドを入れ込むのでなく、自分たちの食べたいものを追いかける

創業以来、常に新鮮な食材とメニューで消費者を虜にしてきた同社だが、意外にもそこにはトレンドを追わない姿勢が貫かれている。代わりにあるのは、自分たちが食べたいもの、感動したものを広めていきたいという熱意だ。

食材を探す視察旅行には、料理人、バイヤー、営業、そしてマーケティングと、ジャンルが異なる組み合わせで出かける。行った先で、「これは何だろう?」と思わせる食材を見つけ仕入れてくるのだ。ドリンク、野菜、パン、調味料など印象に残ったものは何でもありだ。

「それぞれの専門家たちが感動を覚えたものは、お客様にも伝わりやすい。1回食べてみてと自分たちの感動をプレゼンテーションするのが、私たちのやり方ですね。でも実はこれ、創業者のディーンとデルーカがやってきたことをそのまま実行しているだけなんです。そのためマーケティング的な観

点から、今のトレンドを取り入れていこうなんてことはやっていません」

視察で見つけてきた食材は、その後、店舗メンバーたちに「勉強会」という形で共有される。どうしてその食材を気に入ったのか、どのように料理して食べるのかを熱心に伝えるうちに、他のスタッフたちにも彼らの「体験」が伝播していくという。

「この『体験』が重要なんです。自分たちがどれだけ『体験』するかによって、お客さんに伝えられる熱量も変わってきます」と菅野さんは指摘する。

ちなみに、現在同社が扱う食材は、海外からの輸入品が5割で残りの5割は日本独自のものを仕入れている。特に、店舗で提供される料理は地域によってメニューが異なるというから興味深い。もちろん、スタンダードメニューはどこも共通して扱っているが、シーズナルメニューは旬の野菜や地域特産の食材など、それぞれの店舗ごとに任せている。京都なら京野菜、福岡なら地元でしか出まわらない食材などを取り入れてメニューを考案する。

ただし味やクオリティにばらつきが出ないよう、本社でのチェックは欠かさない。店舗によって、その土地特有の料理が味わえるのもまた、同社の魅力だ。

本家から受け継いだ食への想いをメンバーで共有する

現在、「DEAN & DELUCA」の従業員数は、アルバイトを含めて1500人弱にのぼる。組織が大きくなればなるほど、創業者の信念が形骸化していく企業も多いなか、同社ははっきり目に見える形でその信念を共有している。

創業理念である「LIVING WITH FOOD（食べることとは人生を味わうこと）」を掲げるなかで、現場では創業者にならって「Food is hero（食が主役だ）」を合言葉に業務に励んでいるのだ。

菅野さんもデルーカ氏から直接教えを受けた一人だ。

「創業者は、『本来、食は主役で美しいもの。なのに、なぜ倉庫にしまう必要があるんだ？』という考えの持ち主です。そのため私たちの店舗には、倉庫で使用するエレクター（業務用ラック）に商品が直接並んでいます。言ってしまえば、店舗自体が倉庫であり、食を主役にするためには凝った演出は一切不要なんです」

食の味わいだけでなく、その存在自体に深くこだわる創業者の姿勢は、店内ディスプレイや品物の置き方を決める度に、「本当に食が主役になってる？」とスタッフの会話にも出てくるほど徹底している。


さらに同社の食への追求は、世界的に叫ばれているＳＤＧｓに深く結びついている。おいしく良質なものをつくるためには、持続的な生産者への還元が必要であり、豊かな食を生み出す土地を健康に保たねばならないというのが同社の考え方だ。

「『おいしいを続けるためにできること』というビジョンを立て、不要なゴミを減らすために紙製のドリンクのふたを導入したり、土に帰る容器を使うなど試行錯誤しています。ＳＤＧｓももちろん重要ですが、私たちにとって豊かな食文化を培う気候風土を守るためには、当たり前の活動なんです」

と菅野さん。

同社の取り組みは消費者にも高く評価され、「脱プラスチックのフォークとナイフをつくってほしい」など、さらに具体的な声を得られる貴重な機会となっている。良質な食材で一人ひとりの人生を豊かにしたいと願い、食を育む自然を守ろうと真剣に向き合う。いつまでも衰えない同社の魅力の原点はここにある。

Key Point

①トレンドを追わず自らの感動を商品にする
②食に対する創業者の理念を現場に活かす
③安定して良質な食を収穫するため自然に配慮する

④「共働」――女性は誰かの役に立ちたい。「共働」の相互扶助で

――ジーユー

女性とは互いに手を組もう。ＳＮＳはすべての個人が受発信者でありメディアだ。顧客もスタッフも、個人一人ひとりがメディアになった。

プロのタレントや有名人の情報には憧れるが、自分のリアリティにはならない。もっと身近に、たとえば身長が低い私に近い背丈の人が、このワンピースを着るとどんな雰囲気になるだろう、ぽっちゃり気味の私と体型が似ている人が、このパンツをはく時は、上着はどんなのが合うのだろう、と自分に近いヒントがほしい。

特別ではないフツーの私とフツーの誰かの情報が個々につながる。

有名タレントをイメージキャラクターにして高額な契約料を払うのも宣伝効果としては重要だが、契約期間が終わると写真が使用できないなどの制限もある。

もっと女性同士、身近な人が相互扶助できる関係づくりを構築したほうが、ずっと売上にもつながっていく。

女性とは「共働」関係をつくろう。せっかくだから誰かに少しでも役立ちたい、お手伝いしたい、と自然に思う気持ちこそが、自然派生的に売上につながっていく。

事例

全国に総勢５００人以上いる「おしゃリスタ」のメディア お客様は、スタッフの着こなしを参考にして購入する

ジーユー（株式会社ジーユー）

【企業情報】

株式会社ジーユー（東京都）　https://www.gu-global.com
事業内容：カジュアル衣料品及び装飾品の企画、製造及び販売
売上収益：２４６０億円（２０２０年８月期）
創業：２００６年３月

自分に似合う服がわからないというお客様のサポート

ユニクロの姉妹ブランド「ＧＵ」は、若い世代を中心に、おしゃれを楽しみたい女性たちに支持されている。ユニクロがベーシックな定番というイメージならジーユーは、「安くておしゃれなトレンドが揃う」と女性たちは評する。なかでも女性たちに人気なのが、「おしゃリスタ」と呼ばれる社内独自の認定資格を持つ販売員の存在だ。

トレンドの商品が多数店内に並んでいても、「商品を購入したが思うように着こなしができない」「手持ちのアイテムとどう組み合わせれば、もっとおしゃれになるかわからない」といったお客様のご要望に応えたいというのが、誕生のきっかけだという。

現在、全国47都道府県、総勢５００名以上にのぼる「おしゃリスタ」がジーユー公式のコーディネートアドバイザーとして存在する。

店内では、一緒にまわって洋服選びをしてくれる。店舗に常駐するスタイリストという感じだ。サイト上では、「おしゃリスタさんに選んでもらって買物をしました。大満足」といった声が見られる。

自分ひとりでは、いつも同じような服を買ってしまい、手持ちの服や着ている服に何を合わせるとお

しゃれに見えるのかがわからないという人は多いはずだ。そんな時には、ぜひとも「おしゃリスタ」に店舗で相談がおすすめだ。

店内にも「おしゃリスタおすすめコーデ」といった陳列などをあちこちで見ることができる。上下の組み合わせや小物選びなど悩んだ時のありがたい存在だ。

おしゃリスタが主役の「お気に入り登録」できるメディア

また、「おしゃリスタ」がおすすめするスタイリングを閲覧することのできるメディア「GU STAFF STYLING（ジーユー スタッフ スタイリング）」もある。

ここでは、「おしゃリスタ」が、自分のスタイリングをお客様に見てもらえる場が与えられている。「おしゃリスタ」自身がモデルとなって商品を着用した写真が日々アップされていく。

その写真には、「おしゃリスタ」のいる店舗名、ハンドルネーム、そして身長が記載されている。これによってお客様が、自分と同じ身長のスタッフを見つけて着用のイメージをつかむこともできるし、気に入れば、そのまま商品の詳細を確認して購入することもできる。遠い店舗の「おしゃリスタ」でも、スタイリングが自分好みであれば「お気に入り」に登録することができる。

地域によって異なる気候に合わせたスタイリングや、体型の違いによる着こなし方など、自分に合った商品を見つけやすい。

また、各地の「おしゃリスタ」にとっても、公式サイトに自分のスタイリング写真がアップされることは、大きなモチベーションアップとなる。

アプリ「スタイルヒント」の画面（写真提供：ジーユー）

全国のお客様から「お気に入り登録」などの反応数なども見えるため、刺激や励みにもなる。さらにレベルアップにもつながっていく。

全国の「おしゃリスタ」のスタイリングが見えるため、同じ商品をどんな風に着こなし提案するのかということだけでも学べる。撮影の構図や写し方のレベルも上がっていく。こうして相乗効果でどんどんブラッシュアップされた魅力的な写真がアップされていく。伴ってお客様のファンも増加していく。まさに相互扶助で進化をし続けている。

こうした「おしゃリスタ」の制度と存在は、採用効果にも絶大だ。

ネット上では、「GUのおしゃリスタになるためには」などの検索が多く上がる。「おしゃリスタになりたい！」というのが入社動機の人も多い。

買う前に試着できるバーチャルモデル「ＹＵ（ユウ）」が変化提案

もうひとり、買物に悩む時の力強い味方が２０２０年春に発表された。

それが３Ｄモデル「ＹＵ（ユウ）」だ。

「モデルが着るように、ステキに着こなせない」「試着する前に、諦めてしまうことがある」「何が自分に似合うかわからない」といったお客様の悩みに耳を傾け、さまざまな商品やコーディネートを、リアルなスタイルで提案するために開発された。

理想のモデル体型でなくても、あらゆる人々に似合う商品や着こなしがあることを伝えるために、第一弾はランダムにセレクトした女性２００名に集まってもらい、身体を計測し、その平均データを参考にして作成されたバーチャルヒューマンが「ＹＵ」だ。

名前は、英語の「YOU（あなた）」が由来。あらゆる人々に親近感を持ってもらい、「あなた」の意見から誕生したバーチャルヒューマンという想いを込めて名づけられた。今後、身長や骨格を変化させてさまざまな体型にすることで、より多くの顧客の体型に合った商品の提案をする計画という。

【バーチャルモデル「ＹＵ（ユウ）」のキャラクター設定】

身長１５８㎝。

２０２０年に20歳になった大学生。

流行に敏感な妹キャラで、かつ「ＴＨＥ自由人」。

オシャレと食べることが大好き。苦手なのは、ウソや社交辞令。

特技は外国の言葉を覚えること。悩みは、すぐ体型が変わること。
座右の銘は「よく食べて、よく寝る」。

このように「YU」の役割は、プロのモデルのようなカッコイイ暮らしやスタイルではなく、どこかにいそうな女性に近い体型のバーチャルモデルだ。そんな「YU」が商品を着こなすことで、リアリティな商品選びの参考にしてもらう狙いだ。

ジーユーの「おしゃリスタ」や「YU」の取り組みは、「お客様の悩み」に向き合い、応えるために顧客と近い立ち位置で相互関係を築こうとしている。

なかでも「おしゃリスタ」は、お客様と同じ女性。トレンドやおしゃれを楽しみたいというお客様とは同世代の女性たちが中心だ。ジーユーの商品を通じて、同じ女性のお客様が、少しでもおしゃれに興味を持ち、買物のヒントになってくれることは大きなやりがいにもつながることだろう。「おしゃリスタ」同士の相互発展にもつながる「GU STAFF STYLING」の存在も含めて、自分の日々のスタイリングコーディネートが誰かの役に立つ存在になれる働き方。素敵な仕事だと思う。

Key Point

①自分たちの日常を相互に見せ合うことで向上する
②等身大、自分事になる目線で情報を提供する
③誰かの「うれしい」につながる働き方を創り出す

⑤「共育」――女性ファンと企業は、コミュニティで「共育」し合う
――パスコ

企業と消費者が共に成長していくために、コミュニティで常時つながっていることをおすすめしてきた。

本章の出だしに書いた三菱総合研究所編『女性市場攻略法』(日本経済新聞出版社)のアンケート結果には、成功している企業は、「独自のモニター組織から情報収集」「継続的に情報収集」とあったことで確信が持てた。さらにこの報告には、「コミュニティのなかで、ヒットを予感させる発言が出ていたのは興味深い」とあった。

一例として「ジェルボール型洗剤」の類似アイデアは商品化される以前から投稿されていたと書いている。また、ココナッツオイルブームの時は、ブレイクする半年前から女性コミュニティのなかで話題が拡散されており、トレンドの「芽」を押さえることが可能となっていた、という報告がある。

私たちの日常の調査でも、**女性たちは常に先を教えてくれる**。具体的にヒット商品の「芽」は、3年あたり前からぽつぽつと出はじめて、半年前には広くSNS上で広がり、メディアなどが「ヒットしている」と取り上げるのは、実際に広がってしまったあとのことになる。

さらに、「時流」や「動向」となると、5年～10年先の社会イメージを示唆してくれることが多い。もちろんこれは聞き取る側が気づかなければ意味はないが。

「共育」の事例には、女性のコミュニティサイトを立ち上げ、社会との共生に向けて企業価値を高める努力をされている企業、敷島製パン株式会社を紹介したい。代表取締役社長盛田淳夫様と私のインタビューという形で、HERSTORYコーポレートサイトに掲載している記事から事例としてご紹介したい。

事例

コミュニティサイトで、お客様の声を吸い上げる開発から販促までお客様と共にパスコを育てる

パスコ・サポーターズ・クラブ（敷島製パン株式会社　代表取締役社長　盛田淳夫様）

【企業情報】

敷島製パン株式会社（愛知県）　https://www.pasconet.co.jp/

事業内容：パン、和洋菓子の製造、販売

年商：1539億円（2020年8月）

創業：1920年6月（大正9年6月）

お客様の声を身近に聞きたい、と誕生した顧客コミュニティサイト

食パンの「超熟」でご存じのパスコ（敷島製パン）は、パン製造メーカーとして全国各地の小売店、ストア、コンビニなど幅広い場所で目にすることが多いだろう。

パスコでは、2003年からお客様の声を積極的に取り入れたいとパスコ・サポーターズ・クラブ（https://www.pasco-sc.fun/）というクローズドのモニター組織、約2000人の方に、新商品の試食会などを中心に集まっていただき意見を聞くなどの機会を持っていた。

ただ当時は、クラブの担当者以外は、社内でもほとんど活動内容が見えていないという状況で、社内でも積極的にクラブに関わっていくという意識はつくれていなかった。

「まずは、社外とのコミュニケーション以前に、お客様の声をストックしておく部門を中心にして社内のコミュニケーションを活発にしなければと思い、SNS専任の部門『SNSマーケティングコミュニケーション室』を立ち上げることを決めました」と盛田社長。

そうして社内にSNSの専任部署が生まれ、すぐさま取り掛かったのが、クローズドの組織になっていたモニター組織をオープンに変更することだった。

そして、もっと多くのお客様とつながるための現在のコミュニティサイト「パスコ・サポーターズ・クラブ～ Pasco とおいしい時間～」は2017年にオープン。パスコの知名度もあり、公開後すぐに会員は倍となり、その後も成長し続けている。

「専任スタッフたちがフットワークよく取り組んでくれました。それまで、パスコ・サポーターズ・

クラブは、お客様に商品モニターをお願いするなどクローズドな会として情報をいただくことが目的になっていましたが、中身を大きく変えて、会員様自ら楽しんでいただけるコミュニティとなり、今まで以上に双方向に情報を活発にやりとりできるようになったことは大きいです」

変化する時代のなかで、「現状維持」は「後退」を意味する

ちょうどサイトがオープンしたのは、女性たちにインスタグラムが話題になりはじめていた頃だった。SNSも日進月歩。新しいサービスやツールがどんどん登場し、選任部署も多彩な知識が求められていく。選任部署のメンバーが、SNSのプロという訳ではない。皆大至急に勉強していきながら並行してコミュニティサイトを運営するという日々がスタートした。

「当初はFacebookが全盛だったのに、今はインスタグラムのほうが若い女性たちを中心に広がりを見せているように、1年でもトレンドは大きく変化します。私は常々、社員に『現状維持＝後退』と伝えています。常に前に踏み出していく改善と革新の姿勢を持っていなければ、世の中からあっという間に取り残されてしまいます。今の環境が居心地はよくても、自分の意志とは関係なしに外部環境は変化するものなのです。気がつけば、時代の流れに置いていかれてしまうリスクがあります。外の声を取り入れるための社内体制を整えることは、この考えに則ったものでした」

社内全体にも、このコミュニティサイトの存在を知ってもらい、ここでの話題やコメントが各部署で共有され、新しい開発や改善につながっていくことも目指していた。

各自がＳＮＳそのものにも関心を持ち、世の中の変化に敏感になってほしいという思いが強く伝わってきた。

「経営会議でもＳＮＳの話題はよく出ます。また営業スタッフにも、お客様が店頭に行き、パスコ商品を手に取るまでに接しているメディアは、チラシではなくスマホであることは浸透しつつあります。たとえば今は、スーパーの売場でスマホを見ながら買物をしている人が増えてきました。その目的はさまざまだと思いますが、料理動画を見ながら、それを自分でも再現しようと、野菜や精肉の売場に行く人は少なくないでしょう。購買行動まで変えてしまうＳＮＳやスマホの特性を、私たちは深く理解しなければならないと思います。同時に、リアルな世界での肌感覚を鍛えることも、とても大切だと思います。次のトレンドの予測をするためには、パン売場だけを見ていてはだめ。他の売場、他の業界のトレンドを見ることが大切だと思います」

パンを消費する生活者の変化も大きい。そうした社会の変化をしっかりと捉えられる人材づくり、組織づくりを目指していきたいという。

「売場を見ていると、日々変化を感じます。核家族化が進み、単身世帯も増えている昨今、１斤６枚では多く、ハーフパック（半斤分・３枚入り）が着実に売上を伸ばしています。ケーキでも、大きなものよりも小さなホールケーキやアソート系がよく出ます」

世帯の状況も変わる中で、提供の仕方も年々変わっていく。

「パスコ・サポーターズ・クラブ」サイト（画像提供：敷島製パン）

コロナ禍、会員との交流はリモートで行なった

創業100年を超えて、持続可能な社会と共に、お客様に愛され続ける企業としての責任

国産小麦を100％使った製パンにも挑戦してきた。

そこには、競合他社との差別化といったことだけではない、熱い思いが盛田社長にはある。

「差別化が第一ではありません。当社の創業の理念として『金儲けは結果であり、目的ではない。食糧難の解決が開業の第一の意義であり、事業は社会に貢献するところがあればこそ発展する』があります」。

盛田社長は、自社製造のパンを国産小麦にこだわるという強い意志で挑んでいる。その理由は、国内の食料自給率を上げたいという思いだ。

「初代社長盛田善平は、米騒動の時、『小麦粉からパンをつくって米の代わりに供給すれば、米不足の解消になって世の役に立つのではないか』と考え、当時経営していた製粉工場の小麦粉を使って、製パン事業をはじめました。

現在においても、食料自給率の低さは、日本の大きな問題のひとつです。2007~2008年頃には、世界的な穀物相場の暴騰が起きました。当時の製パン業界では、小麦粉はほとんどが輸入に頼っている状況であり、食料自給率向上とは無関係のように思われがちでした。海外からの小麦が輸入されなくなったらパンづくり自体ができなくなる危機感を抱き、ほとんど目を向けられていなかった国産小麦でパンづくりに挑戦しようと取り組みをはじめました。先進国の中で最低水準の日本の自給率を、どうにかして上げるために、私たちも貢献したいと思い、『ゆめちから』を中心とした国産小麦で、100％国産小麦のパンをつくることを目指してきました。2030年までに、『社内での

国産小麦使用比率20%』を目標に掲げています」

そして敷島製パンは、創業１００年を超えた。

この年、新型コロナの拡大によって、華やかなイベントや店頭でのお客様へのアプローチなどの自粛を余儀なくされた。

それらは新しい仕事の仕方、お客様との関わり方を考える機会にもなった。

選任部署として立ち上がったＳＮＳマーケティングコミュニケーション室の役割も、顧客コミュニケーションというだけでなく、企業戦略としても位置づけられる重要な部署へと向かっている。

顧客と企業が「共育」し合い、共生を目指していくために。

パスコ・サポーターズ・クラブをぜひのぞいてみてほしい。

ここでは、女性たちが素敵なパンのレシピやアレンジを投稿するだけでなく、アンバサダーと言われる女性たちが、意見交換を行ない、積極的にパスコとの関わりを深めている。

Key Point

①顧客から直接意見をいただく関係をつくる
②１００年を超えて持続可能な社会への責任を果たす
③お客様と一緒に「共育」し合い、共生を目指す

⑥「共生」――女性は暮らしのリーダーとしてサステナブルを見る

近年加わった〝サステナブル〟という視点。持続可能な社会に向けて、世界中が手を取り合っていかなければ、私たちが住む地球、人類そのものが立ち行かなくなってしまうという考え方は、あまりに大きなテーマのようで、地球で暮らす私たち一人ひとりの意識の集合体であったことを自覚せざるを得ない時が来たのだと感じる。

「共生」については、本書の最終章で改めて「これからの10年」として述べる。ここでは、事例ではなく、女性視点のソーシャルな視点が、いかにＳＤＧｓ的な意識であるのかをまとめておきたい。

▽女性視点マーケティングは、プロダクト志向ではなくライフ志向

女性視点は、ソーシャルマーケティング型のアプローチとなる。ソーシャルマーティングとは、マーケティングの大家、フィリップ・コトラーによって１９７１年に提唱されている。

企業の利益追求中心のマーケティングに対して、社会との関わりを重視するマーケティングという考え方だ。女性視点は、生活と暮らしから物事を見るため、無意識にソーシャルな意識に重みがいく

視点になる。

多くの企業は、ソーシャルな視点を持っていると言われるかもしれないが、これは企業規模や経営者の意識によって、実際のところ大きなバラつきがあると思っている。

他の先進国に比較して、日本はソーシャルアプローチ型のマーケティングは弱かった。

その第一の理由が、女性視点が経営戦略に入ってこなかったことだろう。「お客様と共に」「社会と共に」と言いながら、当の経営人は生活や暮らしは妻に任せっきりの男性中心。これが日本企業の特徴だった。

さらに日本は、約9割が中小企業だ。企業規模が小さくなるほど、ライフ志向よりは、プロダクト志向になりやすい。どうしてもゆとりがないため、売上至上主義にならざるを得なかった。

モノづくりニッポンの素晴らしいところを、これから女性視点マーケティングと組んで、ライフ志向と融合させれば、きっと新たな化学反応が起こる。ソーシャル意識が高まる文化をつくり出せれば、まだまだ面白い可能性が大いにある国なのだ。

そのためには女性視点から物事を見る機会を意識的に増やすこと、そして女性視点が入った経営陣、幹部の体制をつくること、女性視点から見た「快」「不」を把握し、回避や取りやめを検討する勇気が必要となるだろう。

▽ＳＮＳの炎上は、女性から見て「不快」がほとんどのケース

最近、**「ＳＮＳで炎上したがどうしたらいいのか」**という相談のサポートをすることがある。そのほぼすべてが、女性の共感を得たい商品に対して、女性が見て不快と感じる広告を打っている例だ。

たとえば某ストッキングメーカーのＳＮＳで、「私たち女性が買うストッキングなのに、あきらかにイラストは男性が喜ぶセクシー画になっている」というケース。某行政の街をイメージアップするキャンペーンポスターでは、少女顔で胸の谷間が大きく強調されたアニメを使用し、地元のＰＴＡから大ブーイングになってすべて撤去するという事態もあった。食べ物と女性の下着を組み合わせたプロモーションでは、「女性を食べるという印象が不快だし、子どもによくない」と物議になるなど。

概ね「いやらしい」「子どもによくない」という視点からの炎上が中心だ。

女性視点マーケティングは、無意識に誰かをディスることや、自虐ネタ、人を傷つける風土や文化を是正していくのにも効果的だろう。

２００９年に生まれた女性視点マーケティングのアプローチ図は、当時は、誰に言っても「?·」という顔をされた。講演でこの話をしても、「あなたの言っていることは意味がわからない」「そんな視点では売上は上がらない」と散々なご意見をいただいたこともあった。

女性視点マーケティングと従来マーケティングのアプローチの違い

女性視点マーケティングは、女性消費者のライフ志向を重要とするソーシャルマーケティング型アプローチ

※ソーシャルマーケティングとは、社会とのかかわり（社会責任、社会貢献）を重視するマーケティングの考え方を指す

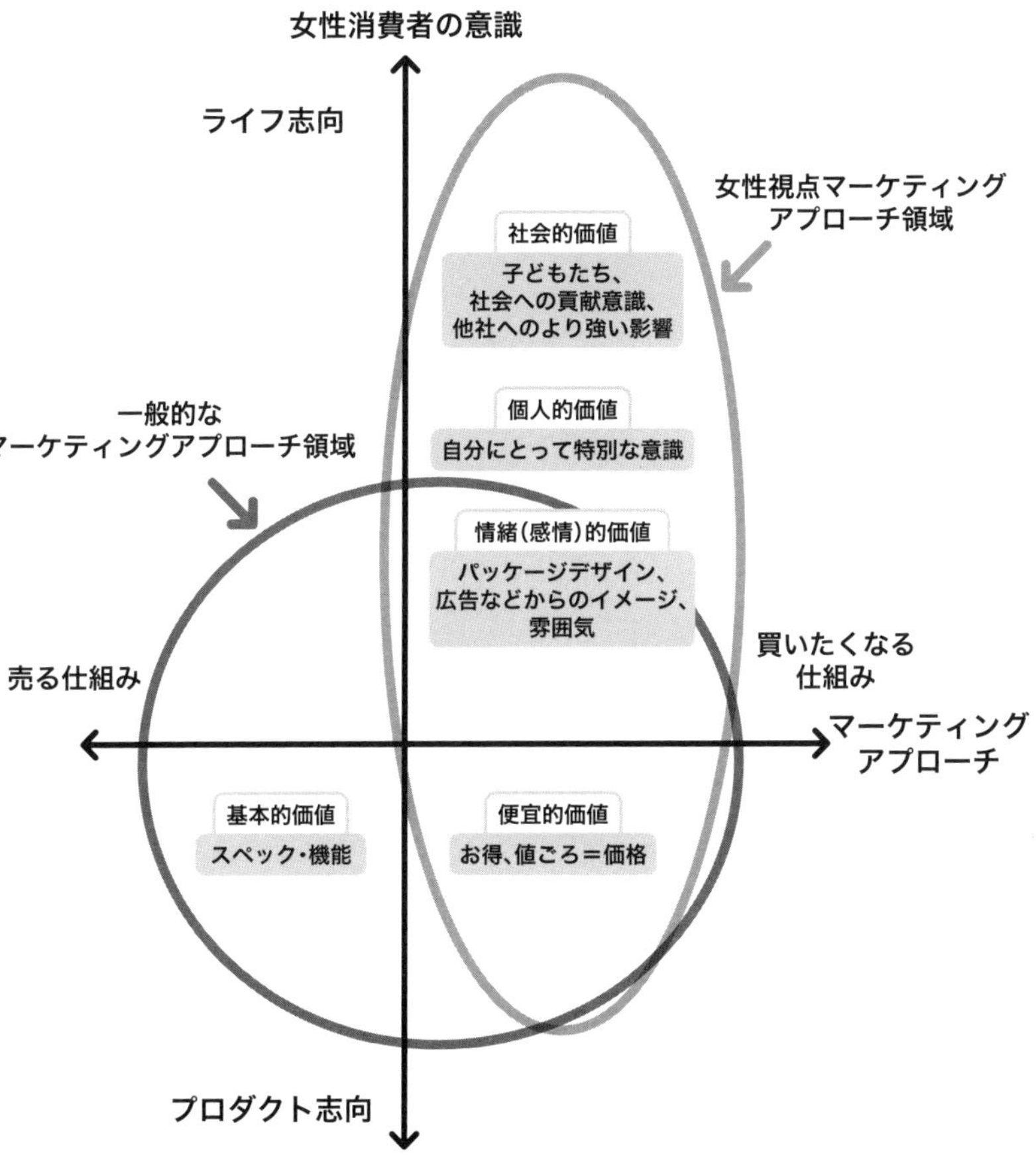

※図の５つの価値はHERSTORY調査により、2009年『「ワタシが主役」が消費を動かす』（ダイヤモンド社）にて発表

それでも今こそ、このアプローチが必要だと自分でも驚くほどに感心する。女性たちの声は、本当に10年先を見ているのだと。

▽女性視点マーケティング成功のための「6つの共」と「6つの価値」

女性視点マーケティング成功のためには、「6つの共」を意識し、マーケティングプロセスのすべてにおいて、女性たちと関係づくりを行なうことが重要だと伝えてきた。

女性たちは、「共」を通じて、何を価値基準に置いて商品を選択しているのか。

ここでは、「6つの共」と「6つの価値」基準を合わせて説明したい。

女性たちは、無意識に6つの価値を同時にチェックして、自分の買物が正しかったか間違ったかを判断している。

女性消費者の買物「6つの価値」

①基本的価値（製品）：製品の品質、性能、機能そのもの。信頼性

②便宜的価値（便益）：お得、値ごろ、便利、助かる、使いやすい

③情緒的価値（五感）：見た目が素敵。デザイン、色、形、触感など

④個人的価値（私的）：自己充実できる、私らしい、ぴったり

⑤社会的価値（社会）：他の人の役に立ちたい（クチコミ、シェア）
⑥持続的価値（持続）：持続可能な社会に向けた具体的な行動

6つの価値を「化粧水」を例に説明してみる。

①基本的価値（製品）

化粧水という本来のモノの価値だ。顔につける、潤す、保湿効果があるなど、化粧水が化粧水として持っていなければならない本質の価値だ。車なら移動する、スマホなら電話ができるといったようなことだ。製品そのものが持っていなければならない価値だ。

②便宜的価値（便益）

いわゆる「コスパ」という言葉に近い。持ち運びしやすい、重くない、値ごろ感など、その商品が、少しでもうれしく、楽しく、便利に、使いやすいといった価値となる。化粧水が変質しない容器、重たくない、中身がこぼれにくい、キャップの開け閉めが簡単など、使い手としてうれしい機能や工夫があることを言う。

③情緒的価値（五感）

化粧水の香りがとてもいい、ボトルの色がきれい、形がかわいいなど、五感に訴求する価値やデザインのよさなどだ。ボトルのデザインが気に入って化粧台に並べたくて買うなど、情緒に訴える価値だ。

④個人的価値（私的）

忙しく働くママは、化粧水、乳液、美容液などが、ひとつですべてまかなえるオールインワンがいい。子どもに触れるので無香料、無添加が安心だ。50代の主婦で、テニスをするなら、日焼けによるシミを防ぎたいから、美肌とＵＶ効果がある化粧水がいいなど。女性は置かれている状態によって重視する価値が異なる。

⑤社会的価値（社会）

使ってみてよかったから友達にも教えたい、おすすめしたい感動があったなど、ママ同士、友達同士、多くの人たちに知らせたい、伝えたいなど、クチコミしたくなる要素や相互扶助につながる価値だ。

⑥持続的価値（持続）

環境にも肌にも優しい自然由来がいい。同じ買うなら社会貢献につながる商品を買いたい。購入した金額の一部が、自然環境保護の寄付にまわる企業の商品を買いたい。自分も意味ある行動をしたい。化粧水は使い切った時、詰め替え用があればうれしい。

女性消費者が見ている「6つの共」と「6つの価値」

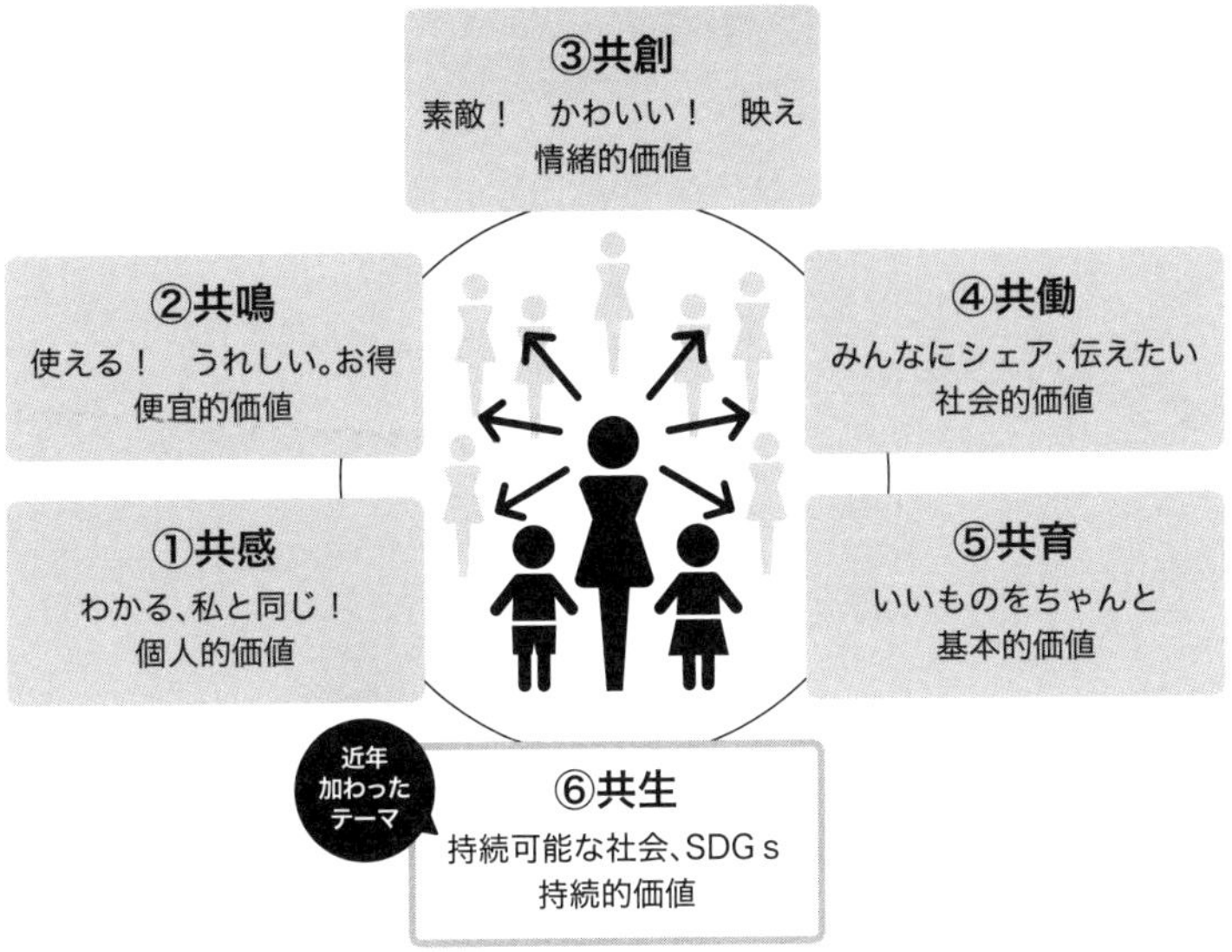

化粧水を例に、「6つの価値」を説明してみた。10年前の発表段階では、①から④の重みが高かった。

この10年間で、⑤⑥の価値はどんどん高くなってきた。そして新型コロナによってさらにそれは強くなった。

本章で紹介した「6つの共」と「6つの価値」をひとつの絵にしたものが上の図だ。

女性視点は、「共」の関係性を重視する。そこで価値基準となるのが「6つの価値」となる。

第5章

女性視点マーケティングを成功に導く5つの理解

女性視点マーケティング習得に必要な5つの理解

——5つの理解から「快」「不」をつかむ癖づけをする

本章では、いよいよ女性視点マーケティングを習得していただきたい。

女性視点マーケティングは、従来マーケティングより複雑だが面白い（個人的な主観も入っている）。

「女は面倒くさい」「女は厄介」と思われがちなのは、こうした複雑さからくるものだろうが、複雑を制覇すれば、競合を気にしなくてもよくなる。

この複雑感は、従来の合理的かつ論理的に解決したいマーケターにとっては、トライを遠のけてきた要因でもあったと思う。「女性消費者は大事だ」と頭でわかっていても多くのマーケターは、どこか避けて通ってきた。

戦略的な頭脳を持つマーケターやコンサルタントは、男性が多い。

自分に体験が持てないため、「女性視点」という話題になると説得力に欠けてしまうため、できるだけ触れないようにしているのではないか、とさえ思う場面によく出くわした。

多くのマーケティングの本では、「女性という消費者」について「重要だ」と触れつつも、数行ほど触れるだけで、ページ数をそれほど割いてはいない。ある著名なコンサルタントのセミナーに参加した時に、「マーケティングとは『生活と営みだ』」と強調されていたが、セミナーの中では「妻の言っていることがわからない」や「女性のこういうところは理解しがたい」「買物は自分の好きなもの以外は妻に任せる」など、端々に自身は「生活と営み」に関わっていないという小ネタで笑いを取っていてびっくりした。こうした辻褄が合わないマーケターの場面に遭遇する度に、私の中で、従来マーケティングへの違和感が増幅していった。

とはいえ参加したセミナーの中での正解はある。

それは**「女性視点マーケティング」とは、まさに「生活と営み」の把握にある。**つまり、男女ではないのだ。ただ、女性のほうが生物学的に、どうしても「生活と営み」を無意識に意識できる本能があるため、男女差が出てしまう。近年のジェンダーギャップは、人間が知性や教養を身につける前の本能的な行動が起こしてきた自然の男女の傾向にあると私は思っている。女性とはこうだと決めつけてはいけないが、傾向はあるし、それさえも否定してしまっては、男女の異なるよさでさえ否定してしまう側面があるのは違うと思っている。

中でも生理時、妊娠出産期、閉経更年期という明らかな女性ならではの肉体的な違いからくる物事の感じ方は、男女で大きな差をもたらしている。

しかし、女性視点マーケティングを理解することは誰にでもできる。

介護をしてみなければ、介護をしている人の気持ちはわからないし、貧困生活を経験してきた人でなければ、その苦労は想像以外にはできない。もちろん大金持ちの暮らしも、またなってみなければ誰もわからない。しかし、その状況を知り、理解をするだけでも、関心は変わる。

それと同じように、女性視点という世界があることを知り、同化はできなくても理解者が増えることは大きい。

女性視点マーケティングは、今まで見えていなかったもうひとつのマーケティングなだけである。女性が（少なくとも私は）従来マーケティングに違和感を持ちながらも努力して体得し、仕事をしてきたように、男性もまた女性視点マーケティングを体得はできる。体感は少なくても「理解」することはできる。

また、女性だからわかるということでもない。

「プロローグ」に書いた「女性視点マーケティング成功のための4つのお願いと心構え」の4つ目で、女性ならばわかるものではないと書いた。

女性はライフイベントの変化が激しいため、従来マーケティングの常識が通らないことが多々起こるだけではなく、**女性自身もまた自分とは異なる状態や価値観の女性たちのことは主観的な視点では理解できない**。

多様な女性たちの存在を認め、深く掘り下げる癖をつける必要がある。実は女性マーケターのほうが、自分が女性であるがゆえに「自分らしい」固定概念があり、男性マーケター以上に習得が難しいかもしれない。

女性視点マーケティングは、「もうひとつのマーケティング」という専門分野であって、性差だけに焦点を当てても意味がない。知識と経験を持ったプロの分野を確立する必要がある。経営学の中に「女性視点マーケティング」という分野が入ってほしいと願うほどだ。

「女性」とつくだけで目を吊り上げることにもまた女性が多いが、「女性視点」は、社会生活のほとんどに影響を及ぼすことを本書では語ってきた。

そのため広い知識と分野に向けた膨大な研究になる。

単純に、女性視点マーケティングを「女性社員に任せてみた」というレベルではない高度なマーケティングなのだ。そのため知識と理解不足によって成功が安定しづらい。「任せてみたけど成果なし……」という女性社員に向けた評価を起こすことも見聞きする。

本章では、書籍という限界はあるが、できるだけ事前に必要な知識と理解を提供する。女性視点マーケティングを手にすることは、大きな強みになる。

年々、難易度が高くなる消費社会をつかむための魔法の杖となるはずだ。

まずは、女性視点マーケティングを習得する上で、必ず知ってほしい5つの理解がある。関わるプロジェクトメンバーは、この5つを事前に「理解」してスタートをしてほしい。

知識と理解がなければ、到達場所が異なってしまう。体調不良に飲むべき薬を知っているか知らないかで、回復は大きく異なるのと同じように。

「女性視点マーケティングを成功に導く5つの理解」を解説しよう。

女性視点マーケティングの成功理論

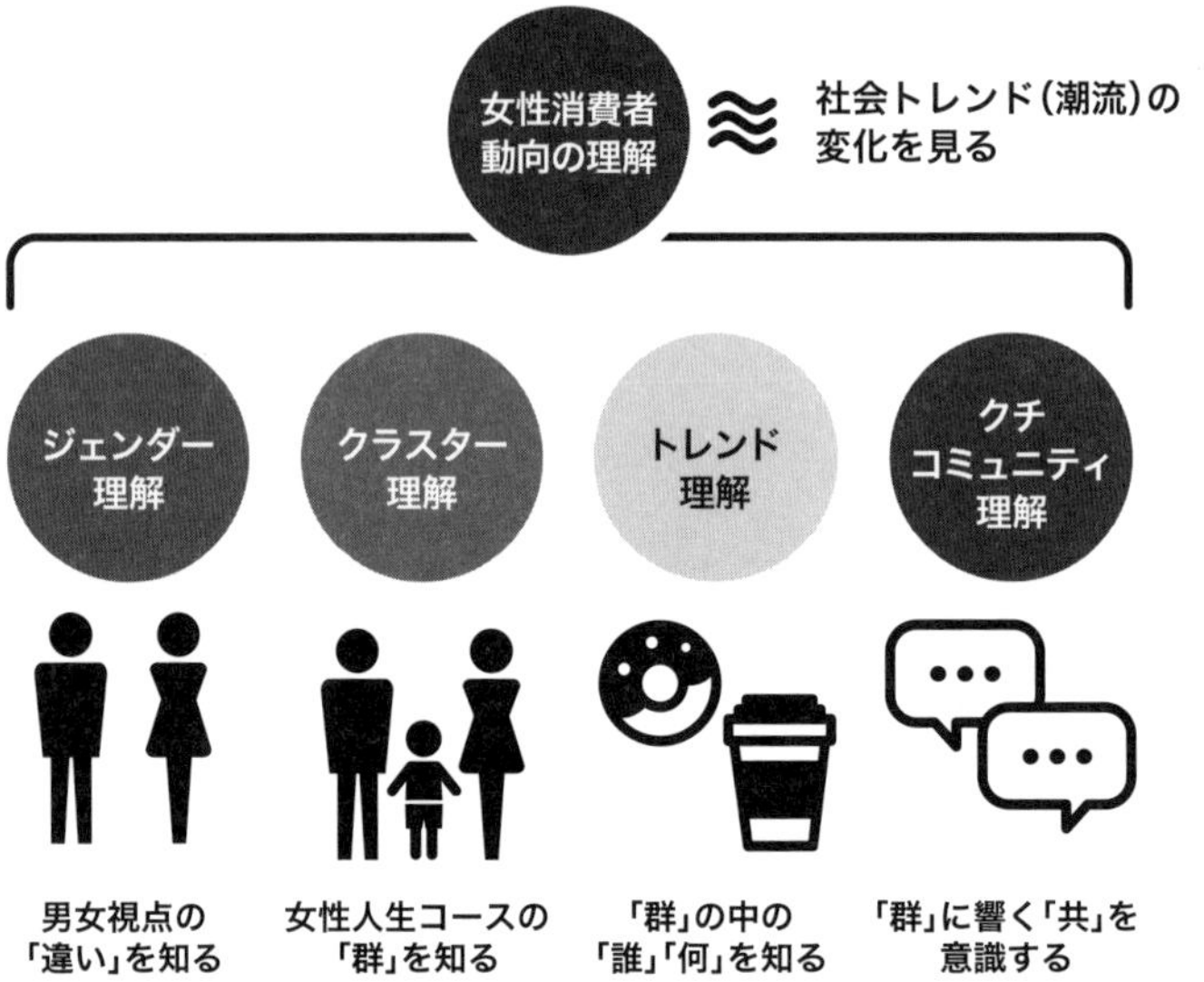

①女性消費者動向の理解

女性たちの置かれている状況、背景などの社会トレンド（潮流）、その変遷と今、これからを理解する

②ジェンダー理解

男女はなぜこうも違うのか。その本能的な理由を知る

③クラスター理解

女性はライフコース（人生行路）上のステージ（位置）によって価値観が異なる。大枠のクラスター分類を理解する

④トレンド理解

女性はライフコース上の、どのステージ（位置）にいるかで求める商品やサービスが異なる。ステージ内特有のトレンドがある

⑤クチコミュニティ理解

女性の同じステージ上に位置するグループ特性

料金受取人払郵便

神田局
承認
7635

差出有効期間
2024年4月30
日まで

郵便はがき

101-8796

511

（受取人）
東京都千代田区
神田神保町1－41

同文舘出版株式会社
愛読者係行

毎度ご愛読をいただき厚く御礼申し上げます。お客様より収集させていただいた個人情報は、出版企画の参考にさせていただきます。厳重に管理し、お客様の承諾を得た範囲を超えて使用いたしません。メールにて新刊案内ご希望の方は、Eメールをご記入のうえ、「メール配信希望」の「有」に○印を付けて下さい。

図書目録希望	有	無	メール配信希望	有	無

フリガナ お名前		性　別 男・女	年　齢 才
ご住所	〒 TEL　　（　　）　　Eメール		
ご職業	1.会社員　2.団体職員　3.公務員　4.自営　5.自由業　6.教師　7.学生 8.主婦　9.その他（　　）		
勤務先分類	1.建設　2.製造　3.小売　4.銀行・各種金融　5.証券　6.保険　7.不動産　8.運輸・倉庫 9.情報・通信　10.サービス　11.官公庁　12.農林水産　13.その他（　　）		
職　種	1.労務　2.人事　3.庶務　4.秘書　5.経理　6.調査　7.企画　8.技術 9.生産管理　10.製造　11.宣伝　12.営業販売　13.その他（　　）		

愛読者カード

書名

◆　お買上げいただいた日　　　　年　　月　　日頃
◆　お買上げいただいた書店名　（　　　　　　　　）
◆　よく読まれる新聞・雑誌　（　　　　　　　　）
◆　本書をなにでお知りになりましたか。
1．新聞・雑誌の広告・書評で　（紙・誌名　　　　　　　）
2．書店で見て　3．会社・学校のテキスト　4．人のすすめで
5．図書目録を見て　6．その他（　　　　　　　　）

◆　本書に対するご意見

◆　ご感想

●内容	良い	普通	不満	その他（　　　）
●価格	安い	普通	高い	その他（　　　）
●装丁	良い	普通	悪い	その他（　　　）

◆　どんなテーマの出版をご希望ですか

<書籍のご注文について>
直接小社にご注文の方はお電話にてお申し込みください。宅急便の代金着払いにて発送いたします。１回のお買い上げ金額が税込2,500円未満の場合は送料は税込500円、税込2,500円以上の場合は送料無料。送料のほかに１回のご注文につき300円の代引手数料がかかります。商品到着時に宅配業者へお支払いください。
同文舘出版　営業部　TEL：03－3294－1801

を理解する。クチコミされる話題、情報がわかる

①女性消費者動向の理解

第1章から第2章までの「女性消費者に起きている環境変化とその変遷、そして今とこれからを予測する」ことを習慣にしよう。

特に日本の女性は、この30年ぐらいの間に、超スピードで変化をしているため、社会の流れ（潮流）をしっかりとつかんでいかなければ、女性視点マーケティングに取り組もうとするプロジェクトメンバーの年齢などがバラバラな場合（特に昭和世代の上司がいる場合）は、女性に対するイメージが進化していないままで、大きなミスを起こす。

そのズレはじわじわと会社存続の危機になるほどだろう。脅しではない。**たった30年前は、専業主婦が多い国だった日本が、今は、70%を超えて女性は就労している。暮らしが変わらないはずがない。**また、近年は女性活躍推進などによって、働く女性の権限の上昇もあり、刻々と女性たちを取り巻く環境と生活を変化させている。

10年前の働く女性と今の働く女性もすでにまったく違う。

本書の第1章・第2章をしっかりと女性視点マーケティングに関わるプロジェクトメンバーは、読

み合わせなどをして理解してほしい。

そして本書はあくまで、この時期に合わせた情報でしかない。女性視点マーケティングでは、刻々と変化する女性消費者の動向を見ながら、先手でマーケットの変化を捉えていく必要がある。変化スピードは速い。

手前味噌ではあるが、弊社発行の女性消費者動向レポート「HERSTORY REVIEW」は、目まぐるしく変わる女性たちに、常にアンケートとオンラインインタビューを取り続け、リアルな声から変化の兆しをつかみ、その芽を拾って月刊で届けている。自社での情報収集に加えて活用をおすすめしたい。

②ジェンダー理解

▽男女は絶滅しないために、異なる脳を持ち、助け合って生きてきた

女性視点マーケティングを実践するためには、マーケティングプロセスのすべてにおいて「男性と女性の異なる感覚」があることを理解して進むことが重要になる。本書プロローグでは「女性視点

マーケティングは、従来のマーケティングを疑う」ところからはじめてほしいと書いたが、もっと細かく言えば、マーケティングにおける「認知→関心→購入→評価」という消費者の購買プロセスにおけるすべてを疑ってほしい。男女は「響くこと」が異なることを理解してほしい。それらすべての判断は、「脳」がしている。

男女は異なる脳を持っている。買物は、目の前の視覚情報を通じて脳にいく。脳で「快」「不」を判断して行動へ移る。

そして「脳」は、心でもある。

心臓に心があるのではなく、「感じる」のは「脳」だ。

太古の昔から、男は狩猟し、女は収穫し、子育てをし、互いが違う役割を持つことで生き延びてきた。そのため男女の脳は、それらの目的が容易に達成できる方向が「快」で、できない方向が「不」となっている。

男性にとっての「快」は、獲物を獲るための道具を手にすること。

男性の成功は、獲物の大きさ。できるだけ大勢の家族を養うことができる大物を獲得する力がある者がボスだ。商品とはその大物を仕留めるための道具。できるだけ最高品質、最新モデル、最高の性能、機能が求められる。少しでも獲物獲得力が上がるためだ。

女性にとっての「快」は、届いた獲物を家族一緒に笑顔で、おいしく食べて子どもたちが健やかに育つこと。

女性の成功は、おいしそうに食べる姿、ご機嫌な家族の会話や表情、ねぎらいを得ること。それが自分へのご褒美だ。商品はそのシーンを見るために、自分にとっての使いやすさ、子どもにとっての食べやすさや汚れの落ちやすさ、明日を考えての保存しやすさや収納しやすさなどを求める。

男性脳は、モノそのもののグレード、性能の高さを見ている。
女性脳は、モノを使う時とその後のシーンを想像している。

女性視点で商品や広告を見ると、女性脳は、そこから自分や家族が実際に使っている場面を想像している。そこに自分や関係者が見えない広告は効かない。当事者意識になれないため、共感が起きないのだ。

女性脳の「快」は、「幸せ」を感じられることだ。

集団で安全な場所で、妊娠中、乳児、子ども、老人、病人なども一緒になって暮らす。もっとも大切なことは、みんなが平和で穏やかなことだ。

夫の無事を祈り、家族たちと笑顔で過ごしたい。部屋の中では、子どもが口に入れたら危険なものはないか、テーブルの角に頭を打たないかなど、周囲をくまなく見ている。家の中や周辺の不安な要素を減らして、少しでも気持ちよく暮らせるようにしようとする。そのため装飾、花、食器、テーブルクロスなど身近な細々なモノを少しでも自分の心地よいモノで揃えたい。

女性脳の「不」は、集団から外されてしまうことだ。

腕力がない女性は、集団行動でわが身や子どもたちを守ろうとする。

そのために日頃から、周囲と良好な関係を築こうとする。気配り、手土産、おもてなし、互いに興味がある情報の持ち寄り、おしゃべり、そのすべてが女性にとっては、大切な生きる術なのだ。

▽夫婦の「あるある」話。夫は自分の所有、妻は自分と子どもの様子を想像

夫婦で一緒に使う車をディーラーに買いに行ったとする。夫は「内装はシックなレザーがいい」と言う。カッコいい、渋い、など自分が手に入れたい世界がある。

それを聞いた妻は、「子どもがお菓子や食べ物を落として汚すから、掃除がしやすい素材か交換ができるシートにして。レザーなんて子どもが寝た時に汗を吸わないし、掃除できない」と答える。

これを社内で話題にした時に、スタッフのひとりが、「まさに昨日、私も経験しました。なんで男の人は、車を買う時に、子どもが使ったらどうなるのかを考えないんでしょうか。さんざん揉めました」と言ってきた。

「結果はどうなった?」と聞いたところ、

「夫のほうが車を使う機会が多いので夫が譲らずでした。妥協点で、せめて掃除しやすい子どものチャイルドシートを買い直すことで合意しました。もし自分だけの車だったら、絶対に掃除がしやすい内装にします」と答えた。

彼女は、自分の好みのデザインや素材の前に、子どもが使用したら自分が片づけることを想像できている。もちろん自分の好みのデザインや色もあるだろうが、まずは子どもが汚すことを先に想像し、自分のための車だったら、掃除のしやすさの中から自分の好みを選ぶだろう。

夫は、もちろん家族は大切だが、レザーの内装は譲れなかった。家族で楽しく出かけるための車をきっと選んだかもしれない。しかし、使用シーンから子どもが汚すことを片づける自分は想像していない。妻の仕事だと、頭の中からは消えているのかもしれない。

女性は、母親になると、物事を見ながら第一に「子どもが使ったら」を頭に浮かべる。

何気ない日々の会話の中で、妻は夫のこうした言動を見て、「家族のことを思いやらないなんて冷たい人」と感じてしまう。

しかし、この夫が特別でもなければ、悪いのでもない。これはとても自然な男女の起こり得る「脳」の違いなのだ。

夫にとっての「快」は、いい車に乗ってレザーシートに座る自分の達成感。

妻にとっての「快」は、子どもと快適に過ごし、ぐずっても粗相をしても「快適」ができるだけ維持できる装備を得ることで、楽しいドライブ自体が少しでもキープできること。

ふたりにとって、その逆は「不」だ。

▽「男女の脳は本当に違うのか？」の実証資料の収集から

「男女は異なる認識をしている」と、私自身は約30年の仕事の現場から体得してきた。

ネット上には、「男女の脳は異なる」ことを書いた文章や図は膨大にあり、その逆に、「男女の脳の違いを語る本があるが、証明はされていない」「あれは憶測や風評だ」「根拠がない」「男女の脳は違わない」などの言葉も多数見受けられる。

そこで、できるだけエビデンスを取りたいと、心理学、生物学、行動学、経営学、脳科学などさまざまな分野の「男女の違い」に関する書籍を集めてきた。

とはいえ、「脳」の中を覗き見るという分野だけは手が出せていない。

今までの書籍で、もっとも腑に落ちたのが、「ニューロマーケティング」（ニューロ＝脳神経）という世界だった。

ニューロマーケティングは、脳科学の立場から消費者の脳の反応を測定することで、消費者心理や行動の仕組みを解明し、マーケティングに応用しようとする試みだ。おすすめの関連書籍の内容を一部、紹介しよう。

『マーケターの知らない「95%」　消費者の知らない「買いたい!」を作り出す実践脳科学』

(A・K・ブラディープ著　CCCメディアハウス)　※「女性脳が買物をする時」の項から抜粋

ヒトのほとんどの脳は似通っている。

ただし、重要な例外が2つある。

第1に、脳は加齢とともに変化する。

第2に、女性の脳と男性の脳ではハードウェアの配線が異なる。

(中略)

女性は、「心の理論」と呼ばれる能力(ミラーニューロン・システム)——他者の心の動きを相手の立場に立って推測する能力——に秀でている。女性はまた、他者に起きた出来事をあたかも自分に起きたかのように感じる能力がある。男性にも高度に機能するミラーニューロン・システムはあるが、男性の場合、他者の感情よりも行動を鏡に映したように繰り返す能力として現れる。女性には生まれつき高度の共感能力があり、他者の視点で世界を見る優れた才能が備わっている。そのため、女性消費者は、物語を聞くことが大好きで、他人がどう感じているかを知ることに強い関心を持っている。

ミラーニューロン・システム（他者の心の動きを相手の立場に立って推測する能力）は、さまざまな場面で、男女の違いを感じる時がある。

たとえば、タレントや有名人の話題。

男性が、木村拓哉のファッションやスタイルに憧れて、つけていた時計がカッコいいからと購入するということはあっても、木村拓哉の妻や娘のことについて「木村拓哉の一家みたいになりたい」「家族で犬の散歩や料理の写真をインスタに上げて楽しみたい」という話題を長々とする男性はいない。その逆に、女性はとても多い。女性はどこか憧れの人の後ろ側に、その家族との関係や暮らし方なども含めて「憧れ」ているし、「こうであってほしい」がある。また、そこに「幸せそう」と自分を重ねることがあるためだ。

２０２０年に解散した嵐が国民的アイドルであった要素のひとつに、桜井翔さんが好き、松本潤さんが好き、というメンバー推しだけではなく、「嵐はグループの仲がいいから好き」という言葉を出す女性がとても多い。

「仲がいい」は女性たちが本能的に、夫婦、家族、集団という場所が「快」と判断するためだ。

ゴシップ的な不倫騒動では、男性から見れば、「ヘマをしたな」「馬鹿だなぁ」「ま、あることだし、許してやれよ」と思う内容であったとしても、なかなか復活できないように見えるのは、女性視聴者のイメージダウンの大きさだ。女性が許さないのは、妻と子どもが自分に置き換えられた想像になるためだ。

▽男女の脳は、日本国内の調査でも研究論文がある

「男女の思考パターンに違いはあるか？　男脳・女脳の分析」という調査結果がある。この研究は、早稲田大学、東京学芸大学生の男女学生の思考を、平成15年から平成18年の４年間にわたって分析したもので、男脳・女脳テストを毎年約１００名で実施し続けている（「東京学芸大学紀要　自然科学系第59集」）。

研究テーマは、男女共同参画社会の実現に対して、男女が仮に思考パターンで違いが認められた場合、真の意味で男女平等を考慮した場合、思考パターン（脳の性差）も配慮すべきであると考えるとして、大学生を対象に、思考パターンの男度・女度の調査を行なっている（『話を聞かない男、地図が読めない女』（アラン・ピーズ、バーバラ・ピーズ著　主婦の友社）に掲載されている判定診断を使用）。

〈男脳・女脳診断〉

・男度の高い脳とは、空間能力、論理性が高い
・女度の高い脳とは、言語能力、共調性が高い

〈見解〉

この調査から、明らかに男女の思考パターンに違いがあることが示されていた。

ただし、これらは男女の思考パターンが二分されるということを意味しているのではない。男子学生には男っぽい思考パターンを示す傾向が高く、女子学生は女っぽい思考パターンを示す傾向があることを示した。近年、男女平等や多様性を語る時に、人間は同じであるという考えのもとに論じがちだが、多様性とは、異なる傾向を無視するという意味ではないはずだ。

真の意味で男女平等を配慮したものとは、個々の個性の前に、男女には大きな傾向が認められることを知ってのさまざまな施策を講じなければ、結果、平準化の中で、本質的な問題を見落とし、不利益な人々を増やしてしまう危うさがあると感じた。

この報告に類似した調査は、弊社でも行なってきた。長年、ウェブサイト上に「男女購買行動診断」を設置し、30問の質問の回答データとして蓄積してきた。その結果と酷似している。

弊社の場合は、２００４年から現在まで、すでに15年以上、８万人を超える蓄積データを取り続けている。

〈結果〉

男性は、約70％は男っぽい脳。中間が20％、残り10％が女っぽい脳

女性は、約65％は女っぽい脳。中間が25％、残り10％が男っぽい脳

が確認できている。

男性脳とは、左脳か右脳かを切り替える「方脳交互型」。女性の脳は「両脳連携型」と言われる。

「両脳」とは、脳の左半球（左脳）と右半球（右脳）をつなぐ脳梁（神経線維の束）が、一般的に女性のほうが太いためだ。女性は、左右半球の脳の接続がよく、連絡のしやすさからひらめきが多く、直観や感覚で物事を判断するタイプになると言われている。


左脳とは、言語、事実、論拠をつかむ脳。

右脳とは、感情、情緒、感覚をつかむ脳。


女性の「快」は、右脳と左脳の連携が活発なため、事実と情緒がセットであること。

女性の「不」は、事実だけでも感覚だけでも納得できないこと。

これらを覚えていただきたい。

▽女性の発する「かわいい」は「赤ちゃん」を連想する要素から

女性がよく口にする「かわいい」という言葉。

最近は海外にも広がってきた。

この**「かわいい」は、赤ちゃんが持つ要素を持っているものに多く言われている**ことに気づかれているだろうか。

小さなサイズの小物や人形。頭が大きくて体や手足が小さな二等身のぬいぐるみ、ぷにゅぷにゅした触感や手触り。タピオカやお餅のようなお菓子、もちもち感のあるパン、赤ちゃんの大きくてふりふりしたお尻は、見ているだけで微笑んでしまう。ドナルドダックのお尻が人気なのも、赤ちゃんの要素であるお尻のように「かわいい」からだ。

また、よく女性はピンク色が好きとイメージされるが、ピンク色は「赤ちゃん」の赤から白までのグラデーションの色。ピンク色は、赤ちゃんを想起させる究極の「幸せの色」だからだ。そして心臓、ハートのイメージとも一致する。女性がピンクに惹かれるのは、赤ちゃんと「幸せが満たされているハート」の象徴カラーだからだ。

女性は、本能的に赤ちゃんと一心同体。

もしも赤ちゃんの顔が真っ赤なら熱がある、顔が真っ白なら血の気がない。どちらも命に危険が及ぶ。真っ赤から真っ白までの間の色のすべてが見えるようにできている。女性がパステルカラーを好むのもこのためだ。肌の色やうんちの色など、微妙な色合いから体の状態を読み取ることができる。

健康的な顔色なのか、ご機嫌の顔色なのか、つらそうな顔色なのか、赤ん坊の顔色で状態を見分ける。自分の顔も毎日、鏡を見て化粧する。肌の色がくすんでいるか、調子がいいかなどを見続けている。女性は顔色や肌の色、微妙な色の変化から相手の状態をつかむことができる。

女性の「快」は、赤ちゃんを想起できる色、質感、形、感触などだ。

女性の「不」は、赤ちゃんを想起するのと反対。強い色、硬い、ゴワゴワした質感、ゴツゴツした感覚、鋭角的鋭さなど、凶器、鋭利、危険を感じる要素だ。

「女性はみんなピンクが好き」は間違いだ。

「女性はみんなピンクに惹かれるようにできている」が正しい。

好きな色は別にあることも多い。ピンクが好きなのではなく、ピンクだけは別格なのだ。

▽女性は野原で木の実を拾うような購買行動を取る

女性の買物は、まるで木の実を拾うような行動だ。

よく「女性の買物は長い」と言う。

「妻と買物に行くと、『さっき行った店にもう一度戻っていい？』と言われることがあるが、正直、あの行動がよくわからない」と、妻の行動を不可解だと言う男性がよくいる。

なぜ、女性たちの買物は、木の実を拾うように、あちこち見て歩くのか。

これも本能的な行動様式に起因する。

女性は、妊娠、出産、子育てをする期間、行動範囲が狭くなる。そんな期間でも、身近な場所で、情報を拾って、楽しめるようにできている。行動範囲が狭くても、ストレスにならない暮らし方を身につけている。**至近距離で楽しみを見つけることが得意にできている。**

「そのカバン、かわいい」
「イヤリング、素敵ね」
「ネイル、秋らしいわね」

朝、職場に女性たちが集まると、即座にこんなあいさつでコミュニケーションを交わしている。身近な視界の、他人の姿をパッと見て、持ち物や髪型や服装や表情などを読み取る。

目の前に、新しい情報やきれいな色が目に入ると気になる特徴がある。

私はスーパーマーケットのマーケティングをアドバイスする時、「目的買いとしての売場」とは別に、**「新しい出会いを提供する立ち寄り場」**を考える。

「予定にはなかったけど、思わず買っちゃった！」を起こす足止めスポット。

時には、「これ、お母さんに買っていこう」となるし、「あっ、ママ友会で配るのにちょうどいい」と考えて予定外のものを拾っていく。

店舗は、女性にとって移ろいゆく美しい野原だ。商品は葉や花や木の実だ。今一番、おいしいのはコレ！　と自信を持って旬やトレンドを押してほしい。

男女の購買行動を整理して言葉にすると、男性はＢＵＹ、女性はＳＨＯＰＰＩＮＧの特徴といえるだろう。

・男性の購買行動はＢＵＹ（目的購入）

目的買いに一直線。買物では、目的のモノをベストチョイスする探索力と、確実に獲得するスピードが重要。高品質、高性能なモノを最高の条件でゲットすることに注力する。自分で調べて、比較して、購入を決定するため、他人のクチコミなどにも影響されない。

「買物＝戦利品の獲得」のような行動。

・女性の購買行動はＳＨＯＰＰＩＮＧ（回遊購入）

回遊買いを好む。よい商品を買うための合理的な左脳と、「うれしい」「楽しい」という情緒的な右脳を同時に重視している。

買物に来た（左脳）から、せっかくなら出会いを楽しみたい（右脳）と考える。ＰＯＰや友達の評判など他人のメッセージを参考にしやすい。

「買物＝物の獲得＋新しい情報や物に出会う楽しみ」を期待している。

▽女性は、体内カレンダーを使い、五感で移ろいを楽しむ

女性の脳は、周期性を持っている。これは排卵など生理との関係が深い。男性の脳は、胎児期に周期性が不活性化する。

女性の脳は、周期性や左右の脳の行き来から、「不安」や「心の揺れ」があるため、何より大切な

のは「悩みの共有」ができることである。

女性同士が、カフェで話す、ロールモデルがいる、相談相手がいる、コミュニティサイトで悩みを共有する、傍らで見てくれている人がいる、など、「悩みの共有」をキーワードにするのは、女性脳の本能が求める中枢の「欲求」だからだ。

女性は、体が暦でもある。「月経」だ。男女は、共に10歳前後で、初潮や精通を迎える。女性の生理は、そこからほぼ毎月、およそ50歳前後まで、月単位でカウントがある。つまり、女性は月単位でカウントする暦のサイクルを体内に持っているのだ。

このカレンダーと共に人生の活動的時代の大半を過ごす。

生理の前後から期間中を入れると、月に10日くらい「気分が揺れやすい」時がある。そのため心身のバランスを取ろうとする。自らの気持ちを上げる楽しみを探したり、創り出したりする。体が暦なら脳も暦を活かしてストレスを癒そうとする。

もうすぐハロウィンだから、おばけグッズ買おうかな。クリスマスだから、玄関にリースをつけよう。そろそろ誕生日ケーキを予約しよう。

身近な暮らしに楽しさを加えようとセルフマネジメントを行なう。

定期的にやってくる憂鬱な体の変化、それには関係なく毎日が過ぎていく。自分のこと、仕事、家事育児、親、知人、地域などさまざまなことが気になるし、気を張る。

だからテーブルを飾る、花を生ける、ネイルを華やかにしてみるなど、日常に小さなイベントを創

あなたは日頃、季節行事は気にしているほうだと思いますか？

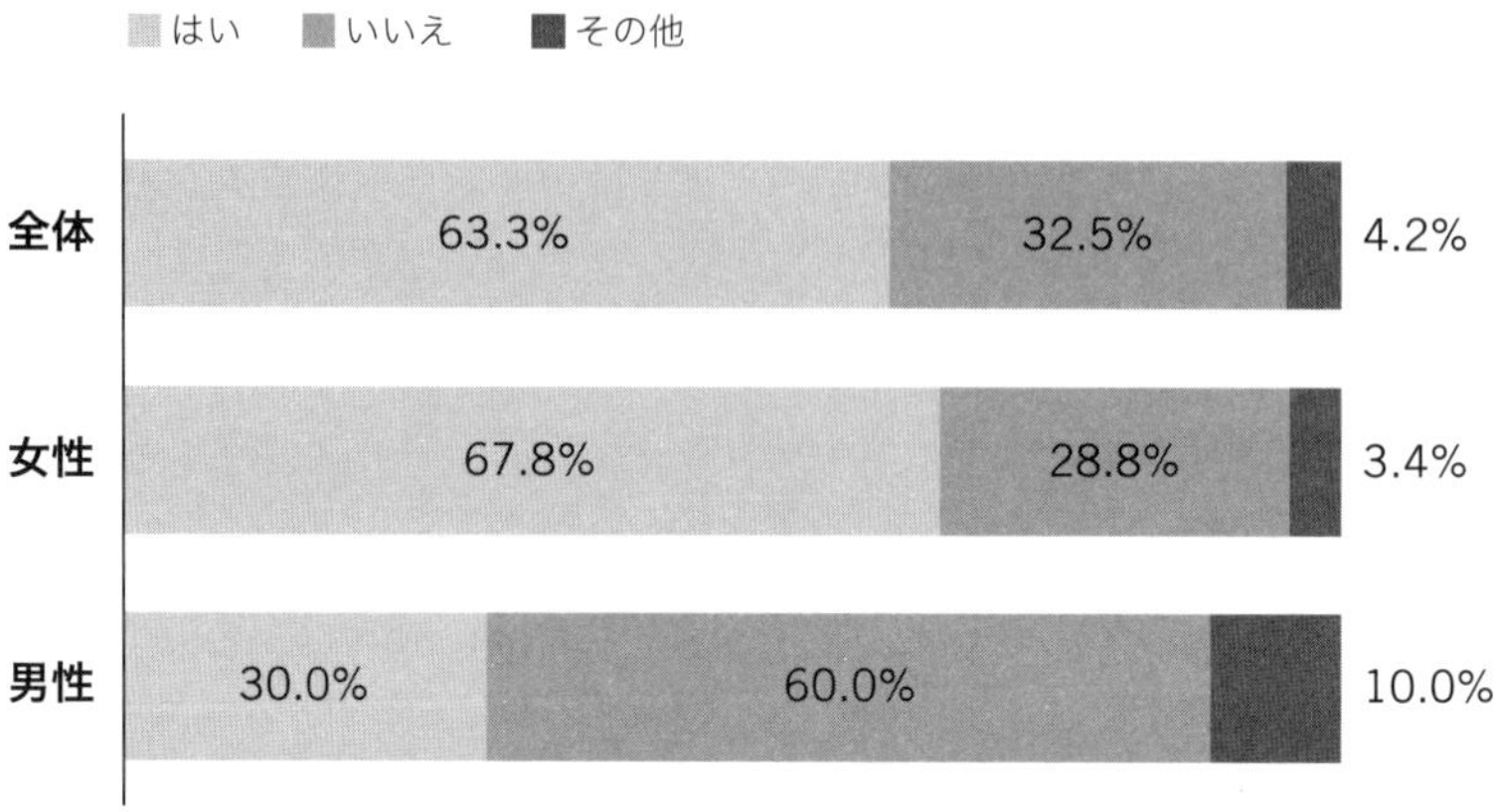

気にしている（「はい」）は、女性67.8%、男性30%と、なんと２倍の差があった

HERSTORY 調査

り出して気分転換を楽しむ。そのために女性たちは、五感が発達している。

音、香り、手触り、色など、五感から入る情報は、彼女たちにストレス解消、自己防衛、心地よさ、幸せ感などを与えてくれる。

嗅覚

赤ちゃんの匂い、経血の匂いなど、匂いを分別する。果物が熟れた匂い、パンを焼く匂いなど、妊娠中に食の匂いで吐き気を催すなども含めて、香りは重要だ。

ハーブティー、入浴剤、芳香剤など、自分の心身の状態に合わせて香りを選択する。「いい香り」は、女性には重要な惹きつける要素。ありとあらゆる場所で、女性にとっての「幸せ」を想像させる香りを届けよう。それは時に無臭という選択肢もある。

聴覚

赤ちゃんの泣き声で、お腹が空いたのか、おむつが汚れたのかなどを聞き分ける。夜中の小さな声でも母親は敏感になる。鳥の声、水の音、木々の音、風の音、笑い声、料理の音、店内の音楽、上司の声、夫の声、それらが「幸せ」の音かどうかを聞き分けている。怒鳴る、威嚇する、危険音などを察知するとその場からできるだけ遠ざかる。心地いい音の場所に集う。

視覚

視覚情報が一番、脳に入る。女性は、目で見た情報と行動が直結する。美しいか、全体にバランスは取れているか、違和感がないか、視界に不快はないか、素敵にコーディネートされているか、わくわくするか、新鮮か、食べ頃か、パッケージが素敵か、おいしそうかなど、見た目の情報はできるだけトータルに編集されて、「なんかいい感じ」と、「感じる」編集力やセンスを求める。どんなによい商品でも買った自分が「幸せ」な気分になれることが、見た目から伝わるようにする必要がある。

味覚

おいしいかどうかは男女誰しも大切なことだ。女性は、自然由来を大切にする。自分の食べる物は、子どもにつながっているからだ。それを本能的に察知するため、有害物の摂取は、男性以上に敏感だ。アレルギーを持つ子どもへの授乳のためには、母親も一緒に食事制限をする。自分の口から入ったものが子どもたちの未来を脅かさないために、バランスを重視し、食べてくれるように工夫する。おいしい食事になるようにバランスと調理を配慮する。丼よりは幕ノ内、単品よりはプレートやコースなどを好むのは、「いろいろ食べる」ことを重視するからだ。味、彩り、栄養バランス、体にいいもの、楽しい雰囲気、そのすべてから「おいしい」になる。

触覚

「赤ちゃん」の肌触りを基準に、「気持ちいい」「ザラザラしている」などの快不快を判断している。舌触り、手触り、指触りは敏感だ。肌、髪、体をなでるような感触。抱きしめて頬に顔を寄せた時のような柔らかさ。ふわふわ、ほかほか、ぷにょぷにょ、ふんわりなど、「まるで赤ちゃんの肌のように」という宣伝文句は、女性にとても響く言葉。毛布、化粧品、下着を含め、体を直接温める衣料品や食品には特に大切な感触だ。

こうして女性たちは、五感からさまざまな情報を得て、身近な楽しみに変換させていく。トレンドが好きな理由でもある。

カレンダーと五感を意識して、新しい情報を提供し続けること。女性たちは、「次は? 次は?」と楽しみにしてくれる。繰り返し来て、購入してくれる。

女性の「快」は、五感から感じる心地よい感覚。
女性の「不」は、五感に違和感のある感覚。

③クラスター理解

▽女性のくくり方を間違えない。F1層、F2層というまとめ方はNG

女性を集団群（クラスター）で語りたい時、マーケティング用語にF1層（20歳～34歳の女性）、F2層（35歳～49歳の女性）といった年齢で分ける用語が存在するが、女性視点マーケティングではNGだ。これらの言葉が広告業界で頻繁に使われるようになったのは、2005年前後。その後、15年間で女性たちの多様化は急速に変化したため、今となっては、ひとくくりにするのは厳しい。

年齢で女性を分けると、特に産期から子育て期にあたる20代～40代までの女性たちは、個々に異なる状態の暮らしをしているため、ひとくくりにすると大きな捉え方の違いを起こす。

女性は、趣味やライフスタイル、デザインなどの好みといった志向性の分類もあるが、もっとも大きく分かれる分類は、仕事の有無と雇用形態、未婚か既婚か、子どものあるなし、という3つの状態から見ることだ。

これは女性には圧倒的な影響をもたらす。従来マーケティングでは浅く捉えがちだったF1、F2といった大雑把なくくり方は、女性視点マーケティングではNGとして関わるプロジェクトメンバーには、強く理解を求めてほしい。

女性は産期があり、「いつのタイミングで、どこで、誰と、どうするのか」という判断を迫られる期間を持っている。このタイミングは、働き盛りで仕事が面白い時とぶつかることでのストレスを持つ。女性にとっての結婚、出産、育児は、男性に比べて「期間」を意識せざるを得ない重要かつ人生最大の関心テーマとなる。

従来マーケティングでは、こうした女性心理に対して深刻な研究をしていない。女性を「年齢」だけでくくる癖を持っているのは、男性視点からの無意識かつ若い女性に意識がいきがちな「若いか、若くないか」という分類方法で区分けしているように感じるのは私の斜めな見方だろうか。

ここでは、女性視点マーケティングについて、このあと説明していくための「用語」も解説をしておく。

・ライフコース（人生行路）

女性の歩む人生コースを「ライフコース（人生行路）」という。ライフイベントの選択の結果、職業・家族構成によって大きく人生行路が異なる

・ライフステージ（位置）

ライフコース上の一時期（東洋医学の7の倍数の年齢など）の節目と身体の変化によって起こる心

身の変化や価値観など段階的に変化する人生の立ち位置

・クラスター（集団）

ライフコース（職業・家族構成）とライフステージ（年齢・世代・心身の節目）などの交点における特徴的な集合体

・ペルソナ（特徴的な人物の擬人化）

クラスターに属している女性の特徴的な人物像の顔や服装、持ち物や暮らしぶりなどを擬人化と共に描く（イラストやイメージ写真などで作成）

・ライフイベント

人生の転機にあたる出来事。就業・結婚・出産・転職・離婚など、人生の選択肢のこと

・ライフスタイル

クラスター層の属性や価値観、生き方、生活習慣、人生観、宗教観など。人生を送るうえでの考え方や判断軸。またその行動指向を言う

弊社では、国勢調査データをもとに女性を分類したレポート「HERFACE」を毎年発表している。2016年版では、書籍『ライフコース・マーケティング』（日本経済新聞出版）の監修者、学習院大学経済学部経営学科青木幸弘教授にご協力をいただき、6つのライフコース分類と「21人のペルソナ」を製作した。

2021年版は、新たにに独自調査を加え、15歳以上の女性たちを分類。実際に同じステージにい

2021年度版　女性ペルソナ分析レポート「HERFACE21」の表紙

る女性たちにヒアリングと修正を繰り返して仕上げた。私の知る限り「日本の15歳以上の女性」を分類し、ペルソナを作成しているのは弊社だけと思っている（他に存在すればぜひ教えてほしい）。

▽６つのライフコースの分け方を知る

ライフコースは、大きく分けて６つある。

①Single（就業・子どもなし）
②Single Mother（就業・子どもあり）
③DINKS（共働き・子どもなし）（double income no kids の略）
④DEWKS（共働き・子どもあり）（double employed with kids の略）
⑤Sahm'ers（専業主婦・子どもあり）（stay-at-home moms の略）
⑥SINKS（専業主婦・子どもなし）（single income no kids の略）

6つのライフコース

ライフコース名	特徴:マーケットボリューム推計条件	2015年 世帯構成比	2020年 増減傾向
①Single (就業・子どもなし)	女性単身世帯 ①結婚を控えているが独身 ②生涯独身 ③離別、もしくは死別を経験し、独身。子どもがいても同居なし(子ども独立)	21.0% 8,399,916世帯	↗
②Single Mother (就業・子どもあり)	母と子世帯 ①結婚することなく、妊娠・出産し、現在独身。子どもと同居 ②過去に結婚を経験したが、現在独身。子どもと同居	10.1% 4,045,073世帯	↗
③DINKS (共働き・子どもなし)	共働きで子どもがいない、もしくは、子どもがいても同居していない世帯 ①共働きで子どもを意識的につくらない ②共働きで子どもを持たない ③共働きで子どもはいるが同居なし(子ども独立)	10.4% 4,139,823世帯	↗
④DEWKS (共働き・子どもあり) (double employed with kidsの略)	共働きで子どもと同居している世帯 ①共働きで子どもと同居している	22.4% 8,940,627世帯	↗
⑤Sahm'ers (専業主婦・子どもあり) (stay-at-home momsの略)	専業主婦で子どもと同居している世帯 ①専業主婦で子どもと同居している	12.1% 4,822,243世帯	↘
⑥SINKS (専業主婦・子どもなし) (single income no kidsの略)	専業主婦で子どもがいない、もしくは子どもがいても同居していない世帯 ①専業主婦で子どもを意識的につくらない ②専業主婦で子どもを持たない ③専業主婦で子どもはいるが同居なし(子ども独立)	6.1% 2,449,344世帯	↘
その他	夫が非就業、妻が就業/夫婦ともに非就業など	17.9%	
	合計	100%	

算出方法:国勢調査、就業状態等基本集計、世帯の家族類型(16区分)別一般世帯数及び世帯人数より単独世帯、核家族世帯を対象に、HERSTORYにて集計

妻が結婚する前と後、子どもを出産する前と後では、別人のように変わったという夫の言葉を聞くことがあるが、それこそが女性でもある。

女の顔が強い時、母の顔が強い時、妻の顔が強い時、娘の顔が強い時など、平和な暮らしを保つために、**女性は自らの責任と役割を変えて人生行路を歩んでいく。**

同じ25歳の独身の女性であっても、ひとりは合コンで恋人探しに夢中な女の顔、もうひとりは、結婚して先月子どもが生まれたばかりで母の顔が一日のほとんど、といったように。

女性が女性同士を指して「あざとかわいい」などと表現することがある。これは、同じ女性が相手の顔を見て、「彼女は今、男性ウケを狙っている。かわいらしさを無理やりつくっている」といったような意味になる。

女性たちは、こうした同じ女性同士の中でも、「今、彼女はどの顔を見せているか」をつかむことができる。雰囲気、服装、態度、声、ポーズなどで相手の様子を見抜くほど、女性はその時々の「顔」が存在する。

女性は、今、**どのライフコースの、どのクラスターの、どのステージにいるのか**によって、その期間特有の悩みや不安、不満などのストレスを持つ。

この「不」を解決するための商品やサービスは開発のヒントになる。

あらためて、御社の女性顧客はどんな人かを把握できているだろうか。「30代の女性が多い」のではなく、「どのライフコース」の「どのクラスター」の「どのステージ」の「どんなペルソナ」なのかを把握してみてほしい。

横軸をライフコースとした場合、縦軸は年齢となるのだが、女性の場合、年齢だけではくくれないと伝えたように、縦はまっすぐではなく斜めになる。

たとえば、子どもがほしいと妊活をする「期間」がある。そして難しいとわかった場合と、授かった場合、さらには2人目、3人目となる場合で、子育て期間がなくなったり、短かったり、長くなったりとなるためだ。

女性は、妊娠・出産のように、自分の肉体そのものを使う人生があるため、男性のように簡単に年代や年齢では言い表わせない、自分でも思うようにはコントロールできにくいあいまいな「期間」を持っている。

だからこそ女性たちは、**「同じ境遇」の女性に共感する**。

「共感」とは読んで字のごとし、「共」に「感じる」。

社内の社員に「お客様の気持ちに立って考えろ」と言っても、顧客の状態と自分が異なっている場合、なかなか理解はできにくい。

「お客様の立場に立って考える」とは、女性顧客の場合、状態を理解し、その立場に寄り添い、コミュニケーションを積極的にとって、できるだけ「私のことをわかってくれている」と共感されることが重要だ。そのためにもまずは、女性たちのクラスター分類を理解してほしい。

女性の「快」は、自分の状態を理解してもらうこと。知ってもらうこと。
女性の「不」は、自分の状態を理解されないこと。大切にしてくれないこと。

▽母親クラスターのトレンドは、子どもの年齢で分けるほうが早い

今は、保育園の運動会に行けば、20代のパパと40代のパパが一緒に走るといった風景も珍しくない。母親の高齢出産も増えているため、親の年齢でクラスター分けをすると、特に子育て中の母親の場合は、まったく想定と違う状況にあることも多い。

そこで、**子どもの年齢別のクラスターにすることがわかりやすい**ことが多い。乳幼児ママ、未就学児ママ、就学児ママ、中高校生ママといったようにだ。

こうしてグループインタビューで集めると、10歳ぐらいの幅で集まってくる。子どもが2人、3人という場合は、一番上の子に合わせるとよい。クラスター調査をする時に、母親の年齢幅が最小になるからだ。

イオンスタイル豊田という愛知県豊田市の総合スーパーでは、2017年のリニューアルオープンに際して、「地域に住んでいるお客様の生活を店づくりに生かす」ために、地域在住の女性たちに集まってもらい、できるだけ意見を聞いて実現させてきた。当時の井上良和店長がこだわったのが、

提供：イオンスタイル豊田

「ママと子どもにやさしい店」だった。

　未就学児ママのグループからは、フードコートの設備に意見が出た。「ベビーカーでいくとテーブルに横向きに置くため自分の手が空かない。親がゆっくりと食事ができない」と言う。また、赤ちゃんはママと相対すると落ち着くというママ目線での意見が参考になった。

　そこでカウンターテーブルに穴を開け、赤ちゃんを入れて、向い合わせに座って食べるという「にこにこカウンター」が生まれた。

　また、「子どもが２人いると、カートに座らせることができない」という意見も出た。そこからひとりが座ってひとりが立つという２人乗りのカートも誕生した。さらに、トヨタ自動車のお膝元ということもあり、店内にはカーディーラーがテナントで入り、トヨタ車の買物カートが登場。子どもたちに大人気だ。

　どちらもインスタやＳＮＳですぐに広まった。

何より地域のママたちの意見が反映されているため、参加したママたちも宣伝してくれた。ママが買物をして、パパが待っている間に子どもと向き合って食事をしている風景もよく見る。このカウンターテーブルはその後、次々と他の店にも導入されていった。

▽母親クラスターは、女性の中でも別格の消費パワー行動を持つ

女性の中でも、特に「母親脳」は別格の消費パワー行動を持つ。生命を生んだことで開花する動物的な本能が独自の行動を取らせる。これは人間でない多くの哺乳動物も同じだろう。誰にも説明がつかない。圧倒的な存在となる。

6つのライフコースで言うところの、

② Single Mother（就業・子どもあり）
④ DEWKS（共働き・子どもあり）
⑤ Sahm'ers（専業主婦・子どもあり）

のコースだ。

「母親クラスター」にいる女性は、シニア層を外すと成人女性人口の最大ボリュームのグループとなるため、女性視点マーケティングを語るうえで彼女たちの視点は、絶対に無視はできない。しかし、母親クラスターは、なっている人でなければわからない世界がある。

母親になったことがない人が勉強して近づこうとしても限界がある。

母親経験者は、肉体の変化や痛み、心の揺れ、子育ての日々などを経験することで、母親同士でなければ理解しあえない世界がある。**母親クラスターは、子どもひとりが高校を卒業したと考えると、約18年間。子どもが2人、3人となると25年ぐらいは継続される日常がある。**

そのため、環境から大きなストレスを受けて生きていくことになる。**母親クラスターの最大の関心事は、子どもを守り、危険から回避させることだ。**

男性も父親になると思うかもしれないが、妊娠期間から出産、授乳に至るまで肉体的、精神的な変化は女性側にのみ起こる。そのため、残念ながら「母」という領域は、誰も踏み込めない別格の世界がある。

母親ライフコースを歩む女性は、ものすごいスピードで、大切な子どもを危険から守るための情報、知識を必要とする。常にアップロードを続けていく2人目、3人目になると、少しだけゆとりが出るというのは、母親側に学習経験ができていくからだ。それでも同じ子どもはひとりとしていない。性格、性別、能力、個性、体力など、その子どもによってすべてが異なる。

神経をとがらせて、ママ同士や先輩ママたちの情報を必要とする。ケーススタディだけが頼りとなる。母親クラスターの横連携は、こうして強い絆となっていくのだ。また、実母とのつながりも一気に強くなる。

母親経験者同士の母娘は、孫を通じて強固な母親NO・1チームとなる。

母親クラスターの買物は実に多岐にわたる。たとえば、ベビーカーを押しているママを見てみよう。子どもを乗せているだけではなく、いくつもの大きなバッグをそこにかけている。シートの下のカゴにも荷物を積んでいる。

通称ママバッグと言われる大きなバッグには、ミルク、お湯、ジュース、お菓子、タオル、気を散らすおもちゃ、ティッシュ、おむつ、着替え、よだれかけ、上着、おしり拭き、薬など。そして自分用の飲み物、今夜の晩御飯の買物など、すさまじい持ち物の点数だ。

パパも子どもを抱っこし、ベビーカーを押している姿はよく見るが、ぶら下がっているバッグの中身を準備しているのはママだろう。

ママ専門の雑誌やメディアは、ママたちの知恵の共有で溢れている。1週間のスケジュール表が記事で掲載され、1日をどんな風に上手にやりくりしているかという事例のオンパレードだ。

たとえば乳幼児を持つ働いているママの日常。

幼稚園の送迎はパパママが連携していても、園との連絡、準備や用意物、先生への謝恩、園行事、ママ友たちとの情報交換や関係維持、日々の病気や病院通い、予防注射など、ありとあらゆる子どもの状態管理を意識している。

仕事で第一線にいる立場の場合、大事なことを忘れたり慌てたりで、自分の至らなさに悩み苦しみつつで過ごしていく。パパが「手伝うよ」と協力的であっても、「手伝う」という言葉にイラついてしまうこともある。子育ては共同作業であるべきと思っているからだ。

主夫を好む男性も増えてきたが、日々の生活の細々とした目に見えにくい家事作業に気づいてしまうのが女性。

『やってもやっても終わらない名もなき家事に名前をつけたらその多さに驚いた。』（梅田悟司著　サンマーク出版）、『夫が知らない家事リスト』（野々村友紀子著　双葉社）など、家事育児に関するこんなタイトルの本も増えた。

母親クラスターは、圧倒的な情報量を同じママネットワークで集めている。膨大なアイテムを購入、管理している。日々をタイムマネジメントし、自分、子ども、家族、周囲との関わりを取りまわしている。

ある時、弊社のママ社員が言った。

「夜泣きで子どもが夜中に泣いても、夫はまったく起きません。どうやって泣き止ませることができるのかわからない時は、ツイッターで同じ月齢児を持つママをハッシュタグで探して情報を得ていました。何度SNSで救われたかわかりません」と。母親クラスターにとって理解されることは大きな支えだ。

母親クラスターの「快」は、悩みが共有される環境。
母親クラスターの「不」は、悩みが共有されない環境。

▽母親クラスターへのマーケティングは、大変さを認めること

母親クラスターのマーケティングで大切なのは、彼女たちのストレスをきちんと認める姿勢だ。「大変だね」「大丈夫?」と声をかけられるだけでも気持ちが楽になることがある。

妻「ちょっと朝からお腹が痛くて」

夫「病院行けば」

と言ってしまうだけで、妻が不機嫌になることがある。

夫からすればもっとも最適なアドバイスをしているつもりだが、妻からすれば「まずは、『大丈夫?』とか、相手に気遣いの声ぐらいはかけられないの? 冷たい人」となってしまうことがある。

母親クラスターは、常にストレスを持つ日々がある。自分のことだけではない、さまざまなことに対処しなければならない。

そのストレスを緩和させるための選択と行動をする。そのストレスを認めてくれていないと感じる夫の言葉にはイラついてしまう。

企業のCMやツイッターの発信などにも敏感だ。

不快感を持つと不買運動さながらの行動も出やすい。同じ母親たちに急ぎ、不快情報を知らせることで、気持ちに抱えた不快感を早く吐き出したいと思うし、自分が感じた不快感を同じ状況の友達に

は感じさせたくない、と思ってしまうからだ。おせっかいと助け合いをすぐさま行動に移す。

CMでは、母親クラスターが見て共通項を感じる女優を起用することのほうが共感を持つ。自分たちとほど遠い、または環境がまったく違う女優を起用して、母親向けをアピールをしようとしても興味を持たれない。「子どもがいないからできるのよね」「わかってないわ」となるし、そもそも別世界に関心を持つほど暇ではないからだ。あからさまにシャッターを下ろす。

母親クラスターにとってもっとも大切なことは、その苦労や大変さをわかってほしいことだ。理解者がほしい、認めてほしい。その気持ちに響くメッセージや言葉の投げ方が商品を売ることよりも先だ。

母親クラスターは、女性消費者の中の最大最強パワーであるにもかかわらず、マーケティングの世界からは遠い存在になりがちだ。

母親クラスターに向けた商品やサービスの開発には、同じ状態にあるモニターや女性社員を介在させることが鉄板中の鉄板だ。

母親クラスターの視点は、消費者の中でもっとも厳しい目を持つ。

商品がよくても手触りが違う、手触りがよくても重さが違う、重さがよくても色が違う、色がよくてもCMが違う、などだ。

母親クラスターのマーケティングは、プロセスの最初から最後までに一貫して母親視点を入れることだ。母親たちを介在させないでつくる商品やサービスは、たったひとつの障壁によって売れないなどのつまずきが起こる。

母親クラスターの「快」は、わかってくれていると思えること。

母親クラスターの「不」は、わかってくれていないと思えること。

④トレンド理解

▽クラスターによって「ほしい」と思うトレンドは変わる

女性はクラスターによって響くポイントがまったく違う。

どのクラスターを幸せにしたいのか。しっかりと考える必要がある。

合わせてそのクラスターにとっての、「今年らしい」「話題の」といったトレンド感を入れることも重要だ。

男性の場合、最新モデルを好む傾向があるが、女性の場合は、かならずしも最新モデルではなくても、「この時期だからコレ」とか「こんな気分には話題の」「コレ買いたかった。春だから桜色にしました」など、**ある期間の悩みや不安を解消するモノ**に対して旬やトレンドなどのタイミングが加わるとほしくなるという傾向がある。インスタ映えなどはまさにそうで、「フルーツパフェ」「かき氷」などのスイーツや、色鮮やかな景色の場所やファッションなどのことを「映え」といって写真に撮ってシェアをする行動があるが、もともとの商品は、昔からあるモノや定番のモノだったりすることは多々ある。

また、社会環境の変化や状況によっても欲するニーズが変わる。「コロナ禍で放置していた髪がパサパサになった」（社会環境と置かれていた状況）↓「髪をサラサラにケアにできるドライヤーがほしい」（悩みや不満の解決商品）↓「同時に肌がリフトアップできるドライヤーが今話題だからほしいな」（トレンド）といった感じだ。

女性は、同じクラスター集団からはみ出さないために消費するというモノも存在する。「群」から出ないための消費というイメージだ。

たとえば、春の入学式シーズンに、小学生ママたちの間では「式典で浮かない服」という言葉が出ることがある。「浮かない服」とは、その場にふさわしい服という意味だ。そしてそんな中にも「今年らしい色」や「今年らしい形」というのがある。女性にとってのトレンドとは、「クラスター内で評価・目的に応える・今どき感」をつかむことをいう。

たとえば、冠婚葬祭の服ひとつをとっても、男性であればスーツ、ネクタイ、シャツなどの基本的な準備で終わる。しかし、女性の場合は、ヘアスタイル、ヘアアクセサリー、メイクの色、リップの濃さ、ネイルの色や光、ストッキングの色、バッグの形と大きさ、指輪のデザイン、靴の色や形など、トータルに組み合わせ力が必要となる。その場にふさわしいコーディネートが求められる。

ご祝儀袋ひとつを選ぶのにも、相手のイメージから、現代的デザインか、豪華な花がついているのか、主役の女性が好きな色を選ぶかなど、相手を考えて祝儀袋を選ぶことも意識する。それが自分の評価にもなるからだ。

2020年のクリスマス時に、弊社の独身30代の女性スタッフが、「今年のインスタでちょっと気づいたのですが、やたらに真っ白でおしゃれなケーキをあげる人が増えています。その写真をあげている人は、みんな独身女子と思われます。赤いイチゴやフルーツ、動物がのっていたりする色鮮やかなケーキの写真は、みんなママです」と言った。

その真っ白のケーキを調べたところ、なんとコンビニのセブンイレブンが、若い女性に人気のルームウエアブランドのジェラート ピケとコラボレーションしたクリスマスケーキだった。セブンイレブンとジェラート ピケとは、組み合わせも驚くが、若い世代の女性を取り込む目的の企画であるなら、着眼は成功したのではないだろうか。ここでのポイントは、「若い女性」「独身」「人気のブランド」「今年限定」という要素だ。

ケーキひとつとっても、独身女性と子どものいる家庭では、選ぶデザイン、色、形、お酒などの素材に違いがある。

女性はクラスターによって選択基準が異なる。それは別のクラスターにとってはまったく興味のないことが多い。

以前、クライアント先に訪問した時にたまたま、「女性社員を集めた商品開発のための試食会があるので参加しませんか」と声をかけられ、参加した。

「簡単においしい揚げ物ができる調理粉」について容量とパッケージに対して意見を聞きたい、と女性社員20人ほどを集めて意見を聞いている場面だった。

開発担当者が商品の特性を説明し、「どの容量で販売したらいいか、目の前の3つから選んでください」「どのパッケージがお好きか、目の前の3つから選んでください」と聞きはじめた。

結果、容量もパッケージも選択はバラバラに割れた。

担当者が「女性の皆様に聞いても意味がなかったですかね」とつぶやいたので、私はびっくりした。なぜなら、集まった20人は「女性」ではあるが、独身の20代もいれば、結婚している30代もいれば、子育てが終わった50代もいた。

ある女性は「中学生の息子が2人いるから食事は奪い合い。食べ盛りには量が一番の決め手よ」と言う。20代の独身女性は「独り暮らしだから自宅で油を使いません。汚れるし。少量タイプに手をあげましたが、私自身は買わないと思います。もし買う場合は、最近は国産小麦にするようにしています」と言っていた。

つまり、単に「女性に聞いた」のでは意味がないどころか大きな間違いをする。

左の図は、「家事」をクラスター内の特徴的なペルソナ別に捉えたケース。「忙しい女性は家事に時短を望む」と、ひと言でくくりがちだが、ペルソナによって時短家事の捉え方がまったく異なる。

シングル女性にとっての時短消費の重きは「掃除（スティック掃除機）」。コト消費は「買物（コンビニ・ネット）」で、求めることは新商品だ。

働くママにとっての時短消費の重きは「洗濯」「買物（ネットスーパー）」「掃除（ロボット掃除機）」。「料理」は真ん中に位置する。料理はできあいの惣菜などを活用しつつ時短にするが、家族の健康や栄養を考えると母親の責任から後ろめたさがある。そのため、ど真ん中に「料理」が位置する。運動会や誕生日会などは日頃のできない後ろめたさを補うために、しっかりとつくりたいと考えて「コト消費」側にも位置する。

専業主婦は、時短消費は「掃除」。ど真ん中には「買物（スーパー）」が位置する。家計を考えて安さが大事だ。コト消費に「料理」がある。お金をいかにかけずに味も見た目も上手につくるかが腕の見せどころだ。

こんな風に「時短消費」とひと言で言っても、買物、料理、掃除、洗濯などさまざまな内容がある。クラスターによってその捉え方は大きく異なるため、商品づくりには、どの機能に重点を置き、どの機能を訴えて宣伝をするかは、どんなクラスターの課題を解決するためのモノかによって大きく異なることを知っておこう。

家事はひとくくりできない。タイプによって捉え方はさまざま

家事感は、効率化なのか、快適化なのか、捉え方によって変わってくる

シングル女性

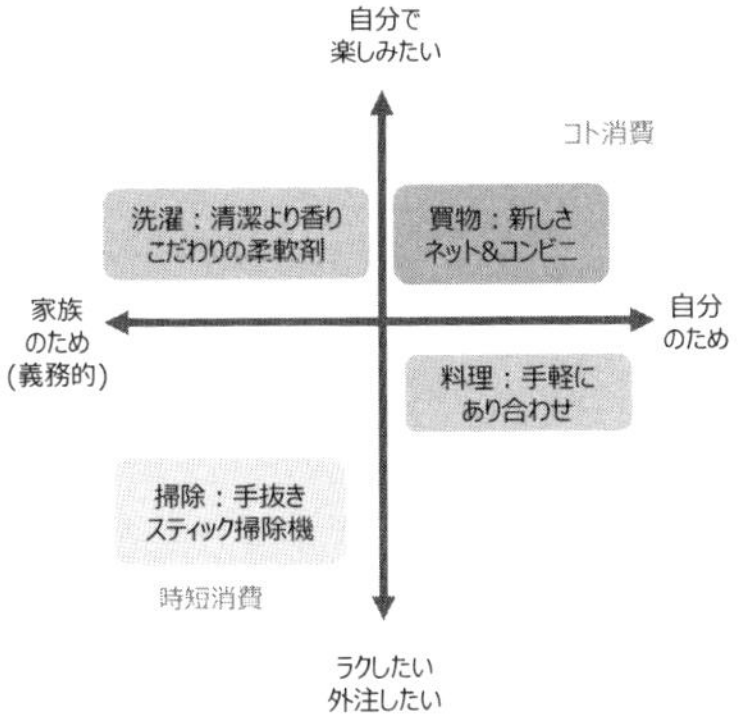

働くママ

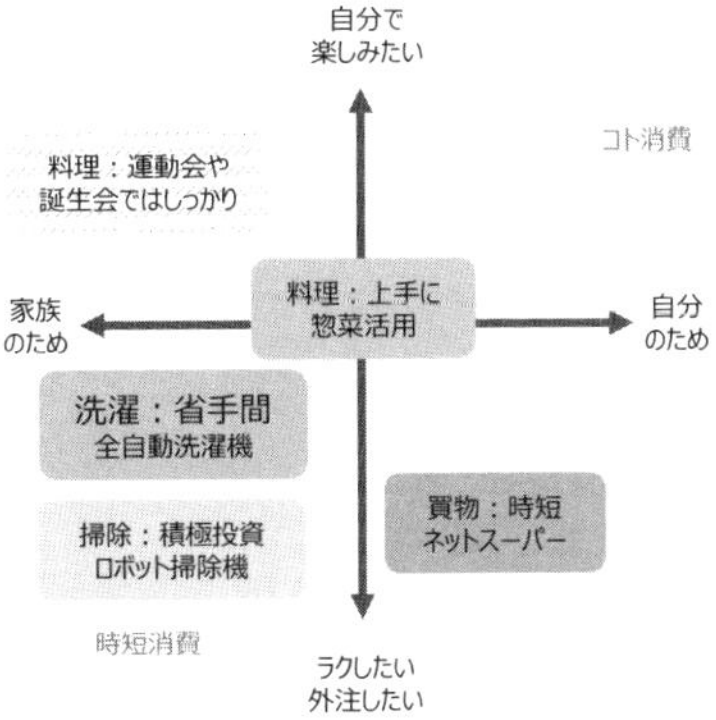

専業主婦

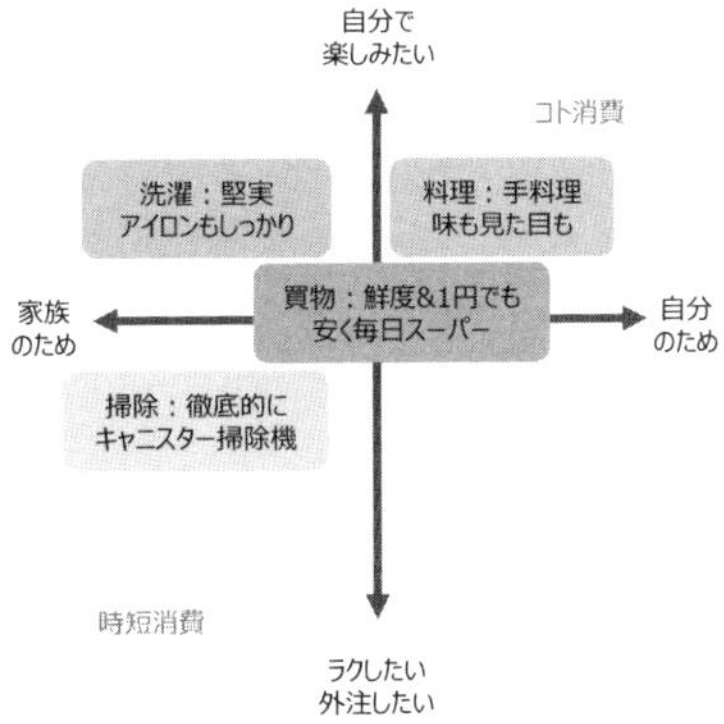

上手に時短しつつ「手抜きはしていない」感が重要。
外注・外部化は「利用する自分が賢い」

時短消費＝投資(ロボット家電、多機能家電購入、IoT家電に関心)、お金で解決、判断が早い
コト消費＝生きがい(毎日掃除、セスキ・重曹を愛用、清潔・健康・安全、手抜きをしないなど)、情報

▽トレンドは、クラスターが「共感」する情報発信リーダーから着火する

女性は「女縁」に影響されるという話を第3章で書いたが、時代がどんなに変わっても、女性のトレンドは、同じクラスター内で「共感」される情報発信リーダーたちから影響を受けて話題になっていく。

昭和や平成では、モデル、タレントが代表的だったが、30代、20代、10代と年齢が下がれば下がるほど、インスタグラマーやユーチューバーと、ネット上での発信力がある女性トレンドリーダーたちの存在が大きくなる。

たとえば、女子高校生が影響を受けているインフルエンサーランキング。マイナビティーンズで見ると（2020年10月）、1位は佐藤ノア、2位は莉子、3位はミチとなっている。3人ともモデルだ。

身につけるコスメ、ファッション、食、考え方など、すべてにおいて真似したくなる。

今の30代の女性たちがティーンズの頃に影響を受けたのは、アーティストの浜崎あゆみ、安室奈美恵などだろう。最近は、ローラや長谷川潤なども人気だ。40代の女性たちに影響を与えたモデルといえば梨花、蛯原友里、押切もえなど。50代、60代なら富岡圭子、黒田知永子など。

女性たちのトレンドをつかむには、その女性たちが影響を受けているこうしたトレンドリーダーの発信する商品はもちろんのこと、彼女たちのライフスタイルや価値観をつかみ取ることが重要だ。

女性メディアは、ネットであっても、雑誌であっても「○○さんの暮らし方」「○○さんのキッチン」「○○さんの子育て」と○○さんが連呼される。そこに登場する○○さんの分野から、自社に関連する商品やサービス分野を専門としそうな人が発信する情報を意識していくと、トレンドが見えてくる。

たとえば、保険会社が「働く独身女性のためのマネーセミナーを開きたい」と思えば、日経ウーマンなどの働く女性向けのメディアに取り上げられる、マネー企画のタイトルやムック本などの特集タイトルを真似てイベントタイトル、内容を組み立てるといい。

予算があれば、その層に近いペルソナが読むメディアに出てくる○○さん（トレンドリーダー）に、商品提供やアドバイスをお願いする。フォロワーが多い人はポリシーもあるので、単なる商品の宣伝を投稿することは好まない。ゆえに、開発から参加をお願いして、開発過程からＳＮＳなどで発信するなどして、フォロワーに関心を持ってもらう。

開発プロセスから見ているフォロワーは、自分も開発に参加している疑似体験の感覚になれる。発売時点では、当事者意識も生まれて即座に完売すると同時に、ＰＲもしてくれるという相乗効果も生まれやすい。

女性にとっての「快」は、憧れの女性トレンドリーダーの暮らしに近づくこと。
女性にとっての「不」は、そこに自分の憧れの暮らしや生き方が見えないこと。

⑤クチコミュニティ理解

▽女性のクチコミは、集団の中で相互に情報交換しながら大きくなっていく

女性は「クチコミ」を好む。

その理由には、集団行動を好むことを本書では伝えてきた。私自身は、女性のクチコミ行動を「クチコミュニティ」と命名して、２００２年に『クチコミュニティ・マーケティング』（朝日新聞社）を発刊し、ベストセラーとなった。

この本は、その後、『図解　クチコミだけでお客様が１００倍増えた！』（ＰＨＰ出版）なども含めて、シリーズや文庫本化され、あれから19年も経つというのにずっと売れている。今でも「あの本がバイブルです」「あの本を読んだ衝撃をよく覚えています」とお会いする方から言われることがある。

先日もある商談中に、「あ、まさか、と思い出して本棚を探しました。この本だけは捨てられなくて。まさかこの本の著者ですか?」と感動されたことがあり、うれしかった。膨大に本が出る中で、記憶されていること自体がありがたいことだが、それだけ当時は、女性とクチコミについての書籍

は、新しくセンセーショナルだったのだろう。私はその後、この「クチコミュニティ」を商標登録した。「クチ＋コミュニティ」は、女性の類似したクラスターの場。悩みや課題を持ち、解決するための助け合いをするというイメージだ。

今でこそSNSも当たり前となり、女性たちがコミュニケーションにSNSを使うが、この『クチコミュニティ・マーケティング』という本を書いた時は、ブログを女性たちが好んで書きはじめた頃だった。芸能人のブログを読む女性も急増した。

「ネットはツールでしかなく、女性はそもそもクチコミが好き。昔なら井戸端、電話、手紙、ブログ、SNSと交信手段は変わっても女性のクチコミ好きは変わらない」という内容で、多くの女性たちの目の前の行動と現象を見てまとめた本だった。

私は1990年に広島市で創業。その当時はインターネットもなく、「女性活躍」といった言葉もない頃。女性たちが集う機会をつくろうと、マーケティング事業と同時に女性コミュニティを立ち上げた。

会員登録制で、女性向けのイベントやセミナー、勉強会、パーティなどを開催していた。最初の会員は、チラシや新聞広告などを使って約300人からスタートしたが、半年もしないうちに広告をしなくても1000人、2000人と増えていった。その理由は、会員から友達へのクチコミだった。

女性は自分がよかった場に、友達を連れて行く。それはあの頃も今も変わらない。そして今ではネットによって当時の比較にならないほど多くの人に情報が届くことになった。「バズる」という言い方も広がり、クチコミは力を持ったメディアに変わった。

当時の体験から、**「女性のクチコミは、きちんと誠実に、感動と喜びを提供することに注力すればお客様が勝手に発信してくれる」**と学んだ。

以来、このことは大切な考え方の柱にしている。

女性は地域、友人・知人、趣味や習い事、そして職場のコミュニティというように複数のコミュニティに所属している。

自分が「いい」と思う情報を持つと、すぐさま自分が所属するコミュニティのメンバーにも伝える。**喜ばれることが好きで、同じ経験、体験をしてもらい、その気持ちを分かち合いたいという思いがある。**知り得たことは共有、共感したい。

情報伝達は人助けとして本能に組み込まれている。いい情報も悪い情報も早く周囲に伝えたい。うれしいこともつらいことも共有し合い、強い絆を築いていく。女性はライフイベントが増えるほど地縁などの儀礼的なコミュニティも増えてくる。子ども会、ＰＴＡ、義理の親や自分の親、子どもの習い事の先生、幼稚園や保育園の先生など、好むと好まざるとにかかわらず周囲との関係を築いて生きていく。**ひとりの女性は、リアルな暮らしの中で、好むと好まざるとで**実際に顔を合わせたつき合いをしながら、ネットを活用してコミュニケーションを行ない、関係維持をして暮らしている。コロナ禍で女性たちがリアルな場でのコミュニケーションを失い、オンライン会議だけで会話をして過ごしていると、心がすさんでいく傾向が男性より多く見られたことがすでに報告されている。

女性たちには、コミュニケーションの場を大切に考えたマーケティングを行なっていこう。

女性の「快」は、コミュニティの中で生成される相互情報が得られること。
女性の「不」は、コミュニティがなく、孤立した状態、情報が入らないこと。

▽15年前のクチコミュニティサイト事例のその後

15年前の2005年、著書『ファンサイト・マーケティング』（ダイヤモンド社）を発表した。

この本で、「女性消費者と企業はもっとダイレクトにつながっていくことが重要だ」と伝えた。女性たちの消費行動を知れば知るほど、関わりの仕方によっては、女性たちは、単に「顧客」という関係を超えて、パートナーやアンバサダーといった存在に変わっていくことを見続けてきた。

パートナーやアンバサダーに変わると、購入はもちろんだが、コミュニケーションの仕方によっては、どんどんロイヤルユーザーに変わり、自ら進んで情報発信をし、クチコミで布教してくれることが特徴的にあると気づいていた。

出版社の意向もあって、わかりやすく「ファンサイト」というタイトルになっているが、私の中では、「クチコミュニティサイト」と同義語だ。

書籍のサブタイトルは、『企業のファンがネットの「クチコミ」で増えていく！』、帯には「企業と顧客がＷｉｎ－Ｗｉｎになる」と書いてある。

当時から伝えたかったことは、女性消費者とは、手を取り合い、「共」に歩んでほしいというビジネスモデルだった。掲載企業のほぼすべてを自分で取材に行った。当時は、ピンときていないマーケターも多かったが、２０１２年頃に、ネスレがネスカフェアンバサダーという名称で、オフィス需要を拡大するためのＣＭを発信したことで、多くの人たちが「アンバサダー」という言葉を知ることになったように思う。

それまで弊社内には、アンバサダーという言葉はなく、私たちは、「クチコミの種をまく人」というイメージで、自発的にクチコミをしてくれる人たちを「シーダー」と呼んでいた。今はアンバサダーがもっとも伝わる。

２００５年の発刊時に本書に掲載していた企業のコミュニティは、無印良品のネットコミュニティ（現在の「くらしの良品研究所」）、ベネッセコーポレーションのウィメンズパーク、アイスタイルの@cosme（アットコスメ）、そしてアマゾンジャパンなどだ。

あれから15年が経過した。そして今、記載した企業がその後、成長していったことを読者はご存じだろう。企業と消費者がつながることは、無印良品の例を見ても、単なるコミュニケーションという域を超えて、商品開発や改良改善まで、多くの役割をコミュニティにいる会員たちが担っている。

長い時間をかけて、顧客との関係性を築き上げてきた企業には、頭が下がるし、これらの手法が間違いではなかったことを教えてくれる。

当時のアマゾンなどに書かれた読者からの書評には、「大企業だからできること」「今さらコミュニティサイトは古いだろう」など厳しい意見もあった。しかし、古いか新しいかではなく、女性とつながっていくことの重要性を伝えたかった。女性は複雑で多様だ。

無印良品が出した海外旅行用のパスポート入れをママたちは、子どもたちの習い事の月謝分類袋として重宝するとクチコミし合い、購入が伸びた。

彼女たちでなければならない、メーカーが考えた用途とは異なる視点を女性たちは教えてくれる。「快」「不」は、女性たちに聞かなければわからないというシンプルなことを解決する方法として、ネットはとても有効だということだ。

今はＳＮＳもある。女性消費者の声を聞いて歩むことがいかに重要だったかを、書籍を読み直して、改めて確信している。

当時取材したサイトの現在について、公式サイトから見える範囲で、数値情報の更新を含めて掲載したい。

無印良品のネットコミュニティ「くらしの良品研究所」　https://www.muji.net/lab/

ますます活性化している無印良品の顧客と「共」に商品企画、改善をしていくサイトだ。今現在もサイト会員の意見で商品がどんどん改善されているのが見て取れる。

たとえば、スリッパの見直し、リュックの見直し、学習机の商品開発など、無印良品側からのプロジェクトの立ち上げだけでなく、顧客側から「おしゃれな爪磨きがほしいです」「三角コーナーの衛生が気になるので自立型のゴミ袋がほしい」などのリクエストがサイトではそのまま見える。

そのリクエストに対して、「いいね」やコメントを受けつけ、その後、それらの意見を採用したら、「見直し中」「できました」など、どこまで進捗しているかがわかるようになっている。

「発売しました」と、商品販売ページがリンクされて紹介されると、サイトを見ているだけで、「やった！」という気分になる。

すごいと思うのは、徹底して会員と常に「共」に開発をしている印象があること。そしてそのプロセスを公開していることだ。

一例として「スリッパの見直しプロジェクト」では、みんなのスリッパに対する使用場面や頻度、ニーズなどをアンケート調査し、その結果を公開。その後、スリッパの試作品を何度か用意し、サンプル品を会員にモニターとしてホームユースを依頼（テスト商品を送って利用してもらう）。その意見、感想など、すべてがサイトに公開されているのだ。

当時の取材では、会員は女性7割、男性3割と言われていた。

無印良品ファンは、商品のシンプルさなどだけでなく、こうした顧客と「共」に歩む姿勢にも共感するのだろう。

ベネッセコーポレーション「ウィメンズパーク」　http://women.benesse.ne.jp/

女性たちの悩みを共有し合うサイトと言えば、老舗中の老舗となったウィメンズパーク。媒体資料には「同じ悩みを持つ女性同士が活発に発言し合うことで、共感・共有を築いていく最大級の女性限定口コミサイト」とある。

サイトのキャッチフレーズは、「最強のママ友をもうひとり」という心強いメッセージだ。２０００年に立ち上げられた当サイト。取材した２００５年の段階で、会員40万人突破、蓄積クチコミデータ総数は７２０万件と、書籍に書いている。

現在のアクティブ会員数は、４８１万人（２０２０年12月の媒体資料より）、サイト上に記載されている蓄積クチコミデータは、４５００万件を超えている（現時点）。つまり、会員数は12倍、クチコミ数は、６倍以上となっている。驚きどころではない。15年後の今、このサイトは女性たちの興味、関心、動向が手に取るように分析できるビッグデータプラットフォームに進化しているのだ。

サイト内には、たくさんの細分化されたコミュニティが存在する。「もうすぐママになる人の部屋」「高齢出産ママの部屋」「不登校児を持つママの部屋」「小学校低学年ママの部屋」など、子どもの年齢別から子育て、夫婦、教育、自分の健康からお金の話に至るまで、さまざまな意見を交換できるようになっている。

ベネッセコーポレーションは、ご存じのように本体は進研ゼミなどの通信教育をはじめとする教育、育児、シニア・介護の領域で事業を展開している。特に育児雑誌との連携は大きい。新しいママは常に誕生する。マタニティ雑誌「たまごクラブ」「ひよこクラブ」などの媒体、ウェブと連携して、次世代ママたちをつなぎ止め、彼女たちがぶつかっていくライフステージ上での課題をこのサイト内で、女性同士で過去データも含めて解決できる。

ウィメンズパーク内の膨大なクチコミと女性たちの共感、共有の動きは、現業への改善から新規事業に至るまで、さまざまなニーズの発見にもつながっていることだろう。

女性視点マーケティングは、巨大な会社を目指そうという話ではない。

15年前に取材した企業の〝今〟を見ることができて幸せに思う。これらの企業は、顧客の声を大切にしてきたことはもちろんのこと、顧客と寄り添い、「共」に歩んでいることが見て取れる。意見をタイムリーに吸い上げ、早くフィードバックする。その繰り返しが信頼を勝ち得てきたのではないだろうか。

会社の規模にかかわらず、「顧客の声に耳を傾ける」こと。

さらにその顧客の中でも、買物の8割を誰かのために消費する女性たち。

自発的に、誰かに商品を配る購買行動を取る女性たちを味方にしない手はないだろう。

女性の「快」は、意見を聞いて寄り添い続けてくれること。

女性の「不」は、意見を聞かない、聞いてもフィードバックがない、寄り添い感がないこと。

▽クチコミュニティは、「学《がく》・遊《ゆう》・働《どう》・交《こう》」が鍵

クチコミュニティ・マーケティングを2001年から提唱してきた弊社は、今でも多くの「企業と女性のコミュニケーション」に対してアドバイスを行なっている。近年は、大がかりなコミュニティサイトなどをつくらなくても、SNSの運用だけでも十分に女性たちとコミュニケーションが取れるようになった。

ここで私たちがクチコミュニティを運営するための設計上、もっとも重視している「学」「遊」「働」「交」という4つの切り口について説明しよう。

コミュニティを運営する時に、落としてはいけない切り口だ。

「学」とは、生活情報が得られるコンテンツ

日常生活のありとあらゆることにアンテナを張り巡らさなければならない女性にとって、生活に関わる「学」の情報が提供されることは、とても喜ばれる。たとえば、パンを売りたいサイトであれば、パンのおいしい食べ方などのレシピ提供や、パンの選び方や上手な保存方法など。

「遊」とは、お楽しみコンテンツ

たとえば、占い、ゲーム、くじ引き、ノベルティ、懸賞、プレゼント、ポイントアップ。ささやか

でもお楽しみがあることはとてもうれしい。気分転換にもなるし、忙しい女性にとっては、瞬間的に気分が晴れる時間が持てることは大いに救われる。

「働」とは、お役目を与える

女性は、人の役に立ちたいと思っている。たとえば、新商品に意見を出したり、試食会モニターをしたりが大好きだ。周囲の友達に意見を聞いてくれたり、クチコミをしてくれたり、ＳＮＳに書くこともしてくれる。

「交」とは、交流の機会を用意する

女性は、女性同士での経験や悩みを聞いて、共感し合いたい。自分の悩みと同じ人がいれば、どうやって解決できたのかを知りたい。好きなアイドル、夫婦、恋愛、子育て、料理など、話題は尽きない。

この４つの要素を意識してコミュニティサイトやファンクラブの運営などを行なうと、女性は参加意欲が高くなり、離脱しにくいし、友達の紹介も増える。

女性の「快」は、コミュニティのなかで「学」「遊」「働」「交」が得られること。
女性の「不」は、コミュニティのなかで、それらの情報や体験が得られないこと。

事例

「喫茶ランドリー」の学・遊・働・交

昨今は、働く女性の増加で、昔では考えられないような「場」としてのカフェが増えている。たとえばコインランドリーだ。特にマンション暮らしの核家族が増えると、気軽に大型の布団や毛布などがベランダに干せないというところも増えている。ドラム式洗濯機や風呂場に乾燥機能が揃っていても、家族の大型洗濯物になると家では難しいため、近年、コインランドリーの利用者に女性が急増している。

そこで少しでも快適に女性が過ごせるようにと、おしゃれなコインランドリーが増えているのだ。まるでカフェのような空間で、雑誌が置かれていたり、洗濯用品などの雑貨が販売されていたり、Wi－Fi完備で仕事をしながら洗濯が仕上がるのを待つなどもできる。フリマアプリの「メルカリ」と提携しているランドリーも増え、洗濯したらその場で「メルカリ」に出品手続きができるという流れだ。コインランドリーを拠点にワンストップでさまざまなことができる。

こうした場所は、あっという間に若い女性やママたちのクチコミで集合場所になる。

なかでも「喫茶ランドリー」を企画する株式会社グランドレベルは、地域にある古いビルや団地、小売店の1階などを再生し、地域の拠点づくりに貢献している。

店内は業務用のおしゃれな洗濯機が設置されている。喫茶を併設しているため、レジでお金を払う。ドリンクや軽食もしっかりしたメニューであり、カフェとしても十分楽しい。

家事室と呼ばれる洗濯機のある空間には、大きなテーブル、アイロン、ミシンなどが置かれている。このテーブルを中心に、近所の顔見知りさんたちが集まってくる。

地域のママさんたちがパン教室、洋裁教室などを次々と開催。ここでつくった商品は店内で販売もできる。今や地域のおしゃれな民間公民館の様相で、シニア層からサラリーマンまでさまざまな人たちがこの空間を活用して、気軽に交流できる場となっている。

ここにはしっかりと「学・遊・働・交」がある。

「学」は、地域の女性たちを中心にカルチャー教室のような場として機能している。「遊」は、カフェとしてお茶やお菓子、軽食を楽しみながら談笑できる。雑誌や雑貨も楽しい。時々、音楽会などのイベントも開催される。「働」は、教える側にもなれる機会があることだ。ミシンの使い方、アイロンがけ、カルチャーのお誘いなどなど、自発的に地域の人たちが関わっていく。まさにそこには「交」がある。「元気?」「久しぶりね」と店のスタッフとお客様だけでなく、客同士がここで会話し、いつしか地域での知り合いも増えていく。

そして「喫茶ランドリー」は、地域交流拠点として浸透していく。現在、あちらこちらから注目され、スーパー、団地など各地に広まっている。そこには必ずお世話好きの主婦たちが存在する。

「いいわよ」「家から持って来るから」「私たちがするから」「手伝うわ」など、自然に会話の生まれる「場」はこれからの時代にさらに求められていくだろう。

女性の「快」は、学・遊・働・交がある場所に集えること。
女性の「不」は、ただモノがあるだけの場所に行くこと。

▽女性視点マーケティングを成功させるための「共創」の心得

本章も最後となった。クチコミュニティ理解を通じて届けたいのは、常に女性と企業との「共創視点」を大切に持ち続けることだろう。

「共」に女性顧客と「関わっていく」ことだ。その関わり方はいろいろあるだろう。マルチチャンネル的な設計も大事だ。女性は、さまざまな場面で接点を求める。

その場面ごとに「快」「不」がある。あらゆる場面の「快」「不」を確認し、その障壁を取り外すために自分たちの意見を聞いてほしいと思っている。

自分の意見を聞いてもらえること、何かに少しでも活かされることがあれば、とても幸せに思う。「誰かのためになるのなら」と、積極的に「共」に参加するのだ。

女性視点は「自分と自分以外の人々」が対象となる。女性の視点は、自分の目を通じて、周囲に喜

ウェブを土台にした女性視点マーケティングの概念図

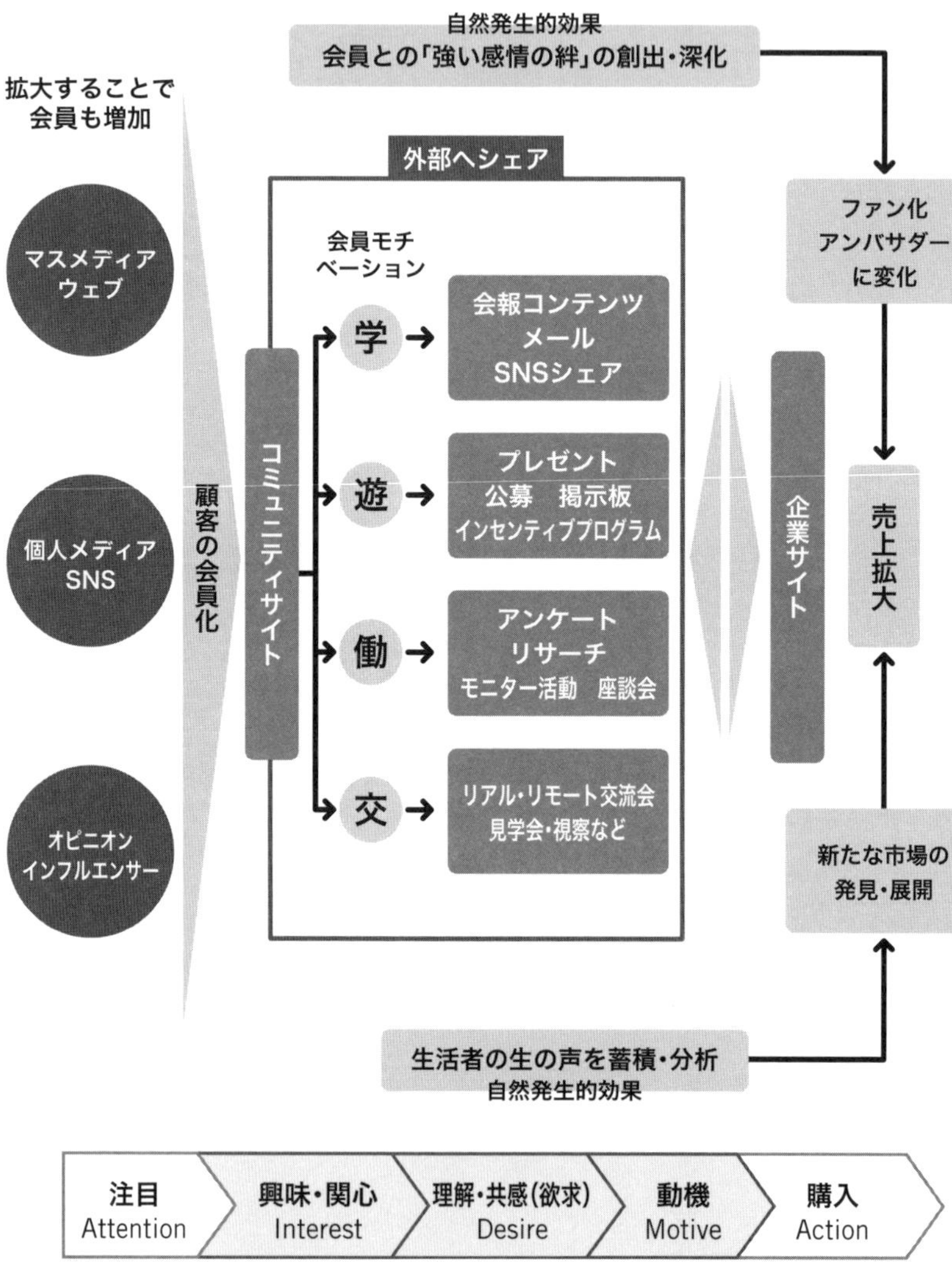

ばれることをしようとする。マーケターにおいてこんなありがたい存在はない。

女性視点マーケティングに取り組むことそのものが、子どもやシニア、そして男性にも優しい社会にすることができる。その視点は、日常的な「生活と営み」の主役だからこその意見を持っている。

商品やサービス、広告や情報、人の顔色を見て、瞬時に「感じ取る」のは次の「6快」「6不」だ。

6快：気持ちいい、心地いい、かわいい、素敵、おしゃれ、うれしい

6不：不満、不安、不足、不便、不快、不利

女性にとっては、競合より優れているとか、最新モデルを手に入れることがゴールではない。「これは誰にとって役立つのか」「これは子どもに優しいのか」「これは年老いた母が使えるのか」といった視点だ。それがクリアなら買うし、リピートもするし、感動してクチコミをする。それがクリアできないなら買わないし、リピートしないし、問題点をクチコミ（よくないところをみんなに知らせる）する。

女性視点マーケティングで重要なのは、そんなソーシャル的な視点を持った彼女たちのお眼鏡にかなう商品・販売を行なおうと思う姿勢そのものだろう。

モノをどんどんつくり出すことより、以前の商品をよりよく改善していくことも大切だ。

使い勝手、重さ、形、空間、音楽、デザイン、もてなしなど。そのすべてに「快」「不快」はある。

女性消費者とのコミュニケーションによって生まれる企業が得る価値

**女性消費者とのコミュニケーションには、多くのメリットが生まれる。
女性自身は意見が企業に反映されることでよりロイヤリティを高める**

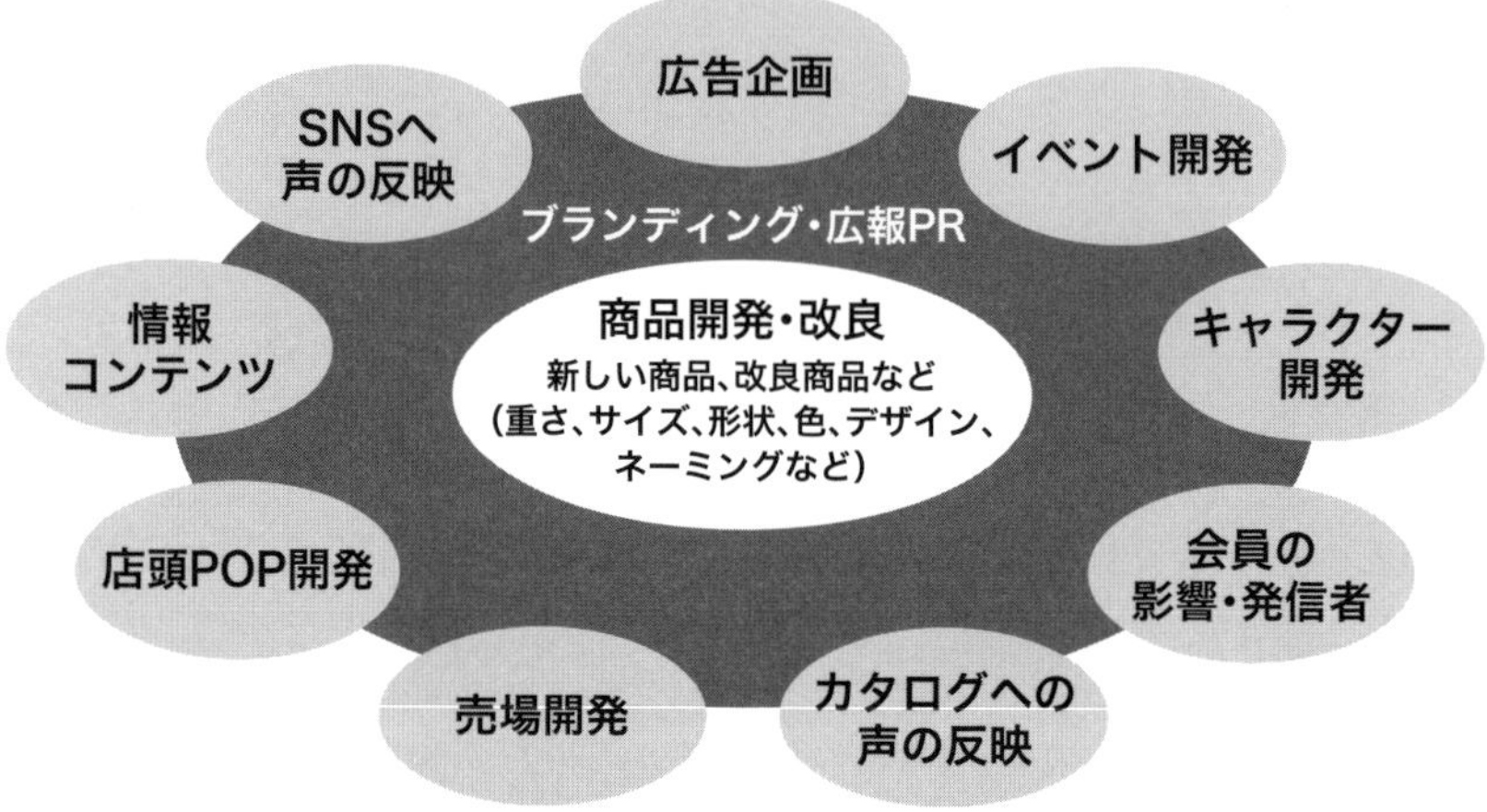

それを一瞬にしてつかみ、「ここはシニアに危険」「ここはベビーカーが通れない」「これは子どもが口にするとよくない」という要素を発見しようとする。五感と第六感を駆使して全身でとらえるセンサーだ。

女性の「快」「不」は、日常のありとあらゆる場面で求められる。

女性の視点を活用すれば、地域に優しい、子育てに優しい、シニアに優しい、外国人に優しい、男性に優しい、そしてダイバーシティ（多様性）な意識と行動が社会に広がるだろう。

女性の「快」は、みんなの快になること。
女性の「不」は、みんなの快にならないこと。

第6章

女性視点マーケティングの実践トレーニング

女性視点マーケティングの実践は6つのステップ

女性視点マーケティングを誰もが理解し、実践に活かせるようにしたい。

女性消費者は、たしかに複雑で、当事者でなければわからないことは多いが、それでも理解し、誰もが「共」という他者を思いやる気持ちが広がれば、もっと優しい社会になれる気がする。

多くの人が女性視点マーケティングの実践者になって、新しい視点、新しい価値観が広がってほしいと思う。本章では、具体的な実行レベルの話をお伝えしたい。

ここではより実践的に、マーケティングプロセスに合わせて、女性視点特有の部分を6つのステップでお伝えしたい。

まず、マーケティングプロセスを次の6つとする。これは一般的なマーケティングプロセスの大枠と同じだ。これらを第4章・第5章で学んだことを意識しながら進めていく。

①ゴール設定→誰のため
②情報収集→共感者を探す
③顧客インサイト→共鳴ポイントを探す

④企画立案→体感、実感を高める
⑤ブランディング→幸せを届ける
⑥プロモーション→クチコミで考える

①ゴール設定→誰のため

▽「誰のため？」を設定する

誰のために、何を、どうしてつくるのか、売るのか。ここをしっかりと事前に関係プロジェクトメンバーで話し合う。

「こんな技術があるから活かせないか」「こんな製品があるから何かに使えないか」というプロダクト志向からでも構わないが、その機能や要素が「うれしい人は誰なのか」を徹底的に考え抜く。

「誰かの大変さを、自分たちの得意で解決する」

これをゴール設定に討議をしてほしい。「誰か」はこの段階では複数あっていい。①はこのぐらいにして、さらに重要な②以降に進みたい。

②情報収集→共感者を探す

「〝誰かの大変さ〟を自分たちの得意で解決する」

その「誰か」という「共感者」を探そう。直接のインタビュー、対象クラスターのアンケートなどを行なっていく。

業界のマーケットボリュームや市場規模、店舗で言えば商圏内人口などのデータはどこからでも集めることができるので、基本情報としては必要だ。

しかし女性視点マーケティングでもっと大切なのは、「誰に共感されるのか」だ。その「誰か」を見つけ、「共感ポイント」に響くかどうかが重要だ。

特に今は、ＳＮＳなどによって「共感」がなければ、売れない。目的買いのものは、いくらでもアマゾンやメルカリで調達できる。最安値も調べることができる。

本当に支持されるためには、人のリアリティを把握することだ。数値やデータだけを見ていては感じ取れない。女性視点マーケティングでは、クラスターが異なるだけで興味も関心もトレンドも異なると言ってきた。「みんなに」と思っていると誰にも共感されない。

「誰か」がわからない時は、「自分のため」を考えるほうが早い。

ベンチャー企業は、自分の体験や経験から創業したケースが多い。

「6つの共」で取り上げたスープストックトーキョー、DEAN & DELUCAなどは、「自分たちがいいと思うものをつくる」という強いポリシーと意志を持っている。周囲の意見に振りまわされることなく、それでいて多くのお客様との絆を大切にしている。

ヒット商品は「自分の経験から」が一番強い。

もし自分に強い思いがあるのならば、自分自身が「誰か」の位置になって、その思いに共感するクラスターが最初のお客様になっていくこともある。顧客の立場を考える前に、「自分や自分のまわり」を顧客イメージにするなど、できるだけ自分事に置き換えて情報を集めてみよう。

▽対象クラスターの女性に直接インタビューをする

女性はクラスターによって価値観がまったく異なるため、直接のインタビューをすることに手を抜いてはいけない。いつでも常に**「お客様のことはお客様にしかわからない」**というぐらいの姿勢を持っておく。顧客イメージが複数ある時に、かならず複数クラスターの女性に聞くことをする。その仮説が合っているかどうかは、複数に聞けば概ね答えが出る。

私自身、自分と異なるクラスターの発言は、目から鱗が落ちるような経験ばかりしてきた。

これを行なわずして商品開発や販売をしている企業は恐ろしすぎると思っている。

お客様を集めたグループインタビューなどをした時は、口数が多い人と少ない人がいるため、非言語のリアクションを見るようにする。「わー」「きゃー」といった感嘆、手を叩き合って喜び合う非言語のリアクション、表情など、どこでどんな風に盛り上がったか、話題と様子を重視して見る。

インタビューの議事録を読むだけでは大失敗も起こる。

女性のインサイト（潜在的な購買欲求）は、文面ではわからない非言語にこそ見えることが多い。行間を読む力が大事となる。できるだけインタビュアの近くで、表情とリアクションを見る。どんな言葉や話題に反応したのかそのリアクションの大小、さらに周囲の女性たちの反応や盛り上がり方に注目する。

グループインタビューを実施した場合は、あとからもう一度、個別インタビューも実施することが望ましい。女性は、共感が得意な分、グループでの会話では、相手のことを気遣っておつき合いで共感の態度を示すことがある。

「私もいいと思います」「○○さんと近いです」と言ってはみたものの、「実はちょっと違うのだけど言いにくかった」という言葉があとから出てくることがあるからだ。本当に共感したのか、おつき合いで見せた共感なのかを見破る必要がある。

また、複数の女性に意見を聞いた時に、バラバラの意見が出たとする。

その時、もっとも参考にすべきは、顧客に近いイメージの人の意見だ。熱量や言葉のニュアンスも大事だ。「まあいいんじゃない」「あれば使う」ではなく、「え、それすぐほしい」「いつ発売なんですか」など、前のめりになるのは、関心度が高い。絶対にあると助かる、絶対にあったらほしい、と思ってくれた女性はどんな人だったのか。まずはその一点に集中する。

▽インサイト(潜在的な購買欲求の核心)をつかむ聞き出し方

最近のクライアントのご相談に、「お客様に興味を持たない」「人の気持ちが読み取れない」というスタッフの育成についての悩みが増えている。特にEC関連ビジネスの分野に多い。「顧客は中高年で、スタッフは若い人が多い。仕事中はずっとイヤホン。休憩時間はフレックスでバラバラのためランチもひとり。個々に話しかけても表情が乏しくリアクションが薄い。どのように指導し、どうしたらお客様の気持ちが読めるようになるでしょうか」という相談だ。

20代、30代は、デジタルは当たり前の世代。SNS上の表現では、微妙な空気は読み取れている。絵文字やイラスト、写真を通じて「感じる」ことは得意だが、見ている自分は、デジタルに向き合っているため、視点はスマホに集中し、表情やリアクションを返し合うコミュニケーションをしていない。そのため顔を見ても相手の気持ちをつかむのは得意ではない。

しかし、デジタルは単なるツールであって、私たちは生身の人間でありリアルな暮らしをしている。商品を受け取り、箱を開け、取り出して、使用して、評価をする、という一連の流れは、情報ツールがなんであったとしてもリアルに行なわれている。

意識的に、直接、生身のお客様に合う機会を用意しなければ、お客様の本心を知ることができず、結局はサービスが低下し、顧客離れが起きる。お客様にとって、何が大切なのか。その潜在的な購買欲求の核心部分を絶えずつかめる人づくりなくして企業は生き延びてはいけない。

お客様インタビューからインサイトをつかむ聞き方の一例を明記してみる。

〈インサイトインタビューの例〉

客：「黒のジャケットが好きです」

インタビュア：

NG「そうなんですね。黒はいろいろ合わせやすいですしね」（勝手に決めて言わない）

OK「どうして黒のジャケットがいいのですか？」

客：「服選びに悩まなくていいですから」「ほとんど黒が中心です。カバンや靴も。合わせるのが楽だし」

インタビュア：

NG「わかります。同じ色だとそのまま着てすぐに出かけられますよね」（意見を言わない）

OK「選んだり組み合わせたりが楽というのがいいんですね」（おうむ返しで確認）
「楽であれば、黒でなくてもいいんでしょうか」（手段なのか目的なのかを確認）

客：「そうですね。営業職でお客様のところに直接行くこともあるので、相手に対して失礼のない印象は心掛けています。それで無難な黒になってしまいます。あと、それ以外の色や柄をどう短時間で組み合わせればいいのかわからないし、黒ってセンスがなくてもごまかせますよね」

インタビュア：

NG「やっぱりセンスはよく見られたいですよねー」（「センスよく」とは言っていない）

OK「パッと朝、自分に似合う服が、センスよく全身コーディネートして用意できたらうれしいということでしょうか」（センスよいコーディネートを短時間に得たい、それが理想のようだ。さらに欲求度を確認）

客：「そりゃ、最高ですよ。センスよく好印象に見られたいけど、それができないし考えるだけで面倒だから黒になっているので」（黒は手段であって目的ではないと確認）

　こうして個別インタビューで会話を掘り下げていくと、次のような潜在的な心の声が見えてくる。

購入した物（購買）：黒のジャケット

顕在ニーズ（理由）：他の物と合わせやすい
インサイト（心理）：短時間で、自分の思うイメージ（好印象）のトータルセンスの服を着て出かけたい
チャンス（潜在ニーズ）：本当に購入したい物は、黒のジャケットではない。①短時間で選べる、②センスよいコーディネート

こうすると、新しい提案アイデアがわきやすくなる。

このケースの場合ならば、事前に本人の体形、顔立ちを写真などで送ってもらい、ＡＩスタイリストが自社ＥＣサイトの中から、ジャケット、ブラウス、スカート、バック、アクセサリーなどをトータルコーディネート提案し、本人がチェックすれば、自動的にそれらの商品がセットされた状態で送ってくるといったサービスはできないか、などのアイデアはどうだろうか。

トータルセットは、複数用意し、そのなかでの着まわしや組み合わせなども提案するシステムにしておけば、本人の買物履歴と好みの傾向もデータ化できる。おすすめの冬のトータルコーディネートを先手で提案することもできるようになるだろう。

実際にこの類似サービスは、ネット上で生まれてきている。

インサイトは、発した言葉そのものではなく、その言葉の前後に入っているニュアンスや情感を捉えると本質が見えてくる。その本質をつかむためには、質問者が自分の思い込みで発言したり、決め

つけた誘導の質問をしないことだ。

ぜひ職場で、2人一組になって、この「インサイトインタビュー」を練習してみてほしい。身近な仲間の知らなかった本音がスタッフ同士でも発見できる。

▽「かわいい」「素敵」は、「買う」「ほしい」ではない。女性は、実は超現実主義者

「かわいい」「素敵」は、女性たちからもっとも聞かれるフレーズ。特に、女性同士でいる時、頻繁に発する。これには、心から思っている時と、相手との関係づくりのために行なっている時がある。

「いい自分」「相手に嫌われない自分」でいたいと思う。

「わかる、わかる」「そうそうそう」「素敵」「おしゃれ」「かわいい」など相手にとって好意的な言葉を返す。

これが売場なら、気に入っているのかな、買ってくれるのかな、と喜んでしまうと大きな間違い。

女性は、男性よりずっとシビアな現実派。

買うべき理由が響かなければ、財布は開かない。

買う場合も、言い訳がほしい。あとで後悔しないように、「このケーキ、もう一個食べたら太るかな。でも今夜の夕食を抜けばいいよね」というように頭の中で何かを買うために、何かと差っ引く。

「損してないよね」と納得しようとしている。自分の買物を肯定したい。

女性が「買う」を決めるには、「言い訳できる理由」がほしい。

女性メディアのコピーでは、「今、買うべき」という押し出し方が多い。つまりそれは「今、これを買うのが正解だよ」と背中を押している。同時に今までのでは古いよ、とか、まだ持っていないあなたは流行に遅れちゃうよ、というニュアンスを含んでいる。

女性は、「同じ女性の目」が一番気になる。「あの人ってセンスないわね」とレッテルを貼られるのはつらい。

「この夏、このスニーカーでキマリ」と書かれていれば、「今、持っているスニーカーは古いということだよね。今年風のスニーカーを買わないとみんなに遅れちゃう」といったように頭の中で筋書きができる。

女性たちは、「買う理由」がほしい。本当は夢を見たい、なりたい私になりたいと思っているが、実際には生活に責任を持つ消費リーダー。買物は、自分の暮らしを守り、よりよくするとわかった物だけにしたい。そんなシビアな現実派だ。

「いい物」とは、高機能、高品質ではなく、あくまで「今ある現実の自分たちの暮らし」を起点に考えている。「こんなことありませんか？」と投げかけられて、「ある！　私のことだ」と興味を持つ、当事者の感覚で共感できるかどうかが出発点。そこから「そんなあなたの暮らしが、今より少しよくなりますよ」と、同じような立場の女性たちのビフォーアフターの経験や事例を見せれば、「購入」へとつながりやすい。

女性は、感覚的な買物をしているようで、男性よりずっと暮らしと生活に腰を下ろしたシビアな視点で判断している。

③顧客インサイト→共鳴ポイントを探す

▽買う人は誰なのか。ペルソナ（象徴的な人物像）を作成する

顧客イメージについて、社内ではどれだけ共通の認識を持っているだろうか。女性社員が集まって、「女性（私）はこんなのが好き」「女性（私）はこんなのは苦手」と語り合っているだけでは大きな勘違いを起こす。

「女性（私）」ではなく、顧客像の把握が大事。その方法のひとつとしてペルソナの作成がある。第5章の中でも触れたが、**ペルソナとは「仮面」の意味で、代表的な顧客イメージを視覚的にするものだ。**

小説でもアニメでもドラマでも、登場人物には性格などキャラクターがあらかじめ設定されている。〝こんな人〟というモデルが存在することで、ストーリーが描きやすくなる。

特に女性消費者は、今まで書いてきたように、置かれている状況によって価値観が大きく異なるため、同じ女性であってもわからないことは多いし、独身と既婚、子どものありなしでは、まったく違う価値観を持っている。男性ならなおさらに見えないことが多くなる。そのため女性顧客像を言語化とビジュアル化しておき、みんなで共通認識を持って仕事に臨むことが望ましい。

ある時、美容室のオーナーから、「客層はミドルシニア層の女性客が多いが、スタッフが若い男女が多く、会話が続かないという課題がある」と相談を受けたことがある。そんな時に実践したいのがペルソナ作成ワークだ。

ペルソナ作成ワークでは、プロジェクトのメンバーが、お客様を理解するために、顧客像を話し合いながら具体的なイメージを言語化、ビジュアル化していく。

共に話し合うことが重要。いかに自分たちの認識が個々で違っているかを自覚するケースがほとんどだ。顧客に対する認識のズレを互いに知ることができる。

まずは、顧客イメージに近い女性雑誌を買い込んでくる。ありがたいことに女性雑誌は、顧客別のクラスター分類で発刊されている。こんなに活用しやすい教材はない。

「うちのお客様のイメージを読者層に持っている雑誌ってどれだろう」と考えるところからスタートする。最近は、女性雑誌をまったく読まない女性は多いし、男性社員は手にしたこともない人が多いかもしれない。ここでは本が売れているかどうかではなく、あくまで顧客理解をするための教材と考えてほしい。言語化とビジュアル化がされている女性雑誌を活用することで、かなり効率的に顧客理解ができるようになるためにおすすめしている。男性雑誌との対比はさらに盛り上がる。

顧客層と女性雑誌の読者層を合わせることで、顧客の暮らしが女性雑誌を通して見ることができる。読者層が重なっている女性雑誌も多いため、複数の雑誌を買い込んでくることもおすすめだ。

顧客層と近い女性雑誌がどれかわからない時は、雑誌販売サイトの「富士山マガジンサービス」(Fujisan.co.jp) に行けば、女性の年齢、関心ジャンルなどが書かれているので参考にして選んでみよう。

ペルソナの言語化は、まずは自分たちの考える顧客像を文章で書く。家族構成、本人年齢、夫や子どもの年齢、住んでいる場所、マンションか戸建てか、車の車種、貯金、年収、趣味、関心があること、SNSやメディアの利用など、「うちのお客様ってこんな人が多そう」ということを話し合いながら言語化する。なぜそう思うのか、過去の事例、アンケート、お客様からのメール、売上ランキングなどのデータと紐づけながら、できるだけ根拠のある顧客像を言語化していく。

数人の社員で作業を行なう場合、さまざまな部署から、さまざまな経験、体験が持ち寄れるとなおさら信ぴょう性のある情報が集まってくる。また、社内情報が乏しい時は、ネットで地域や年代、職種などを入れると平均年収がわかるなど、今はスマホひとつですぐに調べられるので、社員で分担して情報集めをするのもチーム力が養われていいだろう。

部門を超えた会話も重要で、「そういえば、お客様相談室にこんな電話多いよね」「へー、知らなかった。意外だね」といったような会話や情報共有も生まれる。

言語化が固まってきたら、その内容に近い写真などを雑誌の中から選んでいく。

「うちのお客様はこんな服を着ている人が多いよね」「そうそう、こんな感じの人だー」とみんなで話し合いながら、お客様のイメージに合う写真を雑誌の中から見つけて切り抜いていく。顔写真、ファッション、家具インテリア、化粧品、食事、雑貨、旅など、どんどん顧客の暮らしを想像し、切り抜いた写真は、大きな模造紙などに貼ってコラージュにする。

みんなで共に手を動かし、会話をしながらビジュアル化することで、その後の新商品開発、宣伝、プロモーションなども顧客像が一貫し、方向性がずれにくくなる。関係するスタッフが共に顧客理解をする時間を持つことも大きな成果となる。


また、雑誌は状態別クラスター別分類で編集されているため、異なるクラスターにいる女性社員や男性社員にとっては、別世界のような特集が組まれていることにも衝撃を受けやすい。「こんな雑誌見ることがなかった」とか「こんなことに興味があるんだ」といったように発見が多い。

特に母親ファッション雑誌は、子どもや夫が登場するシーンが多いが、男性ファッション雑誌では家族は登場せず生活感が消されているなど、母親クラスター以外の社員にとっては、男女雑誌の内容の比較だけでなく、知らない情報が溢れている。

女性雑誌を購入して、ハサミやのりを使って、コラージュをつくる作業は、今では原始的な方法かもしれない。しかし、こうしたリアルな体験が「お客様の立場になれ」「顧客ニーズを把握しろ」を体感することになるのだ。

お客様のことを思う時間を大切にしてほしい。

▽ペルソナはひとりじゃない。メイン、サブ、サードを考える

「うちのお客様は幅広いので」

「うちは老若男女がお客だから」

こう言われて顧客データを分析すると、極端に30代の女性が突出していて、次に60代の女性が突出し、ふたこぶラクダのような顧客層が出ることなどがよくある。

女性のヒットは、女性から女性へと年輪のように広がるため、顧客イメージのペルソナは、2つから3つぐらい持つことをおすすめする。

女性の顧客数は大抵の場合、メイン客、サブ客、サード客というように2つか3つの山が存在する。ペルソナ作成をしていると、実は、母娘の間でクチコミされているのではないか、といったようなことを発見することが多々ある。

メインペルソナは、その商品をもっとも買うであろうクラスター層。サブペルソナは、そのクラスターに影響されていく次のクラスター、サードはさらにその外側で影響されるクラスターというように、女性顧客は、バウムクーヘンのように外へと広がるイメージで描くことができる。

ペルソナはメイン・サブ・サードを考える

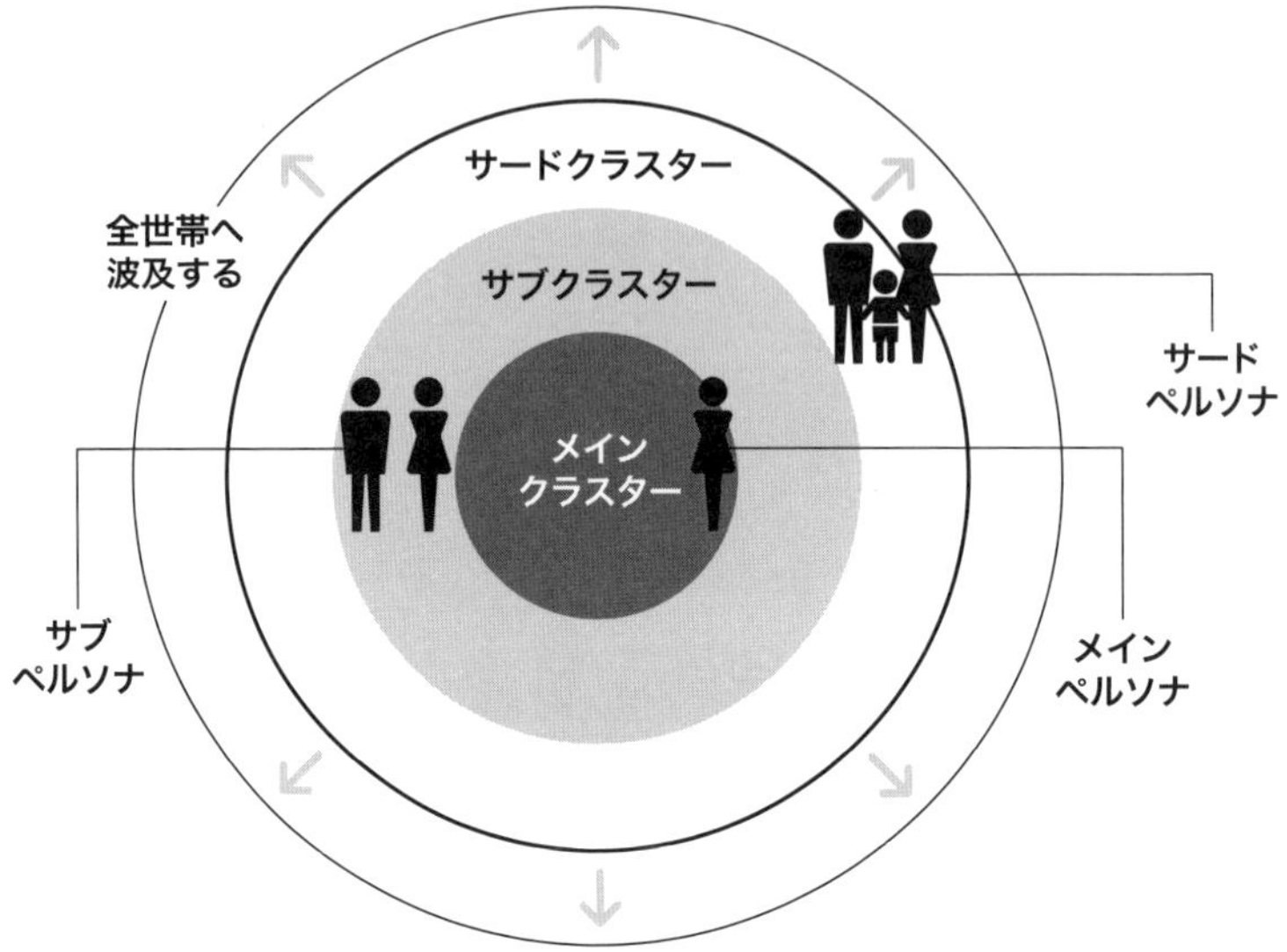

クラスターはバウムクーヘンのように広がる

メインペルソナが、20代の女性の場合、サブペルソナは50代の女性（母親層）ということはよくある。

小型車を購入した女子大学生に「なぜこの車にしたのか?」と聞くと、「母親と自分が使用するため」「自分と母親の両方の好みで選んだ」という話を聞くことがある。娘の選択基準は何で、母親の選択基準は何だったのか。そして両者共通の選択基準は何だったのか。こうした深掘りをしていくことで、共通のニーズが合致する部分に焦点を当てた発信をすると、２つのマーケットにアプローチすることができる可能性が広がるということだ。

なお、ここまで書いてきたクラスター、ペルソナを自分たちでつくるのは大変だという場合は、弊社作成の「HERFACE21」（２０２１年版）は、女性全体を理解するのにおすすめできる。これは、国内全体の女性マーケットを把握して作成しているペルソナマップで、スピーディかつ俯瞰的に女性全体を把握するのに適している。

④企画立案→体感、実感を高める

▽人に関心を持ち「感情」がつかめる女性視点マーケターになろう

女性視点マーケティングに重要なのは、**「人に関心を持つ」**ということだ。

企画立案をする時に求められるスキルは、「人の気持ちを感じ取る感度」だろう。どんなにデジタルな社会になっても、「人の感情」を読み取る力は外せない。それどころかデジタルが当たり前の暮らしだからこそ、「人の感情を感じ取る感度」は、一層、希少なスキルになるだろう。

家にいながら手元のスマホひとつで何でも買える。遠くにいる人たちとも会話ができる。ＡＩはどんどん人間に近づいている。人間の感情も解析され科学的に活用されていくだろう。それでも買物は、人間の意志で行なわれていることを忘れてはいけない。

「買いたい」「ほしい」は人間の感情から生まれている。どんなに「アレクサ、今夜のおすすめの音楽をお願い」と言ったとしても、それを欲したのは人間である。消費の多くを主導している女性たちの気持ちをつかめる人財、そしてマーケターの育成は欠かせないはずだ。

ではどうしたら「感情」をつかめる人財になれるのだろう。

まずは、日常の当たり前の風景の中で、人々の感嘆、喜怒哀楽、リアクション、会話に関心を持つことだ。今は、電車の中などはスマホと向き合っている人が多いが、それでも人たちが集う場所に行けばヒントはたくさんある。

たとえば私には、リサーチにお気に入りの店が2店ある。

ひとつは、大人の女性が多いアンティークな雰囲気のカフェ。ここは60代から70代の女性たちが趣味の会や山登りを楽しんだあとに集っているようで、テーブルを囲んで4、5人が常におしゃべりを楽しんでいる。

話題に耳をすましていると本当に勉強になる。テレビの話、通販で買った健康器具、夫の病気の話、孫の様子、おいしい和菓子、季節料理の新情報など、ありとあらゆる話題がくるくると飛び交う。特徴的なのは、いつも小みやげを持ち寄って交換していることだ。それも調味料だったり、漬物だったりとかなり身近な品だ。それを誰かがテーブルに出す度に盛り上がっている。

さらにこの店は、週末になるとネットマッチングサイトで出会ったと思われるカップルが初めて会う時に使われているようで、あちこちでこぎれいにした30代から40代ぐらいの男女が「はじめまして」とあいさつをしている。20代ではないという様子から初対面の会話には慎重さと真剣さが感じられる。

ここでは自己紹介や趣味の話、またマッチングアプリでどんなやりとりをしてきたかなどの内容が聞こえてくる。どこが気に入ったとかどのフレーズが響いたなど興味深いワードや関心ポイントが拾える。いや、聞きたくなくても耳に入ってくる。

私はその横の席で、パソコンをパチパチと打って仕事をしているが、時に耳がダンボになって思わず「へー」と心の中で声をあげてしまう。


2店舗目は大型ショッピングモールの中にあるフードコートだ。

子連れ感覚を私自身は遠い昔に忘れてしまっているが、ここに来れば今どきの子どもたちの服装や持ち物、そしてベビーカーやママとパパのファッションなどを見ることができる。祖父母と三世代のグループも多く、同時に三世代分の様子がウォッチできるのだから、こんな勉強の場はない。

子ども連れの様子はとても重要だ。たとえば映画「鬼滅の刃」が盛り上がっている時は、主人公兄妹の炭治郎と禰豆子の衣装を真似た子どもたちがそこここに溢れていた。当然それらは、母親や祖母が手づくりをしている。

家族の様子には、その時々のトレンドや消費行動がわかりやすく見て取れる。

▽今こそ街中を歩こう。女性視点マーケティングのヒントはあちこちにある

女性たちにインタビューをすると、最近、特に言葉の端々に出てくるのが、「あえて街を歩く」「あえて店に行く」「あえてラジオを聞く」「あえてひと駅先まで歩く」「あえて本を買ってめくる感覚を楽しむ」といった「あえて」という言葉だ。

デジタル生活が日常になったことで、たしかに便利にはなったが、その逆に心身に疲れを感じはじめていることがわかる。

20代の女性たちにインタビューをすると、「あえて店で服をかならず試着して、買う時はネットです」という話も聞く。「やっぱり服は着なければわからないから」という意味もあるが、買物を理由に店に行くことで気持ちをリフレッシュさせたいといったニュアンスが感じ取れる。

デジタルがリアルな日常だからこそのアナログトレンドが来ている。これはこの先、もっと強くなるだろう。

正直、情報過多の今は、頭でっかちな理屈派が多くなっていると感じる。

知識は豊富なのに行動はできない。サッカーの知識はあるのにサッカーはできないという感じだ。知識と行動の一体化をトレーニングしなければ、どんどん「人の感情」はつかめなくなっていく。デジタル生活が日常になったことでおのずと人と人との会話時間は減っている。

インタビューをしていて感じるのは、年々、人の表情が乏しくなってきていることだ。年齢が下がればより顕著だ。「喜怒哀楽」は、スマホの中で行なうため、頭の中では感情が生まれていても顔を使うことは忘れている。スマホに集中している時間は、顔の表情筋は固まっている。いざという時に表情が動かないため、対面しての会話では感情が見えにくいという状況になる。

そのため今後は、「顔」を読めなくても「現象」をつかむ感覚を高めていく必要もある。「使っている現場を見ること」「話している姿を目に、耳にすること」「利用している状態を知ること」などだ。そこから顧客の「快」「不」が「感じ取れる」ようになる。ネット上での消費者動線やアクセスなどは分析できても、購入したものをどんな風に喜んで、どんな風に開封して、どんな風に使っているのかは、どこまでいっても「現場」に答えがある。

隔月1回、私は「体感」を目的とした「女性視点マーケティングワークショップ」という勉強会を開催している。男女問わず10人未満の少人数で、港区の麻布十番商店街を歩く。この場所を選んだのは、会社に近いということもあるが、渋谷や青山のように若者すぎず、都会すぎず、池袋や新宿ほど個性的でもなく、巣鴨あたりほどシニアに偏っていないからだ。六本木ヒルズの足元で、モデル、タレントの住人も多くいれば、地元に古くから住むシニア層も多い。何より、週末にもなれば、老若男女が人気の菓子店やカフェ、オーガニック専門のスーパーなどを目当てに、観光地的に人が集まってくる。

つまり温故知新、老若男女の様子が一堂に見て取れる場所なのだ。なかでも特に女性視点マーケ

「女性視点マーケティングワークショップ」の様子

ティングを学ぶのに適しているのと思っているのは和菓子の3店舗だ。
麻布十番　豆源
麻布十番　かりんと
麻布十番　あげもち屋
3店舗とも至近距離に店舗を構えていて、入ると思わず買ってしまう。
その意味はぜひ自分で出かけて、その場の五感でつかんでほしい。少しだけ整理してまとめておく。

・商品パッケージのカラーバリエーションで店内を鮮やかに

3店舗共に、店舗に入った瞬間から、ワークショップに参加の女性たちは棚に並んだ色とりどりの商品パッケージに目を奪われる。陳列した商品の袋そのものを活かした色彩演出だ。

・誰にあげようかな、商品を見ながらシーンを想像

店内に入ると「あ、お母さん好きかも」「職場に買って帰ります」という言葉が即座に出てくる。

・買いやすさ、ギフトのしやすさ、提案が目に入る

買いやすさの提案がどの店も優れている。商品は基本的に同じサイズ。ギフトも最初から目立つ場所にある。すぐに価格やサイズを選んで持ち帰れるし、発送もできる。

・季節提案、五感を刺激する演出がある

季節に合わせて、行事に合わせて提案がある。五感にも訴えてくる。職人の姿、香り、試食などそれぞれに工夫がある。

▽女性視点マーケティングの学びに最高の研修場スターバックス

ワークショップのタウンオッチングでは、スターバックスの前で足を止める。

「入口すぐの棚に、コーヒーを入れて持ち歩けるタンブラーが置いてあります。季節限定、地域限定など、さまざまなボトルデザインを出していて、女性ファンにはこのタンブラーを季節ごとに買い足して楽しんでいる人がいます」と伝えたところ、参加している男性が「なんでタンブラーを何個も持つ意味があるのですか。ひとつで十分でしょう。壊れたなら別ですが、場所も取るし。タンブラーはタンブラーだから何個もいらないと思う」と言ってきた。

その時、参加していた女性が、「私、何個も持っている人です(笑)。だってクリスマスはクリスマス限定柄のほうが持っていて気分が上がるし、春は桜柄のほうが春らしくて幸せ気分になれるし。今、家には6本ぐらいあります」と答えた。男性が目を丸くして「わからないなー」と言っていた。

この会話は、過去のワークショップで何度も、受講者が変わっても繰り返される会話だ。

女性は、街中がクリスマスという世界観に染まってくる時は、持ち物も気持ちをクリスマス気分に合わせて統一させたいと思っているということだ。

スターバックスが出す季節限定商品は、マーケティングの勉強のためにぜひ毎シーズン、チェックしてほしい。トレンドをしっかりつかんだ提案がある。

たとえば、ハロウィンの時期を見ても、「今年らしいテーマ」をきちんとオリジナルで出してくる。「毎年のことだから、この程度でいいんじゃない」ではない。

2018年のテーマは、「あなたはどっち？ あなたの中に眠る本当の姿は魔女？ 姫？」とウィッチフラペチーノとプリンセスフラペチーノを出していた。2019年のテーマは、マスカレード（仮面舞踏会）」。真っ赤な色のフラペチーノとラズベリーモカを出している。2020年は、ゴーストや黒猫をテーマにしたハロウィングッズなどが充実していた。キャラクターのクマのぬいぐるみのベアリスタは、季節限定テーマに合わせて洋服を変える。

世界各国で異なる商品があるため、新型コロナがなければ、スタバグッズ購入のために海外に行く人たちがいるほどだ。

ちなみに、弊社のレポート「HERSTORY REVIEW」2020年12月号のテーマは、「サステナブル意識消費」だったが、女性消費者102人、法人企業32社に聞いた「あなたがサステナブルと思う企業はどこですか」という質問では、女性消費者、法人企業の両方で、第1位にスターバックスが入った。女性消費者の1位は、サントリーとスターバックス、法人企業の1位は、トヨタとスターバックス。女性消費者、法人企業共に1位となるスターバックスは、テレビCMをしないことで知られている。店頭での姿勢、行動、商品がそう感じさせるのだろう。

あまり好んでスターバックスには行かないという方も、あらためて女性視点の勉強のために定期的に覗くようにしてほしい。多くの女性が支持するヒントを拾ってほしい。

⑤ブランディング→幸せを届ける

▽女性視点は、目の前にあるものを1枚の絵としてシーンで捉える（クリエイティブ・世界観）

女性の視点は広角レンズを使って1枚の静止画として二次元で見る。シャッターを連続で切るように見る。これをシーンと言う。

室内写真1枚、店内写真1枚、チラシを上から撮影したような1枚、ウェブを正面から撮影したような1枚、商品を机に置いて写した1枚といったように。

商品を見る時、男性は対象物として視点を絞って捉える。

女性は、情景の中に置かれている対象物として広く捉える。

皿を売りたかったら、皿をただ並べるのではなく、ランチョンマットの上に置き、横にはスプーンをセット。たとえば、椅子には誰かがあたかもいるような感じで、「朝食のスープを食べる」というテーマでセッティングしてみる。

ECサイトも同じだ。ソファが売りたいと思ったら、ソファをシーンで見せた写真を載せて、その下に写真内の商品をわかりやすく並べたほうが格段に買いたくなる。

たとえばソファの下に、ふわふわのラグを敷いて、壁には美しい絵を掛けた部屋の写真を掲載したとしよう。

ソファの写真内に使用したラグ、壁掛けなどすべての商品を並べ、まとめて購入できるようにしておく。または、3点購入でお得になるようなセット販売もいい。「ナチュラルテイストの部屋を丸ごと買える！」というセット提案はとても買いやすい。

アパレルでは、マネキンや店員さんが着ている服を「全部そのままほしい」と言うお客様は少なくない。

シーンを用意したら、シーン内に見える商品はすべて売る。

これができれば購入点数は増え、客単価も上がる。

ちなみに売り場ではよく、「つまみ3点1000円」とか「靴下3足1000円」といった売り方を見ることがあるが、女性の場合、使用シーンは多数あり、いろいろ選べるほうが助かるので、カテゴリーを混ぜた「3点」のほうが買いやすい。ジャム、クッキー、缶詰といったようにだ。在庫整理にもおすすめの売り方だ。

ウェブサイトの画面も、女性は男性に比べて広く見て回遊しているという報告を見つけた。記事は、株式会社ギャプライズの鎌田洋介氏のものだ（@kamatec）。以下、転載させていただく。

事例

「目的脳」の男性と、「共感脳」の女性！　男女のズレをウェブサイトに応用する！

ある料理レシピサイトをClickTale（ウェブ解析ツール）で男女がそれぞれどう行動するかを分析してみました。

以下はマウスクリックヒートマップから、ウェブサイトの訪問者がページ内でどの部分をクリックしているかを示したものです。男性は右、女性は左です。

これを見ると、女性ユーザーはトップメニューバーにかなり注目していることがわかります。異なる食べ物のレシピを見るために、さまざまなカテゴリーをクリックしているのです。女性はまた、レシピよりも左サイドの画像をクリックする割合が高く、**多くのページを回遊している**ことがわかります。

男性はそれに対して、クリック自体が女性と比べてほとんどありません。これは男性が検索したものを閲覧した後に、「レシピを知る」**という目的のことが完了したため、そのままサイトから離脱していっていることを示しています。**「目的脳」の顕著な側面が垣間見える結果となりました。

ウェブサイトのどこをクリックしているか男女比較

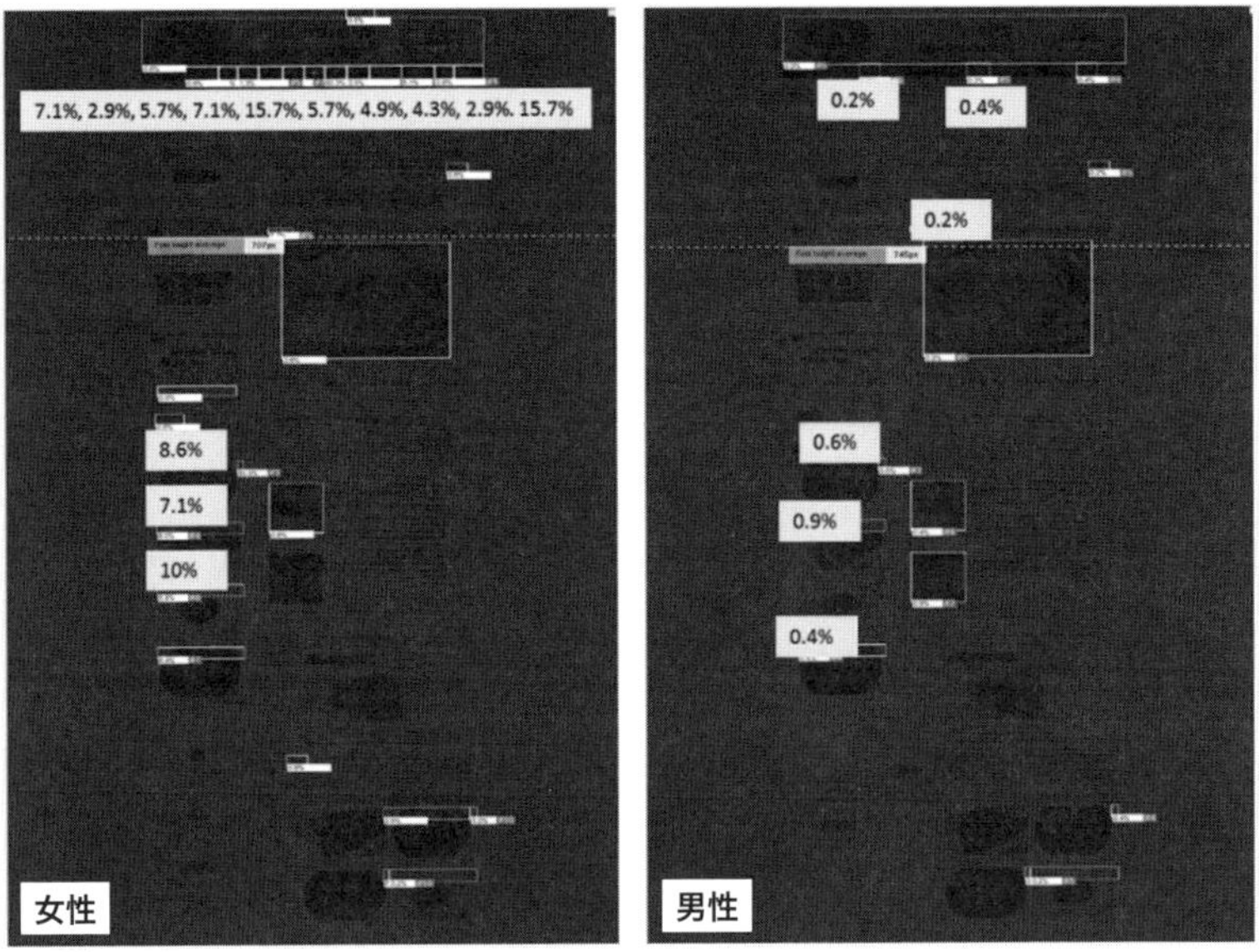

また、次ページの画像はアテンションヒートマップでの分析画像です（濃くなっているところがより注目されている箇所となります）。

ページの中央に赤い帯（濃くなっている部分）が見て取れるように、男性は**レシピの原料と、どのようにして調理するかにマウスが集中しています。**

対して、女性はヒートマップの濃くなっている部分がページ全体に広がっていることから、ページの上下をブラウジングして、あまり集中してコンテンツを見ていません。目的のレシピや調理法以外にも、**さまざまな画像や情報に反応する傾向がある**のでしょう。

この2つのヒートマップからわかることは、**男性は目的の情報を得るためにウェブサイトを訪れるのに対して、女性は目的をより深く知ろうとブ**

ラウジングを行なうという傾向があるということです。

掲載元：https://martechlab.gaprise.jp/archives/clicktale/1577/

ウェブサイトのどこを見ているか男女比較

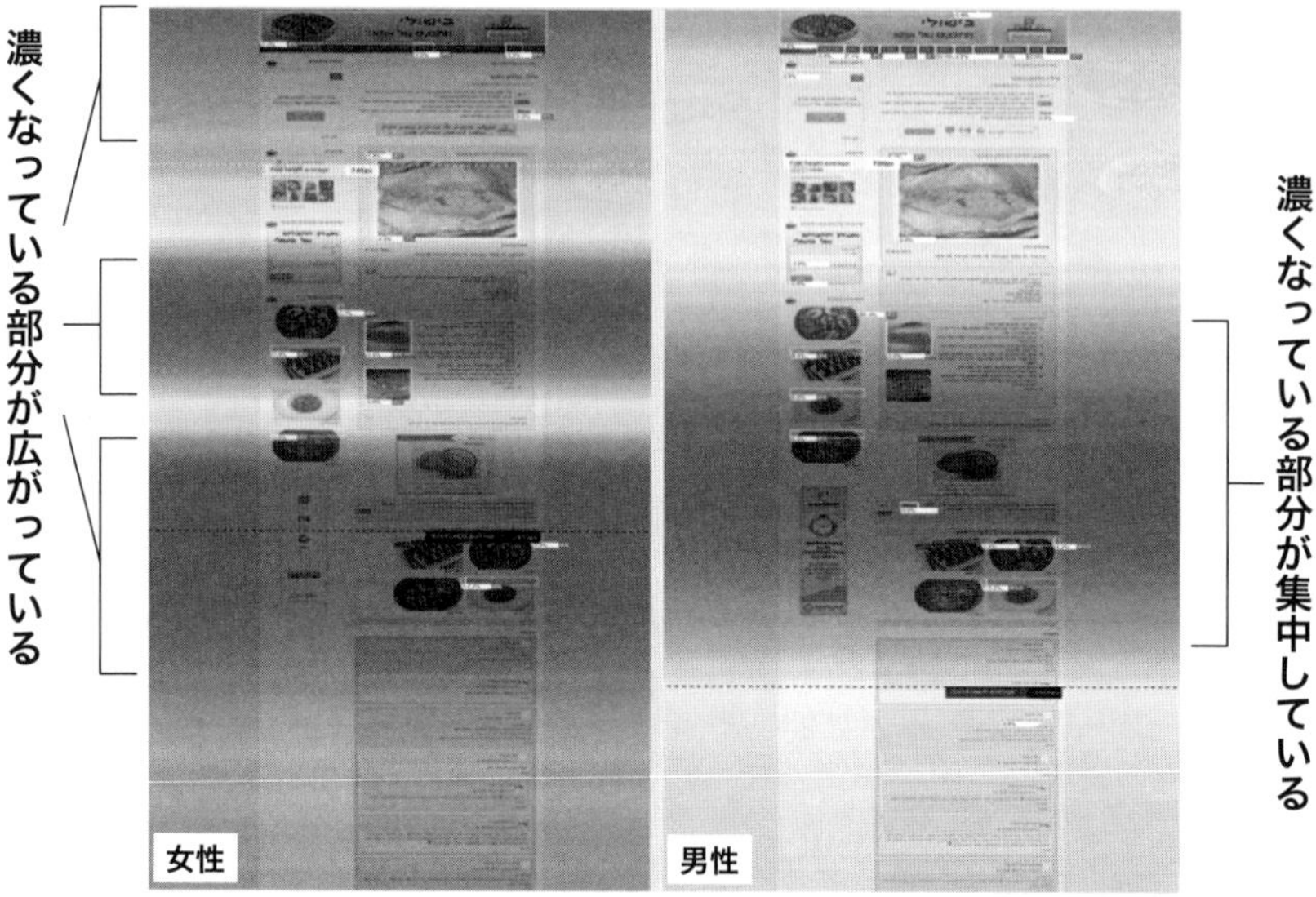

▽女性と色は深い関係
色をテーマに惹きつける

女性は、男性よりもたくさんの色が見えている。きれいな色には目を留める。

毎朝、化粧をし、毎晩、化粧を落とす。ファンデーション、アイシャドウ、頬紅、口紅……。自分の顔に、毎日向き合って、肌の調子を見ては、使う色を変えることもする。

ひとりの女性が18歳から80歳まで毎日化粧をしたと考えてみよう。

３６５日×62年間＝２万２６３０回だ。週に２日休んだとしても約１万６０００回に上る。たとえば季節やシーンに合わせても調整する。飲み会、デート、商談、結婚式、ライブ、レジャーなど、場面に合わせて変えることもできる。**女性は誰もが色の熟練工であり、色の魔術師なのだ。**

色に関しては、女性社員の力を借りるか、男性であっても色彩感覚の意識が高い人を巻き込んで商品やデザインを作成する必要がある。

なかでもピンクの取り扱いは高難度だ。

男性が、女性が好むだろうと選んだピンクを、女性の中で「ダサピンク」と呼ぶ言葉があるほどだ。女性にとってピンクは聖域の色。

同じピンクでも、春なら桃色や桜色、秋ならコスモス色といったように、季節の花で連想させることもできる。近年は、肌色や髪の色、目の色などをトータルに診断して、自分に合う色や組み合わせを知って商品を購入するという女性も多い。

自分の肌は、青みがかっているか（ブルーベース）、黄みがかっているか（イエローベース）と分ける「ブルベ・イエベ」と呼ばれる診断を受けて、ファンデーションを選んでいく。

化粧品メーカー、アパレル、ネイルなどの業界は、色がとても重要なため、スタッフがカラー診断資格を持ち、販売促進につなげているというケースもよく見る。

ネットで「ブルベ・イエベ」と検索すると多数のコンテンツや商品が出てくるのでぜひ見てみてほしい。

カラーコーディネーター、インテリアコーディネーター、ネイリストといった、色に関わる職業の

8～9割は女性が占めている。いかに女性が、色に関して関心が高く、専門的な知識を求めているかがわかる。

女性に向けては色をテーマにした企画や販促は有効だ。季節の花や誕生石などに合わせたカラーを用いると新鮮さが伝わる。中でもトレンドカラーの活用はおすすめだ。色見本などを出しているアメリカのパントン社が毎年発表する「今年のカラー」は、とても時代を読んでいると感心する。さまざまな専門家の意見をまとめて決定しているという。色につけられるネーミングだけでも時代をつかむことができる。

たとえば、２０１８年は、ウルトラバイオレットという紫で世の中が複雑化していることを表わした。２０１９年はリビングコーラルという珊瑚の色。自然環境をイメージしている。２０２０年は、クラシックブルーで、急速な社会変化に人々が安定を求めるだろうと、回復力を養う色として紺色を出した。今、これを読んでも、不思議なほどに世の中の流れと合っている気がする。

そして２０２０年12月10日。２０２１年の色はグレイとイエローの2色と発表された。グレイ（正しくは、アルティメット・グレイ）は、永続的な基盤と強固な信頼。落ち着きや安定、回復への想いを促している。イエロー（正しくはイルミネイティング）は生き生きとした輝き、明るく陽気な印象。２つのコンビネーションによって、不屈の精神に支えられたポジティブなメッセージを表現しているという。

パントン社が発表するその年の色は、ファッション、インテリア、コスメに至るまでトレンドカラーとして使用されていくので、これから1年、グレーとイエローを目にする機会が増えるだろう。

▽モノトーンが好きな女性でも、黒の量を注意する

近年は、ジェンダーレス、ユニセックスなど、男女兼用の商品が増えているが、「兼用」というとモノトーンが圧倒的に多くなる。数年前、アパレルブランドロゴが、どこも類似のモノトーンになって判別がつかないという論争がネットを賑わせた。デジタルが中心の生活になると、多くのロゴは認識しやすいシンプルでモダンなデザインに寄っていく。

もともと、男性のトレンドカラーに変化の幅は少ない。出かける場所、服のアイテムなども限定的で、女性服のように、パンツ、スカート、ワンピースといった上下の組み合わせで複雑な色合わせを必要とするアイテムも少ない。

一方、女性は、トレンドを意識したファッションが早いサイクルでまわる。アパレルのファッションが似たり寄ったりになりやすいのはそのためでもある。近年のアパレル不況でこうしたビジネスモデルそのものが変化を求められてきているが、それでも女性たちはサステナブルを意識しながらも、些細なあしらいや色の組み合わせを楽しむ人たちは多い。

「私はピンクが好きじゃない」「モノトーンが好き」という人も増えているが、女性はタイプ別、テイスト別に多様な幅から選んでいることそのものが女性視点マーケティングだ。

また女性は、ファッションアイテムに対してもバリエーションを求める。

スポーツウェアであっても、キャンプウェアであっても、機能性はもちろんのこと、そのうえで、色、柄、デザイン、ボタンの形に至るまで、**さまざまな中から選べることが楽しい。**

唯一、黒に注意点がある。

黒は、女性そのものを外側から覆ってしまうところでは使わないようにしてほしい。たとえば室内の壁全面や床全面、天井全面、外壁全面などだ。

なかでも特に、子育て中の女性が多い店では、黒の量は注意しよう。天井や外壁全体を黒で塗りつぶしてしまうと、女性と子どもの立ち寄りが減っていく。

これは私自身がコンサルティング先で、何度も本当に体験した事例だ。オープン数日間は、かっこいいと近づいても、1ヶ月もすると誰も近づかなくなるということが起こる。

真っ黒は、暗闇をイメージさせる。危険、恐怖、閉塞感が女性の本能によって回避させる。ユニセックスなブランド、店舗などは、ロゴはモノトーンであっても、白の量を増やし、ナチュラル感、明るい自然光などを大切にしてほしい。樹木の茶や緑を足して、自然な優しさをつくり出そう。優しさで迎えなければ、お客様が立ち寄らない店になり、客商売の意味がない。

▽ひらがな、カタカタを駆使したオノマトペで惹きつける

女性は、「感じ」取る力が高いため、「語感」でも惹きつけることができる。

女性に人気のある商品や店舗は、名前そのものが、ひらがな、カタカナ、漢字、記号のバランスで構成されている。

以前、日本語の専門家の方と話をした時に、「ひらがなは、平安時代のギャル語だよ」と言われてびっくりしたことがある。

調べてみるとたしかに、貴族社会において女流文学に多用され、私的な場か、女性によって用いられたことから、平仮名を「女手《おんなで》」と呼んだとある。

勝手な想像だが、いつの時代にも見た目に優しい、かわいい文字を好んだのが女性だったとわかる。

「オノマトペ」という言葉をご存じだろうか。**擬音語、擬態語**のことだ。ネーミングや店頭ＰＯＰにオノマトペを使用すると、同じ商品が急に売れる。言葉だけで五感で想像できてしまうため、〝ハートにキュン〟と表現するだけで自分事に想像をふくらませてそんな気持ちに浸れる。

男性に「壁ドン」されることが女性たちのブームになったことがあったが、これも「ドン」という言葉の響きが大事だった。これが「彼女の逃げ道を塞いでしまおう」なんて言った途端に恐怖感に変わる。

オノマトペは、古代ギリシア語が語源で、「語を創る」「名づけ」と言われる。**「響きの模倣、音の模写、自然の音に似せて語を創ること」**という意味で捉えていい。

ふわふわ、ほかほか、さらさら、キラキラ、ぷにゅぷにゅ、しとしと、コトコト、とろ〜り、ほっこり、しっとり、ザックリ。

などなど、音の感じや状況を表現する言葉は無限にある。

特に2文字を繰り返す「コトコト煮る母の煮物」「ほかほかのお芋」という表現のように、聞くだけでおいしそうに感じる。これが、ただの「煮物」「芋」では味気ない。

あるベーカリー売場の開発担当者から、「今までは、メロンパンとして売っていた商品名を『外はザックリ、中はふわふわメロンパン』と変えてみたところ、売上が120%アップしました。これをきっかけに店内の商品をすべて見直したところ、ひとり当たりの購入数も増えて客単価もアップしました」というお話を聞いた。


食品宅配オイシックス・ラ・大地の野菜のネーミングはいつもすばらしい。

たとえば、「あめトマト」「みつトマト」「おしろいキュウリ」「カボッコリー」などなど。聞くだけで、「あまいトマトだ!」「白いキュウリって?」「カボチャとブロッコリーの間の野菜!?」と、興味がわいてくる。食品や料理メニューはネーミングだけで売上は格段に変わる。

ローソンのスイーツも新商品が出る度に感心する。スイーツ好きの女性社員たちが大活躍している。ネーミング、カラー、ロゴの3点セットで秀逸だ。「バスチー」「ザクシュー」「モチーズ」「ぷるシュー」「どらもっち」「サクバタ」など。食感が伝わり、なおかつ新しい感じがするため思わず買ってみたくなる。

靴下の岡本の大人気シリーズ「靴下サプリ　まるでこたつシリーズ」もすばらしい。

以前は、冷え性の女性たち用に、足のくるぶしにあるツボ三陰交を温める靴下として発売していたが、わかりづらく売れなかった。ネーミングを一新し、「まるでこたつソックス」と変えたところ爆発的なヒットに。「靴下サプリ」という新カテゴリー名も女性に響く。

女性たちには、商品を買ったあとの「五感」や「シーン」が想像できる商品名をつけよう。ネーミングは売上を大きく左右する。

⑥プロモーション→クチコミで考える

▽女性トレンドの70％はキャッチコピーで仕掛けられる

女性トレンドをつくり出したかったら、今ある馴染みの商品に、「新感覚」のアレンジをほどこしてネーミングにすることを考えてみるといい。

在庫の山になっている昔の商品を今一度掘り起こして、「今、これが新しい」として、着こなし方、使い方と合わせて、新感覚のネーミングをつくり出したり、海外の名前を使うなどして、もともと似たものがあっても、新しいもののように伝え直すことで「新鮮さ」を出すと、蘇るものがある。

コートとカーディンガンを一緒にした「コーディガン」。
アスレチックとレジャーを合わせた「アスレジャー」。
ベランダでキャンプをすれば「ベランピング」。
鉄製のフライパンではなく「スキレット」。
耐熱性の陶器焼き型ではなく「ココット」。

他にも、着用後や使用後が素敵になっている、という状態そのものを名称の前につけた販売訴求方法は有効だ。たとえばブーツ。「美脚ブーツ」とか「あしながブーツ」。優しい色合いならば、「きれいめブーツ」などというように。
女性が履いた時に足がどう見えるのかといった、着用後のシーンが想像しやすいコピーをつけてるだけで、「あ、いいかも」となる。

女性向けのアパレルには、こうした着用後をニュアンスとして使う手法も多用される。
「抜け感」↓気どりがない、肩の力を抜いた感じのスタイルという意
「こなれ感」↓自然でおしゃれな着こなしを醸し出していること
など、「感」というのが、ひとつのコツだ。

こうした男女の異なるクリエイティブを勉強するのにも女性向けのメディアや雑誌はおすすめだ。男女両方のファッション雑誌を購入し、職場で表現の違いを比較してみると、「男女の違い」に対する表現の違いを体感的にトレーニングできる。

コンテンツメディアの「note」で、ある男性が、男性雑誌・女性雑誌について比較している興味深いコラムを見つけたのでご紹介したい。

事例

justice7さんの投稿から転載　https://note.com/shoji7711/n/nf6be0d416cea

膨大な新刊雑誌をネットで読むことのできる「dマガジン」で、興味深いことに気づいた。すべての雑誌に詳細に目を通す時間はないので、当初は興味のある雑誌に目を通していた。

習慣化するにつれ、世の中のニーズを探るため、あえて興味のない雑誌にも目を通すようになった。

趣味の雑誌は予想通りだったが、男性総合雑誌と女性総合雑誌には、とても興味深い違いがあることに気づいた。男性総合雑誌が「出来事」を中心に書かれているのに対し、女性総合雑誌は「人物」を中心に書かれているということだ。

男性総合雑誌が最近起きた事件などが書かれているのに対し、女性総合雑誌は、最近注目されている人物などを中心に書かれている。

典型例として、男性総合雑誌に政治や経済ネタが多いのに対し、女性総合雑誌には各界で活躍している人物のことが詳細に書かれている。

個々人の力ではどうにもならない世界経済の話題よりも、より身近な人物観察のほうが女性にとって関心が高いようだ。

ある意味、女性のほうが男性よりも地に足が着いているようだ。

女性同士が集まると身近な人物（同じ職場の人たちのように本当に身近な人物）の話題に華が咲くのだろう。

人間観察に長けている分、男性よりも女性のほうが「人を見る目」が確かなようだ。

妻の浮気は絶対にバレないけど、夫の浮気はすぐバレるというのも、その典型かもしれない。日本では、まだまだ女性の社会進出が進んでいない。

男性より人間観察能力に秀でた（つまり「政治力」の高い）女性たちが入ってくるのを、男性経営陣が無意識的に恐れているようにも思える。日本の会社の経営陣の多くは「社内政治」の勝ち組だ。自分たちよりも遥かに政治的能力のある女性たちを経営陣に入れたくないと男性たちが無意識的に感じているのだろうか。

そのような思惑が女性の経営参画を遅らせているとしたら、日本社会にとって極めて残念なことだ。

とても魅力的にコラムだったのでここに掲載した。

また、学術的に雑誌を使った学びの意義について面白い報告を見つけた。

「表現学会」が発行する「表現研究」第92号に掲載された、中里理子氏の「若者ファッション雑誌に見る男女の文体差」研究結果報告だ。以下「おわりに」から抜粋する。


２００１年以降の男性雑誌には、化粧品等の美容関連記事やスイーツなどを取り上げる頁があり、女性雑誌への接近が窺われる。言い換えれば、女性雑誌のほうが時代の変化と流行に敏感であり、新しいものを積極的に取り入れる姿勢を持っていることにもなるだろう。

また、今回の調査を終えて、ファッション雑誌の語彙を対象に男女の語彙の違いとその移り変わりを見ることとの有効性を実感した。（中略）ファッション雑誌を対象に語彙の男女差や移り変わりを調査する意義は大きいと思われる。

▽コピーや文章は、まるで友達とおしゃべりをしている感覚にする

女性は対人意識。男性は対物意識。

女性の行動は、常に対人意識。誰かとあたかも会話をしているような感覚になるクリエイティブを

つくるのがいい。キャッチコピーを２０２０年12月某日の段階で男女ファッション雑誌で比較してみた（雑誌販売サイトFujisan.co.jpを利用。すべて２０２１年１月号）。


男性ファッション雑誌の特集タイトルは次の通り。

「一点〝得意〟主義がお洒落を変える！」（「Safari」）

「今こそ！　テンションあがる買い物」（「メンズノンノ」）

「大人の服、お金をかけるところ、抜くところ」（「UOMO」）

「ギャップ感ある男に魅せる　バッグと時計」（「SENSE」）


女性ファッション雑誌の特集タイトルは次の通り。

「真冬のレディStyleは、もっと可愛くもっと暖かくできる♡」（「美人百花」）

「ファッションでも、メイクでも。20代の冬こそ〝小顔〟が希望だ♡」（「MORE」）

「おしゃれもカラダもリスタート　すっきり身軽に　捨てる・着やせる・痩せる！」（「BAILA」）

「私たち、もっと『スカート上手』になりたい！」（「マリソル」）


比較してみていかがだろうか。少しだけ整理してみたい。

【女性ファッション雑誌の特徴】

・特集タイトルの語尾
女性雑誌の特集タイトルの最後は、「できる♡」「希望だ♡」「痩せる！」「なりたい！」というように、自分の希望や思いをこちら側にいる友達に話しかけているような終わり方が多い。♡や感嘆符なども多い。

・特集タイトルの書体
女性雑誌は、明朝体や角丸、手書き風、大中小サイズ変更など、タイトルの文章の中に細かな変化がある。部分的にクレパスで入れたようなラインを引いたり、波線を入れたり、吹き出しをつけたりなど、文章そのものから声の抑揚や気持ちが見えてくる感じだ。

・言葉遣い
まるで誰かとしゃべっているような会話風が多い。主語が「わたし」や「私たち」といった感覚で書かれている。共感を求めるような、まるでこちらに「でしょ」「あなたもそう思わない？」といったニュアンスが投げかけられているような言葉遣いを感じる。

・表紙モデル写真
女性雑誌は、至近距離のドアップな顔で、カメラ目線、読者と向き合って、微笑みかけて、おしゃべりをしているような距離感になっている。また、日常にありそうなポーズや動きが多い。

対して男性誌は、逆のパターンが多く見られる。
女性は、クリエイティブ表現からも疑似コミュニケーションが有効であることが、女性ファッション誌の表現から見えてくる。

第5章の中の『「男女の脳は本当に違うのか?」の実証』で、女性は、「心の理論」と呼ばれる能力、ミラーニューロン・システムがあると書いた。情報を見ながら、他者に起きた出来事をあたかも自分に起きたかのように感じる能力がある。

まさに女性ファッション雑誌のクリエイティブを見ていると、**「向こう側にいる人と読み手の自分が共感している感覚」**が重要視されていることがわかる。販促物の制作やサイトには、こうした女性特有のコミュニケーションを発信する必要がある。知らなければ大きなロスをする。

改めて確認しよう。

女性視点は、商品だけが並んでいても「気に止まらない」から「見ない」。

モノを売りたい時には、人の顔、自分と類似の環境にありそうな女性がこちらを向いている、または、関心を持ちやすい赤ちゃんや子ども、時にはペットなど、「誰を幸せにするのか」を一瞬で想像できるクリエイティブとメッセージの力を高めてほしい。人の顔のない商品バナー広告よりは顔のあるバナー広告を見る。さらにはバナー広告よりは、より身近な女性の紹介しているSNSなどのほうがグッと信頼しやすい。

女性に向けたクリエイティブのコミュニケーションは、すべてが「対話」だと考えよう。

▽歳時・祭事・催事の〝3つのサイ〟を利用して「買わなきゃ」を起こす

女性は季節や節目を気にする。〝3つのサイ〟とは、歳時・祭事・催事。

歳時は、年間を通じた季節行事。クリスマス、正月、バレンタイン、ひな祭り、母の日、父の日といったような1年の中に訪れる例年の行事だ。

祭事は、結婚式、七五三、誕生日、還暦祝いなど、個人の記念事など冠婚葬祭だ。

催事は、大売り出し、閉店セール、優勝セール、周年記念フェアなどの売り出しイベントやキャンペーンなどだ。


いつも棚に並んでいるクッキーがあるとする。

歳時なら、「もうすぐクリスマス。毛糸の靴下と一緒に友達にプレゼントはいかが」と、毛糸の靴下とセットで提案してみる。

祭事なら、「結婚記念日はいつですか？　今年は、周囲のお世話になった皆様に、『おかげ様』の記念品として、クッキーで幸せのおすそわけ報告はいかがですか」と提案をしてみる。

催事なら、「地元サッカーチーム優勝！　今、お買い上げの方に、サッカーボールをイメージした丸形クッキーを用意しました。ハッピー気分で一緒に盛り上がりましょう！」などだ。

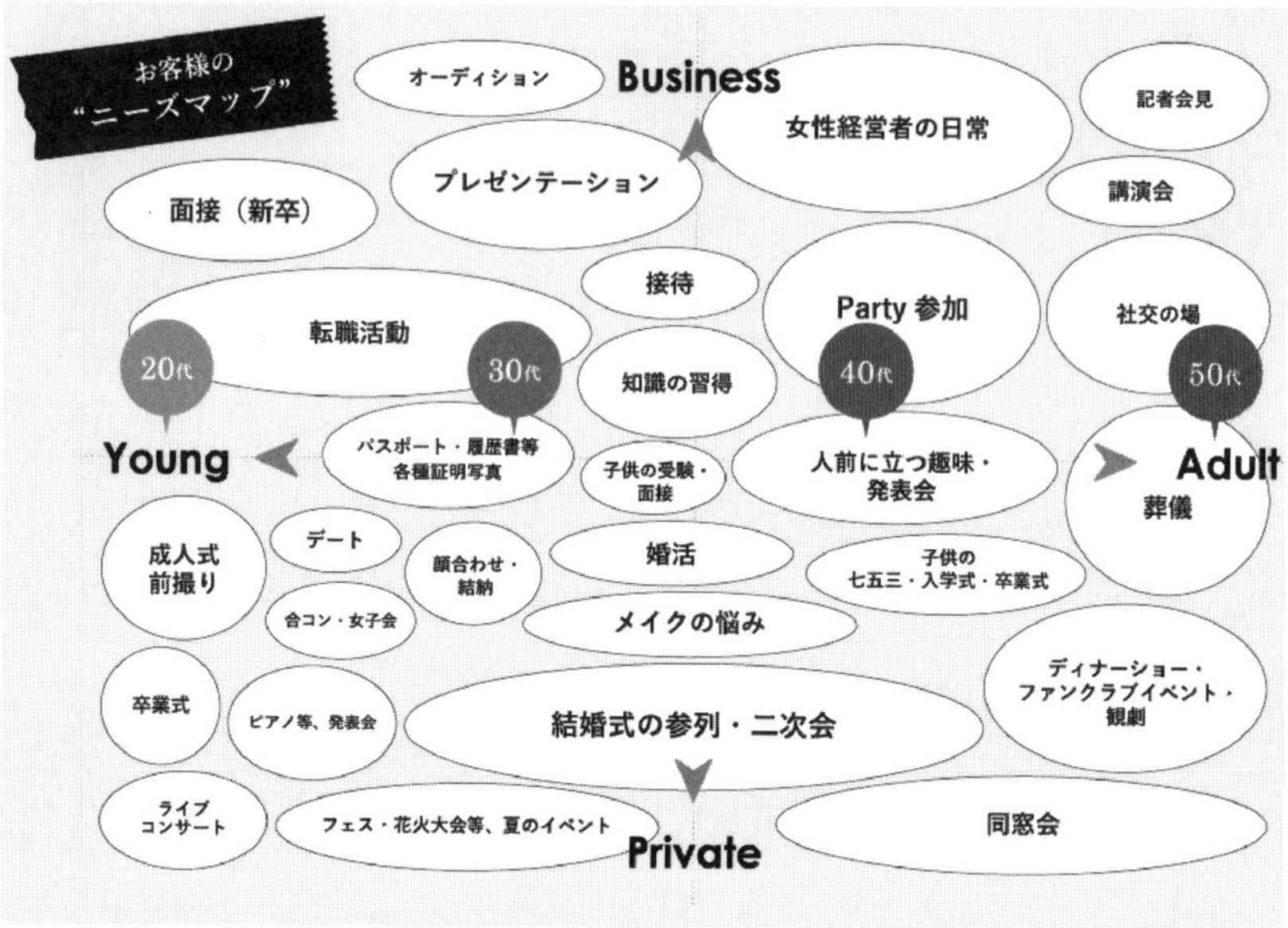

アトリエはるか「お客様のニーズマップ」

同じものでも季節や節目によっては「買わなきゃ」となる女性の消費行動。

よい商品は伝え方、売り方を変えればいつでも売れる。読者の商品も「サイ」を切り口に提案を考えてみてほしい。同じ商品でも工夫すれば、年間365回の売る機会が考えられるはずだ。これが女性視点マーケティングの面白いところだ。

都心の駅チカなどを中心に、全国60店舗（2020年12月末時点）を展開するヘアメイク&ネイルサロンアトリエはるか。ここは美容室ではなく、女性が気軽に立ち寄ってヘアメイクを直したいと思う時に立ち寄る店。

創業者の女性は会社員時代、仕事が終わると合コンに行っていたが、会社での自分と、夕方から向かう合コンでの自分で、髪型やメイクを直したいというニーズを持ち、その場所をつくろうと店を出したのがはじまりだ。

アトリエはるかでは、女性たちのシーン別のヘアメイクニーズがマップ化されている。食事会、結婚式、デートなどなど、1日の中でも多彩にシーンが変わる。

その都度、ヘアメイクを変えたいという女性ならではの視点が事業になった。披露宴や合コンに行った先で、友達から「素敵ね、その髪型。自分でしたの?」「メイクがとてもいい」など評価されることで、アトリエはるかは、お客様の姿自体が宣伝媒体となってクチコミで広がった。

現シーンの自分から、次のシーンの自分に変身できるアトリエはるかのサービスは、まさに「サイ」の場面が多い女性にとって、「対応するビジネスがない」「自分がほしい」という願いがスタートとなり、拡大していった例だ。

▽女性たちは、5大SNS「リトフィ」を使い分ける

女性たちはSNSが好きだ。おしゃべりをする、他人のクチコミを見る、レビューを書く、コミュニティに入る、コミュニケーションの場に参加するなど、いかに女性たちが、「人との関わりが好き」かということを書いてきた。

時代が変われば、使うツールが変わる。

女性消費者動向レポート「HERSTORY REVIEW」2021年2月号の最新号では、女性たちのSNSの利用について、世代別に実態を調査した内容を特集した。

10代~60代以上までを調査した結果、全223人中、実に92・8%がSNSを利用していると回答

女性たちの5大SNS別10活用

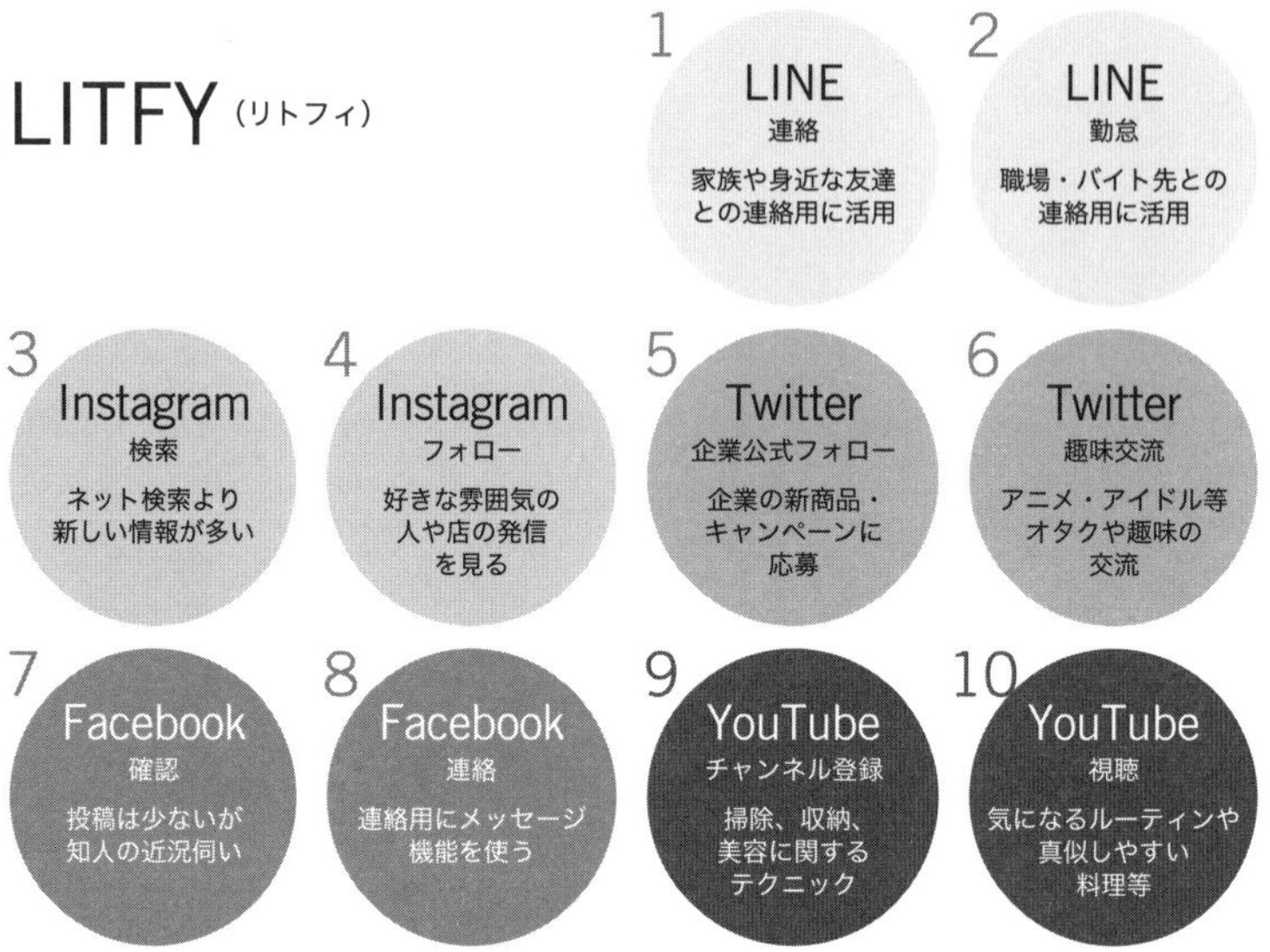

した。10代、20代は100%。30代で97・8%、40代で95・2%というように世代が高くなればパーセンテージは下がっていくが、それでも、60代以上で75・0%になった。

内容を見ると、使用しているSNSは世代によって異なるが、とはいえ上位5つのSNSの利用がすべて同じだったということも注目したい。

弊社ではこの結果を受けて、平均利用順位のSNSの頭文字を取って、「LITFY（リトフィ）」と名づけた。LINE、Instagram、YouTube、Twitter、Facebookという順だが、YouTubeは特徴性の違いからリトフィの頭文字では最後に扱った。

また、10代ではTiktokの使用率が上がったのは特徴的だろう。

今回の調査から、さらに個別のインタビューを世代別に行ない、SNSの使い分けについても聞いてみた。その結果、ある程度の傾向が見えてきた。

・LINE……日常生活の連絡網
・Instagram……最新情報の入手
・Twitter……趣味、オタクなどの交流、情報入手
・Facebook……知人の近況確認
・YouTube……生活の役立つヒント

といった具合だ。個々に差はあるものの概ねＳＮＳを使ってきたからこその特徴性を把握した使い分けだと言える。あらためて女性のコミュニケーションツールの浸透度と利用方法には感心してしまった。

女性の購買意欲をそそる10のキーワード

本章も最後となった。改めて、女性たちの購買意欲をそそる10のキーワードを整理してみる。言い換えれば、「買いたい」を起こすための10の「快」だ。ぜひ女性視点マーケティングを取り入れる時には意識してほしい。

①幸せ

女性はモノを買う時に、どちらが幸せに近づくかという無意識の選択をしている。特売の卵や肉を買うことも大切だが、「今日は、パパの誕生日だから感謝を込めていいお肉にしよう！」「子どもの笑顔を想像して手づくりケーキの準備もしよう」など、買物の向こう側の幸せな映像を想像しながら、今日買うべきものを判断している。

②なりたい私

女性は、「私のイメージしている素敵な女性になれる商品はどれか」という選択を考える。恋人と過ごしている私、妻としての私、母としての私が理想としている私に近づくための選択はどちらなのか。瞳が大きく見えるカラーコンタクト、シワ予防の化粧品。どちらも〝なりたい私〟のアイテムなのだ。

③共感

女性たちは、「素敵ね」「いいね！」と承認され、共感されることで満足度を高める。相手にほめられると買物は成功となる。「ピアス買ったの？　かわいいね」「髪型変えたの？　素敵」と、相手が気づいてほめてくれるかどうかで、買物は成功か否かとなる。

④育む

母性という本能的な行動からくる買物がある。小動物や赤ちゃんなど、小さな姿や形に惹かれる。丸くて小さくてぷにぷにした感触は赤ちゃんの頬やお尻を想起させる。思わず「かわいい」と手が出る。幼少期に、ぬいぐるみや人形でままごとゴッコをするのもその現われ。

⑤選ぶ

「商品を選んでいる時間が好き」という女性は多い。あれこれ見て楽しみたい。商品はお花畑の花や木の実と考えよう。次から次へと拾う感覚で、女性たちに提案しよう。そして「今年はコレ」というように、コーディネート、アレンジ、着まわしを提案して購買意欲を刺激しよう。

⑥みんなと（シェア）

誰かに配るための買物、分かち合うための買物が好き。これから友人と会うから持っていきたい。配りやすいサイズ、バッグに入れて持ち歩ける形、友達に見せたら喜ぶようなデザイン、場が盛り上がりそうな人気のスイーツなど。たとえば、「ママ友との集まりに一品持参」といったように、誰とどんな時にどう使うといいかという提案があると思わず手が出やすい。

⑦役立つ

自分以外の家族や周囲に役立つと思う買物をしたい。手荒れに効いたハンドクリーム、髪に優しいシャンプー、健康のためのサプリメントなどは、家族や友人間で渡し合ったり、クチコミしたりす

女性の購買意欲をそそる10のキーワード

❶ 幸せ	❷ なりたい私	❸ 共感
❹ 育む	❺ 選ぶ	❻ みんなと（シェア）
❼ 役立つ	❽ 特別（大切・愛情）	❾ 旬と色（五感・雰囲気・心地）
	❿ つながる（クチコミ）	

る。〝誰かを思って〟が想像しやすい訴求をしてみよう。複数買いが起こりやすい。

⑧特別（大切・愛情）

大切にされたい、自分をほめたい、ご褒美があると頑張れるなど、特別な扱いやサプライズ、大事にされた感の得られる出来事や商品はうれしい。〝私のために私に贈る〟ギフトサービスは働く女性を中心に年々成長している。自分への花の定期便も人気だ。女性にとって特別な日は、月や週単位でも起こり得る。

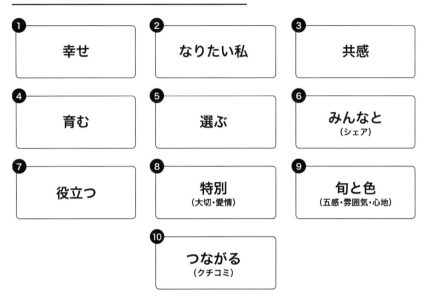

⑨旬と色（五感・雰囲気・心地）

旬と色と商品をつないで提案しよう。秋と黄色とパンプキンやモンブランのケーキ、春とピンクとブラウスとスカーフ、冬と白とセーターと帽子などなど。季節感はその時、その瞬間の限定感と新鮮さをもたらす。ファッション雑誌の特集には、色から入る企画が多い。「秋のベージュを着こなす」「春色服で気分を上げよう」など。

⑩つながる（クチコミ）

他人との関係構築のためのプチギフトは女性特有だ。母の日、入学式、お歳暮、冠婚葬祭などのわかりやすいタイミング以外にも、学校の先生の謝恩会、スポーツクラブの集いなど、女性はさまざまな場面でちょっとした小土産が必要となる。みんなはどうするのかなど、クチコミ情報は頼りだ。

女性の購買意欲をそそる10のキーワードは、女性視点マーケティングを実践するうえでの確認用としてまとめた。ぜひ活用していただきたい。

第7章

2021年以降、
伸びる
女性マーケットと
着眼点

さらに巨大化していく働く女性マーケット

今、女性たちは「買う力」を持っている。そして「買う力」を発揮して、これからの暮らしや社会を自分の手で向上させたいという気持ちが高まっている。

自分のお金で、自分のほしいモノを自分で決めて、自分で買いたい。

急速に変化する女性たちの世界は、多くのマーケター、ビジネスピープルの想像をはるかに超えて10年先を走っている。女性たちにしか感じ取れていない未踏の地、ブルーオーシャンがあちこちにボコボコと生まれている。

今は非正規が多い女性就業者だが、この先10年で、必ず正社員が増えていく。国の施策やＳＤＧｓの向かう先を考えると間違いないだろう。

就業する女性はシニア層も増え、そして今後、非正規から正規へと移行していくと考えると当然、収入が上がっていく。買う力は、年々パワーアップしていくのだ。

女性は、就業形態、子どもの有無、世代などで関心が異なるが、もし最大マーケットを目指したいと思えば、働く女性に共通する「女性×仕事」においては、まだまだ開発が遅れていて競合が少ないことを覚えておこう。

「サボリーノ 目ざまシート」

事例

顔を洗わない化粧シート「サボリーノ」

「洗顔不要の顔シート」というセンセーショナルなテーマで近年、大ブームを持続しているのは「サボリーノ 目ざまシート」（ＢＣＬカンパニー）。

朝の洗顔からスキンケア、化粧下地までをひとつで済ますことのできるシートマスクだ。

２０２０年12月末時点で累計出荷ベース５億枚突破を記録し、さまざまな女性向け商品年間表彰を総なめし続けてきた。その人気は衰えず、次々と新しい姉妹シリーズを出している。

ネーミングもわかりやすい。商品名の「サボリーノ」とは、女性の「さぼりたい」という気持ちをそのままネーミングにしている。商品力はもちろんのこと、このネーミングも女性たちの気持ちに響いた。「そうそう、さぼりたい！」と。

乳幼児を持つ働くパパママのマーケット

共働き夫婦のマーケットもまだまだ伸びていく。日本の少子化は進む一方だが、「子は宝」という社会空気がやっと危機感を持ちはじめた。

男性の育児休業を叫ぶのは、この5年までだろう。その後は、「社会で子どもを育てる」のが当たり前になるだろう。

「子どもが宝」に向けて、どんどんパパママ、ジジババ（祖父母）兼用で利用できる「共家事」アイテムがキーワードになっている。また、こうした視点の商品を出してくる企業がパパママたちから支持され、「こんなのもほしい」などの意見や情報も集まりやすくなる。

男性視点の家事・子育てグッズはどんどん増えている。家事・育児をしたいのに男が使いにくい、という視点の商品開発は発展途上。パパを集めたモニター会議などもおすすめだ。今のところ、ママに偏っていた商品のパパ用などが増えてきているが、どちらかといえば、パワーのないジジババにとっても使いやすい商品の開発を考えると空白マーケットかもしれない。

事例

「ジジババが使いやすい孫育てグッズ」をつくる「BABAlab」。

さいたま市に本拠を構えるシゴトラボ合同会社は、近隣のシニアが集まって育児用品を企画開発している。たとえば老眼でも見やすい「ほほほ　ほ哺乳瓶」、首の座らない赤ちゃんの抱っこが楽になる「抱っこふとん」などは、大好評で取り扱いする店舗も増えてる。

今後は、こうしたパパ、ジジババが参加する「共育児」「共家事」グッズが、結婚祝いや出産祝いに喜ばれそうだ。

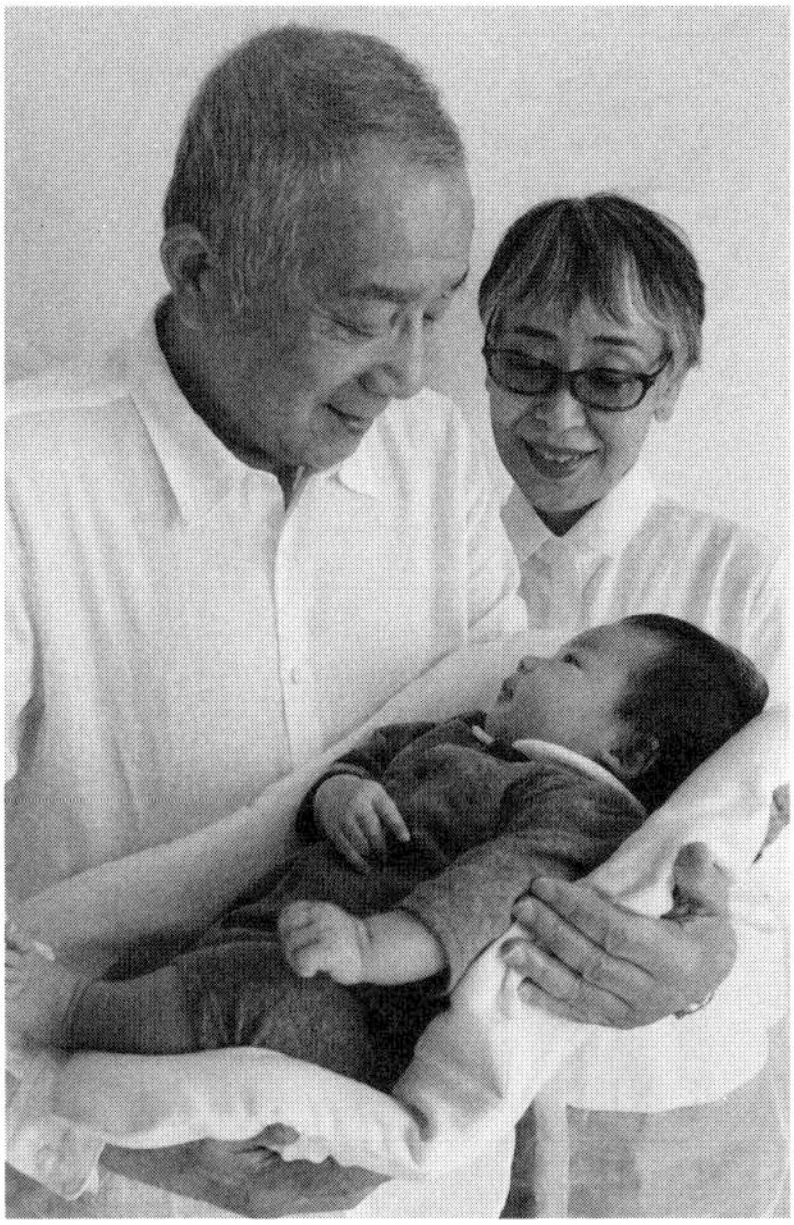
「抱っこふとん」

事例

温度で色が変わる哺乳瓶はママからパパ そして祖父母へ

温度に合わせて色が変わる「マジックベイビー」という哺乳瓶をご存じだろうか。

40℃以上のお湯を注ぐと、なんとボトルが透明になる。そしてミルクの適温と言われる36～40℃になると、元の色に戻るという画期的な商品だ。開発した株式会社マグクルーズの代表取締役の渡邉一平氏が「職場でアルバイトスタッフが腕や頬で温度を確認しながら赤ちゃんのミルクをつくる様子を見たのが開発のきっかけ」だという。

この商品は当初はママ同士の口コミで広がったが、次第に「人肌温度がわかりにくい」というパパ、そして祖父母へと広がった。ありそうでなかったミルクの適温がわかる哺乳瓶という画期的な商品の誕生は、ママだけに偏っていた使用の世界を、男性視点が入ったことで見つけることができた一例だろう。

P2キッズマーケット（プリンスとプリンセス）

子どもが減る中で、子どもひとり当たりの消費額は増えている。

子どもはとても大事にされる。以前は、子どもひとりに6ポケットと言っていたが、今は10ポケットに広がっている。6ポケットとは親とそれぞれの祖父母が子どものスポンサーになるイメージ。さらに今は、晩婚化や非婚化などで叔父伯母が未婚というケースも少なくないし、医療の進歩によって長寿で健康なシニアも多い。つまり、曽祖父母だ。

こうして子どもひとり当たりに対して、大人のスポンサーは10ポケット近くとなる。子どもひとり当たりに使うお金は、年々高くなる。こうした子どもたちを、プリンスとプリンセスの頭文字をとって「P2キッズ」と命名して、以前に発表した。王子様とお姫様というイメージからだ。

P2キッズは、今後、どんどん特別扱いされていくだろう。

事例

ハーフバースディ、ハーフ成人式などハレイベントは年々進化

1歳を迎える半分の生後6ヶ月をハーフバースディと呼び、お祝いイベントとして大きなマーケットになっている。記念撮影をするママが増加し、ハーフバースディが定着していった。生後6ヶ月の赤ちゃんは、表情も豊かになり、寝返り、お座り、離乳食がはじまるなど、一番かわいらしい様子を見せてくる時期。まだ商業的にはメジャーではないが、確実にママたちの間では常識のような広がりを見せている。相乗りできればヒット企画も出やすい。

この他、10歳のハーフ成人式などは、小学校行事としても増えている。

稼ぐ子どもマーケット。職業はキッズユーチューバー

小学生の将来なりたい職業が、ユーチューバーという回答が上位に出るようになって久しい。アメリカでは、9歳の少年ライアン・カジ君がユーチューバーとして3年連続世界のトップとなり2020年は約30億円の年収を稼いでいることで大きなニュースとなったが、日本でもキッズユーチューバーの上位は、5000万円、7000万円、1億円の年収となってきている。

事務所に所属し、将来の進学費用などにあてるという場合が多いらしいが、稼いでいる年収を見る限り、数年で億万長者という子が何人もいることは驚愕でしかない。

今どきの子どもたちは、メルカリで売買を学び、YouTubeで同世代の子どもたちの番組を見て、商品撮影、説明コピー、伝え方、プレゼン力、画像処理などを学習していく。

子どもたちのエンターテインメント力は大人の想像をはるかに超えている。

住宅会社と一緒に、「10年後の家づくり」という調査をした時に、小学生を持つ母親5人にインタビューをしたところ、「子ども部屋をYouTubeルームにしている」という人が3人いた。これからの子どもたちは仕事の意味が大きく変わる。すでに会社に勤めることの意味がわからなくなってきていると感じる。

事例

部屋はスタジオ。子どもはユーチューバータレント

2歳から10歳までの子どもをターゲットにブレイクしているYouTubeのジャンルにファミリーチャンネルがある。トップの「キッズライン♡Kids Line」は「こうくん」と「ねみちゃん」の子どもふたりが主役。2020年12月時点でチャンネル登録者数は1210万人だ。驚異の発信力だ。

その他ファミリーチャンネルでは、実際の親と子どもが登場し、おもちゃで遊ぶなどの番組が続々と増えている。もちろん見ているのも子どもたち。こうした番組に刺激を受けて、自分もそうなりたいと憧れるし、今からすぐにでもユーチューバーデビューができてしまう。

大人たちも新型コロナ禍をきっかけにリモートワークという仕事スタイルを知ったことで、Wi-Fi環境、ワークルームを整備した人も多い。この機会に子どもを主役に番組制作に勤しむパパママも増加中だ。家と仕事の境界線がなくなるだけでなく、稼ぐことに年齢は関係なくなってきた。自宅をスタジオ化するファミリーは急増だ。

オタク女子マーケット

オタク女子を研究しなければ大きくチャンスロスをするだろう。

オタクという言葉には、ファン、マニア、コレクターなどの意味が含まれている。

オタク女性は、声優、アニメ、2次元の世界など多彩に存在する。その世界観は自分そのもののアイデンティティ（自己の同一化）を表わす存在となるため、「〇〇オタク」というだけで、相手がどんな指向かを知ることができる。

「推し」のためにはとことんお金を使う。「推し」を表わす色が存在し、その色の服装、応援グッズなども揃えて手づくりするなど夢中になる。オタク女子の消費は、他人にとってはただの「浪費」に見える。「沼消費」「推し消費」とも言う。今や「鬼滅の刃」の大ブレイクなど、アニメとのコラボは、企業売上に大きく貢献する。オタクのことを学びたければ、『浪費図鑑―悪友たちのないしょ話―』（劇団雌猫著　小学館）がおすすめだ。

ホテルバリアン「推し会プラン」

事例

オタク女子会プランを4万人以上が利用「ホテルバリアン」

都心を中心に15店舗を展開するホテルバリアンは、オタク女子の間では有名だ。女子同士で泊まって楽しむ「女子会プラン」は2010年から提供されていたが、使用する女性たちの様子を見ていると、ファン仲間が集まって盛り上がっているという姿に気づいた。そこから担当者たちがオタク女子の世界を徹底的にリサーチ。3000枚以上のアンケートをもとにオタク女子たちの実態を研究した。

たとえばリサーチからは、「円盤」「尊い」「布教」という3つのキーワードが出てきた。「円盤」はDVDやブルーレイのこと。「尊い」は、オタク的な「いいね」の最上級。「布教」は推しの素敵なところを周囲に伝えることだ。また、参加者たちがアップしたＳＮＳの写真も研究。その数１８７３枚からは、どんな風に楽しんでいるのかが見えてきた。それらを分析して、ペンライトのレンタル、押すと「尊い」と鳴るボタンなどを開発した。

そして２０１８年から「推し会プラン」をリリース。オタク女子は、仲間と共に盛り上がるため、グループ利用でクチコミはどんどん広がり、大人気プランとなった。

すでに４・６万人が利用している。今後もますます伸びそうな「推し会プラン」だ。

ミドルおひとりウーマンマーケット

ミドルのシングル女性は増加している。

40代、50代のミドル世代の独身女性たちの、ポジティブでアクティブな消費の姿を描いたのは『「おひとりウーマン」消費！　巨大市場を支配する40・50代パワー』（毎日新聞出版）という書籍を出版した牛窪恵氏（発行は２０１７年12月。今から３年前となる）。

ミドル層の消費欲が高い根拠について、書籍では次のように分析している。

①消費好きなバブル世代（主に現50代）が含まれるから
②人口ボリュームの団塊ジュニア（現40代半ば〜後半）が含まれるから
③どこか今も「根拠なき自信」と上昇志向を持ち、若さや自分磨きを追求しているから

40代女性の未婚率は、約30年前の1990年時点では、わずか5・2％。最新の国勢調査（2015年）では17・2％と3倍以上に増大。その後も確実に増え続けている。

人口が多い団塊ジュニアが含まれるマーケット。調査当時40代女性の未婚人口は約913万人中の17・2％、およそ160万人にのぼる。さらに離婚・死別の独身女性を加えると、当時40代のミドルおひとり様だけでも250万人弱（同年代女性人口の3割弱）になっている。

ミドルのおひとりウーマンは、消費意識が高く、積極的に行動する。高齢期に向けて連れ合いを求める人も多い中高年の婚活ビジネス市場は、年々会員数が伸びている。

事例

憧れの花嫁姿の写真を撮りたい「ソロウェディング」

結婚式の衣装姿は、夫婦が揃って写真を撮るのが当たり前だと思うだろうか。

女性にとって花嫁姿は永遠の憧れだ。ならばひとりでも素敵なウェディングドレスや和装姿で記念写真を撮りたいというニーズが増加。それが「ソロウェディング」という名前で広がり、今では当た

り前に浸透してきた。

モデルさながらにバラの花に囲まれたり、お城のような空間でポーズを決めたり、自分のなりたい姿やイメージのままに撮影できるので、「パートナーがいないほうがかえって自由」という本音が人気の理由だ。独身の女性同士のグループでの撮影も多い。一緒にイベント感覚や思い出感覚で、結婚式ではまずできないようなヘアメイクやポーズをとって、「憧れのウェディングドレスを着るイベント」という楽しみ方だ。

独身女性の増加は「ソロ○○」「おひとり様○○」といったように、今までひとりではできなかったことがひとりでもできるといった視点に変えると、新しいビジネスが生まれる可能性大だ。

女性管理職マーケット

パワーある消費者として大注目株のマーケットだ。

日本は女性管理職の割合が世界の先進国中で最下位クラスだが、それでも2012年から2019年の7年間で、上場企業の女性役員数は約3・4倍に増えている。今後も必ず成長する。

所得が高いために消費額は大きい。今から着手すれば10年後は大きなリターンの可能性がある。

「ルーベリカキャリー」

女性管理職のニーズは、「ほしいものがない」に尽きる。

人前に出る機会が多いことと、部下たちの手前、身だしなみや見た目の装いが「やっぱり違う」と一目置かれるために費用をかけたいと思っているが、このマーケット分野は未成熟なため「買いたいけど、ほしいものがない」となる。近年、アパレルは、カジュアル化、スポーティ化がトレンドだが、女性管理職のビジネスシーンというのはまったく空白の市場だ。

事例

女性キャリアのためのキャリーバック「ルーベリカキャリー」

身内ネタで申し訳ないが、私自身が困って、自分でクラウドファンディングをしてつくったのがキャリーバッグ「ルーベリカキャリー」。

今まで、キャリーバッグには不満だらけだった。女性キャリアらしい高級感とエレガントさがほしい、軽くて持てる、コインロッカーに入るサイズ、化粧ポーチや洋服などがたっぷり入る工夫、おみやげのための拡張機能、滑らないストッパーつき、外側から書類が出せる、パソコンを安全に収納できる、などなど。自分のイメージするキャリーバッグのプランを名古屋のサンコー鞄株式会社というメーカーに持ち込んで相談した。

クラウドファンディングは、目標を80万円に設定。倍以上の約200万円、達成率252％に到達し、製造した1500個を完売し、第2弾では新色を発売した。

https://ruberica.stores.jp/

夫婦で年収1000万円超のパワーカップル

世帯年収1000万円を超える夫婦を「パワーカップル」と言う。

妻がパートの場合と、フルタイマーで高年収というケースでは、夫婦の生活スタイルはまったく異なる。

2013年に刊行された『夫婦格差社会　二極化する結婚のかたち』（橘木俊詔　迫田さやか著　中公新書）という書籍で紹介されている。世帯の消費力は、妻の職業、所得が鍵で大きく分かれる。

当時のデータではパワーカップルは共働き世帯の1・8%と少なかったが、女性の活躍する場が増えていることで、確実に成長する存在だ。

パワーカップルの特徴は、何といっても購買力だ。パワーカップルは、夫がひとりでほとんどを稼ぐ家庭と比べて月間消費支出総額は高く、その理由は「時間」を優先するライフスタイルにある。ある意味、**お金に糸目をつけずに「時間確保」消費に行く**という特徴がある。

弊社調査で、共働きで世帯収入1000万円超えの夫婦の特徴を見ると大きくは4つある。

①時短、外注、備え消費に意欲的……家事代行などの利用も積極的
②ワークライフバランスや余暇も重視……旅行やレジャーに積極的
③新商品への感度が高い……新しいものへの好奇心や話題に関心が高い
④SNSで積極的に情報発信……友達も類似した生活が多く、情報交換など総じて消費意欲が旺盛
⑤教育にお金を使う……子どもがいる場合には、勉学から教養、スポーツに至るまで、高額な教育費も惜しまない

もうひとつ大きい特徴が、「安定感」だ。夫婦共に高所得のため、片方に何かあってもやっていけるだけの所得がある。家庭内の大黒柱が2人という「安定感」は強い。

そのため、パワーカップルに向けたビジネスは拡大している。

大手不動産会社では、時間を優先にするパワーカップルをターゲットとした、職場に近い都心部高級マンションの販売に力を入れるなどだ。家事育児は代行サービスの利用度も高い。

その分、娯楽や勉強のために時間を使うというライフスタイルの夫婦が多い。

「富裕層向け」という言葉があるが、今は「パワーカップル向け」ビジネスというマーケットのほうが現実的だ。

事例

「プレジデント ウーマン」が読者とつくったビジネスバッグ

女性役員、管理職を読者に持つ希少な雑誌と言えば、「プレジデント ウーマン」（プレジデント社）。読者の約半数は既婚者だが、夫も高所得者が多い。

2020年10月、読者の女性たちのアンケートデータに基づいて、ブランドとコラボし、ビジネスバッグを作成。自社のクラウドファンディングサイト上での販売にこぎつけた。目標金額30万円に対して、1000万円を超える資金を集めた。バックの価格は、5万3900円（税込）と決して安くない。編集長の木下明子さんも「ここまでニーズがあるとは驚きでした。商品も決して安くない。周囲もびっくりしています」と言う。このマーケットがいかに爆発的ニーズを持っていたかに気づいたプレジデント ウーマン。ここから次々と新たな商品開発に向かうだろう。

長生きロングテール消費者

寿命はどんどん延びている。しかも健康なシニアが増加中。

世界各国、どの国でも女性のほうが寿命は長い。長寿がもたらすパワーは大きい。

ひとりの人生時間において、必需品だけの消費量でも膨大になるロングテールな消費者だ。

たとえば**30歳のお客様と100歳までつき合う対策**を取るほうが、新規顧客開拓をするパワーよりも効果的と思える。**その顧客のまわりには必ず家族がいる。**高齢になる経過において関わる家族も含めてご縁を持つような関係を構築するほうが信頼度も高い。いわゆるライフタイムバリュー（生涯顧客化）という考え方は年々強くなっていく。

人口は減っても、ひとりのお客様と長くつき合える時代に突入したと考えれば、少子高齢化を嘆かなくてもいいかもしれない。


昔ならば60歳～70歳で亡くなっていた人が、そこからさらに20年、30年と生きているのだから、消費は続く。ただし必要なモノは若い時とはまったく異なるので、この層のニーズ、インサイトをつかむマーケティングは、これから10年を考えるうえでとても重要な取り組みだ。

平均寿命の推移

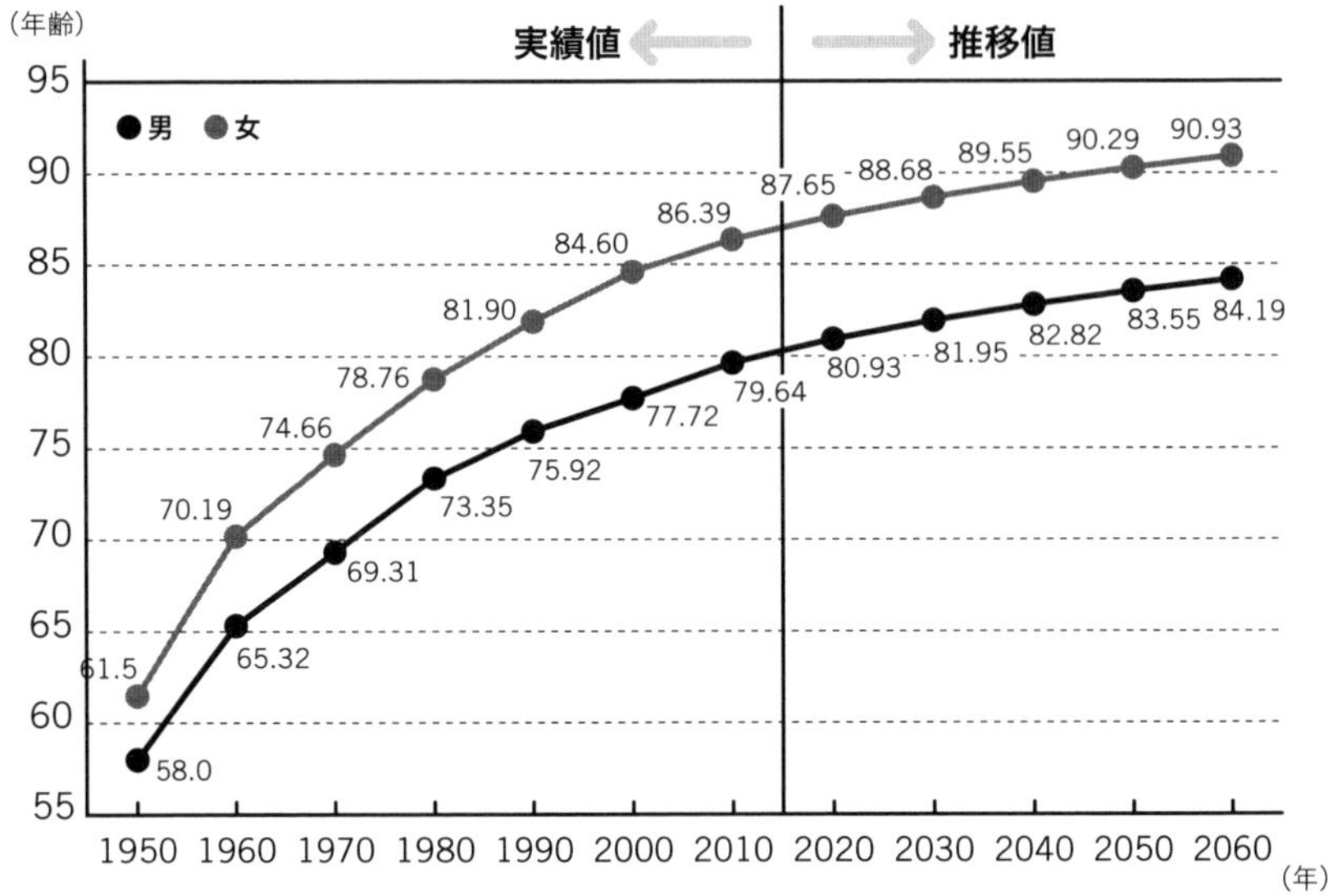

出所：厚生労働省、2020年以降は、国立社会保障・人口問題研究所発表

ちなみに１００歳以上人口の88・２%は女性が占めている。２０２０年に初めて８万人超の８万４５０人となった。前年から９１７６人増。１年で１万人近くが増えている。

２０２０年に生まれる子どもの推定平均寿命は１１０歳近くになるのではと言われている。仰天すぎるロングテール消費者なのだから、少子化という頭数の消費量ではなく、世代を横ぐしにまたいだ消費を考えるなどまったく違う切り口でビジネスを構築したほうがよさそうだ。

事例

奇跡の1枚を遺影に！ 変身写真館がシニア女性に人気

女性はいくつになっても「きれい」と言われたい。美しい自分を記録に残したい、そんな女心をつかんでいる大人の変身写真館がある。

その名も「メイク&フォトスタジオ　オプシ

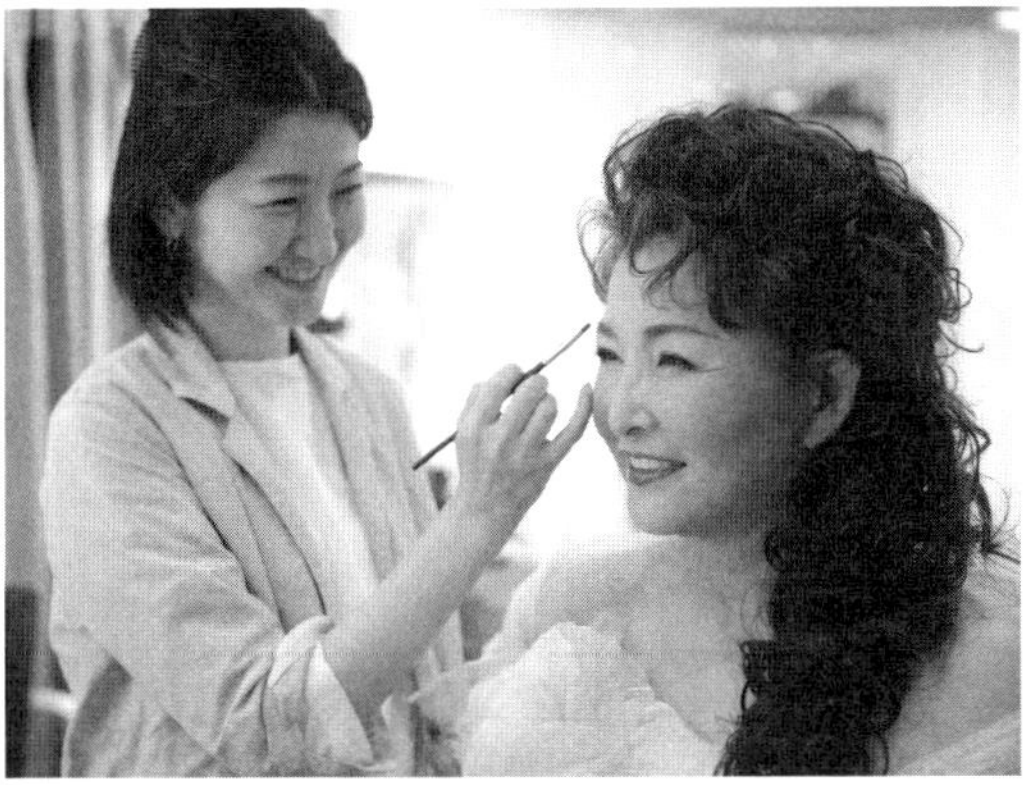

幅広い年齢の女性たちが変身を楽しみに来る「メイク＆フォトスタジオ　オプシス」

ス」。

女性が、しっかりとヘアメイクをして、美しい布をドレスのように仕上げて、ライトの中で微笑む。上の写真の美しい女性は77歳（撮影当時）。予約には、友人・知人と、または娘とやってくる。

ポートレートの目的は記念ということもあるが、もうひとつの目的は、「遺影写真」。自分のお気に入りの写真を自分が生きている時に納得して撮っておきたいと、シニア女性が殺到する。

友人の葬儀の時に美しい遺影写真があるのを見て、こんな写真を私も最後に飾ってほしいと訪れる。また、娘と一緒など、女性同士での申し込みが多く、夫婦での申し込みや夫同伴はとても少ないそうだ。女性は、いくつになってもきれいを楽しみたいということがわかる。

50歳センターピンマーケット

今の女性の平均寿命は88歳。今後100歳の寿命を想定すると折り返し年齢は50歳。女性マーケットのセンターピンは50歳になる。50歳は、娘と親の三世代で動きやすい。広いマーケットにリーチしやすくなるビッグキーマンだ。

また、**50代は、家事・子育てからも解放される時**。「やっと私の時間」と、一気に外に目が向きはじめる。定年についても考えはじめ、長い老後に向けての準備や、親のこれから、その後の自分の将来設計などを考え、準備に入る時でもある。

50代は周囲にもっとも縁が多い時でもある。子どもと孫、自分の親、義理の親が元気という状況がある。100歳超えの人口も増えているため、孫がいれば4世代、祖父母のどちらかが存命なら5世代となる。寿命が長いというのはすごいことだ。

家族が減り、個世帯が多くなり、近所づき合いも薄く、人間関係も希薄となる時代に、新型コロナによって家族の絆は強くなった。親のため、自分の将来のため、子どものため、孫のため、さまざまな商品やサービスを買う。

事例

50代女性の「再び」を応援するビジネス

40代、50代、60代の女性たちに大人気のイメージ戦略コンサルタントがいる。ワイズエフェクト代表の余語まりあさんだ。

2019年ミス・ジャパン日本大会でグランプリを獲得した土屋炎加さん（女優の土屋太鳳さんの姉）などのビューティキャンプ講師としても知られている。彼女がアパレルとタイアップしてお見立て会を開催するとたくさんの女性が訪れる。自分で服を選ぶというより、「自分のなかにある可能性に気づき、かつ自分の仕事やプライベートに効果を発揮する服選び」を期待している。

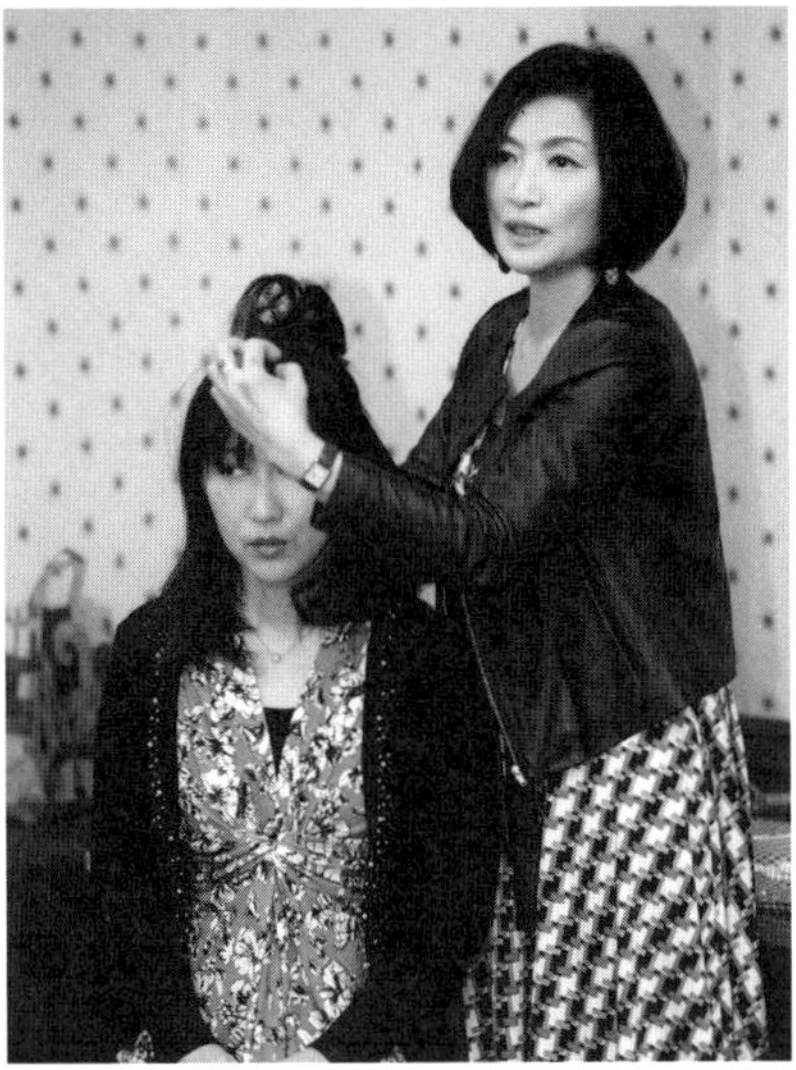

ワイズエフェクトの余語まりあさんがお客様に「似合う着こなし」をアドバイスしている様子

なかでも興味深いのが、20代から30代の娘と一緒に来る母親だ。

「会社を辞めて独立したので、会社員風から社長風に変わりたい」「事務員イメージから仕事ができる女性風になりたい」など、50歳までの自分と決別し、新しい人生を歩みたいという変身願望が見て取れる。

娘のほうも積極的に応援する。「離婚して仕事で頑張ってきた母が、前回、ここに来てからどんどんキレイになって、恋人もできたんですよ」とうれしそうに報告する。イメージが変わった女性たちを会場でカメラマンが撮影して写真を渡す。女性たちは、SNSのプロフィール写真をすぐにその写真に替えている。

そこでまた「えー！　素敵」「きれいー」と友人からほめられるとさらに自信を持つ。こうしてクチコミも次々と広がる

余語さんが主催する「なりたいわたしになるマイブランディングセミナー」では、自分がなりたい女性をイメージした「マイブランディングブック」を作成する。参加者の多くは、40代から60代の女性たち。これからもっと輝いて、さらなるひと花を咲かせようとしている。

高齢者と思いたくないシニアマーケット

女性にもっとも売れている雑誌をご存じだろうか。年間定期購読雑誌「ハルメク」だ。店頭販売はせずに、直接自宅に送る雑誌。書店では目に触れないため、男性はもちろん、女性も知らないことが多いが、実は日本で一番売れている女性雑誌だ。発行元の株式会社ハルメクは、雑誌事業、通販事

業、イベント事業などを展開し、年々売上を伸ばしている。

出版不況の中、実売部数32万部は、現在、女性誌実売部数でナンバーワンという実績を誇る。「50代からの女性誌」を編集方針に掲げ、読者の平均年齢は60代後半、9割は女性読者が占める（日本ABC協会発行社レポート2020年1月〜6月より）。

▽シニア女性の購買意欲に寄り添う雑誌「ハルメク」

2020年2月、弊社主催の女性トレンドセミナーでは、同社の生きかた上手研究所長の梅津順江氏をゲストにお招きして講演をお願いした。「ハルメク」についても語っていただいたので、その内容を一部ご紹介する。

「ハルメク」2021年1月号表紙

「ハルメク生きかた上手研究所」では、年間1000人以上のシニアにインタビューや取材を行ない、ワークショップなどを実施している。実際のシニア世代と触れ合うことで、幅広い情報を吸い上げ、誌面づくりや商品開発・広報制作に活かしているという。

そんな「ハルメク」を支えている読者には、「とても興味深い共通の特徴がある」と梅津氏。

「現在の50代〜70代女性は、自分を高齢者だと思っていません。自分たちに似合う〝中年向け〟の服がないと話したり、なぜ電車で席を譲られたのか首をかしげたり。まだ気持ちが若いのでしょう。終活についてのアンケートを取った際も、74・4％が終活すべきだと回答しましたが、実際に行動に移しているのはわずか38・9％でした。とにかく物事を先延ばしにする傾向にあり、今やるべきことを認識させるのが難しい状況」だと指摘する。

そんな若々しい内面を持つシニア世代だが、彼女たちをターゲットにした商品開発やサービスを展開していく際、どのようなポイントが重要になってくるのだろうか。

「気持ちは若いけれど、体がついていかない。このギャップを埋める消費に、今、私たちは注目しています」と梅津氏は力説する。

まず着目したのは、若さから老いへとゆったり移行していく端境期の悩みを、「今ゴト化」することだった。その対策として、世代の悩みに対応した商品を、おしゃれな呼び名にした。たとえば、白髪染めは「プラチナグレイカラー」（白髪を美しく見せ艶を出す商品）に、補聴器は「首かけ集音器」と名称を工夫して販売し、大きな反響を得た。

特にシニア世代に大きな影響を与えているのは、次の5つの不安要素だ。

不安1 「お金」「健康」

シニア世代に限らず、すべての世代において常に不安がつきまとうテーマになる。いくら備えても安心できず、状況を改善しようとより多くの情報を求め、対策を練ろうと躍起になる。

不安2「社会」「制度」

シニア世代は「私たちは騙される」世代という自覚がある。「オレオレ詐欺」などが蔓延する世の中、社会を信じられなくなっているのだ。

不安3「災害」「感染」

「私たちは災害・感染弱者」という意識を持っている。

不安4「人間・親子関係」

親と子の距離感に悩む方が多いことがわかった。

不安5「ひとり」

配偶者の旅立ちによる「ぼっち」不安や、孤独死に対する「孤立不安」を指している。

このような5つの不安に煽られて、世の中は不信に溢れていると解釈するシニア世代が多くいる。そんななか、「ハルメク」が読者を惹きつけるために実施しているのが、読者からの信頼を得ることだ。アンケートでは、「ハルメク商品の品質に信頼がある」と回答した読者は、半数以上の54・2%にものぼる。不安だらけの世の中で、信じられるハルメク商品。

その期待に、最大限の品質で応えようとする努力を欠かさないと、梅津氏は語っていた。

新型コロナウイルス感染拡大後は、シニアのモニター会員「ハルトモ」メンバーたちとのオンライン会議も積極的に進めている。

　スマホ、パソコンなどのデジタルを利用するサポートも手厚く行なっていると言う。


　シニア女性は、雑誌世代だ。雑誌の廃刊が続くなかで、シニア女性向けの雑誌だけは元気がいい。紙に親しんできた世代であることもあるが、スマホではサイズが小さいため、いくらＬＩＮＥができるようになっても目が疲れてしまうのも大きい。特にファッション雑誌は、モデルの全身を見る楽しみがあるため、スマホやパソコンで見るのは楽しくない。

「赤文字雑誌」という言葉をご存じだろうか。

「CanCam」「Ray」「ViVi」「JJ」「PINKY」の５誌だ。すでに廃刊している雑誌もあるが、女子大生や20代のＯＬを対象にした雑誌で、創刊時・全盛期の頃の世代は現在、50代前後になる。さらにその上には、「an・an」「ノンノ」という雑誌が一斉を風靡し、「アンノン族」と呼ばれた世代がいる。創刊号を手にした女性たちはすでに70代になる。

　この50代～70代の女性たちに向けて、ここ５、６年、女性雑誌創刊ラッシュが続いている。雑誌不況、廃刊ラッシュと言われるなか、逆行しているのがこの世代のマーケットだ。ミドルからシニア世代の女性に向けては、雑誌風に見せた冊子、新聞広告、チラシなどがまだまだ響くのだ。

　注文には電話とＦＡＸも欠かせない。もちろん、オンラインにも興味関心は高いが、気持ちは若くとも目の疲れや視力は衰えがち。複数のメディアを駆使したアプローチが必要なのもまたこの世代の特徴だ。

第8章

女性特有の「ブルー消費」は空白ゾーン

女性たちの抱える「ブルー消費」という空白

私たちの生活は、間違いなく進歩し続け、どんどん便利になり、機能も高度になり、テクノロジーによってさまざまなことが解決されていく。

テクノロジーとは、「科学を活かして、人々の生活をより快適かつ役に立たせる技術」という意味があるという。しかし、周囲を見ると心を病む人は増えていると感じる。

コロナ禍の自粛期間中に、人気プロレスラー、俳優、女優と自殺報道が続いた。どんな理由があったとしても大きな衝撃を与えたのは間違いない。２０２０年は、女性と子どもの自殺者が顕著となった。小学生から高校生までは倍増している。

警視庁の発表によると、２０２０年10月の女性の自殺者数は、前年の82・6％増。これはコロナ禍がなければ考えられないこと。この数値は、日本社会において女性の置かれている環境がいかに弱いかを教える。心身共に女性たちの現実と向き合う時が来ている。

女性は、男性よりも人生が長く、ライフイベントも多く、心身の変化は激しい。
女性の心身の変化は、おおむね7年ごとだと東洋医学では言われている。

7年ごとに女性ホルモンの減少に伴った体の変化が起こる。さらにライフイベントによってもさまざまな不安や憂鬱が起こる。うつ状態、つまりブルーな気分になりやすい。

近年、女性たちが活躍する社会となり、フルタイム勤務、孤立した子育て、単身世帯の増加、長寿など、あらゆる外的な環境変化が加わって、女性たちの心身は危険状態にあると見ている。それが、これからの消費社会に影響することは明らかだろう。男女間、夫婦間、親子間に大きなストレスを起こしていく。いや、すでに起きている。

たとえば、もっとも女性たちが長い期間、経験する生理。

もしあなたが男性なら、少し想像してほしい。自分の意志に関係なく、毎月、体から出血し続けた状態で職場に行くのだ。

出血量は個人差も大きいため、個人で解決しようとする。生理用品、下着、貧血の薬やサプリ、痛み止めなどを飲んで仕事に行く。痛み止めとは解熱剤だ。熱がないのに解熱剤を飲む。すると体は冷えて血流も悪くなる。夏場のクーラー、冬場のアスファルト、そこにスカートなどがどれほど響くか。集団環境ではわがままも言えない。個人で解決しようと苦しんでいる。唯一の救いは、類似状態にある女性たちのツイッターやコミュニティのなかだ。生理のことをブルーデイと呼ぶのはこうした憂うつな状態を持つ人が多いことからきている。

生理に限らず、女性たちのブルー気分は、今までどこかタブー視されてきた。それは女性同士でも同じだ。しかし、女性たちの活躍と同時に、こうしたブルー気分の現状は、これからどんどん表面化し、新たな消費が次々と生まれてくるだろう。

テレビニュースでユニ・チャームが「みんなの生理研修」という企業向けの研修プログラムを行なっていたことを知った（参加企業募集は２０２０年12月25日まで）。まさにこうした活動が動き出したことが、これからの10年に向かっている。

女性特有の身体の研究は置き去りにされてきた

第5章「ジェンダー理解」の中で書いたように、脳神経科学の書籍では、「女性の脳は、生理などがあって不安定なため男性の脳で研究が進められてきた。女性の脳の研究は遅れている」と書かれている。つまり、「女性の脳とは不安定である」ということを認めているとも言えるし、脳の研究は男性に偏った研究だったとも言える。

驚きの事実に出会った。

それは、「脳」の所有者である「女性の身体」の研究そのものが、医学的、薬学的に遅れていたという話だった。耳も目も疑うような本当の話だった。

理由は、１９７７年にアメリカで妊娠の可能性のある女性を薬の研究に参加させないよう通達されたことがきっかけだった。以後、女性は医学・薬学の研究から除外されてきた。そのため男性のデータをそのまま女性に当てはめた診断・診療が行なわれてきたというのだ。

しかし「病気には性差がある」という動きが起こり、日本では、２００１年に初めて女性外来が立ち上がった。性差医療という分野そのものがまだ歴史が浅いのだ。

男女は平等だと叫ぶ一方で、男女の身体は異なるという動きがはじまっている。

▽女性の健康に関わる分野の遅れ

性差医療とビジネス社会は、もっと近づく必要があると思う。

女性ライフクリニックの対馬ルリ子先生とお話をする機会があった。たとえば、会社の人間ドックのメニューは男性中心に用意されているという。もともと働き手の主役は男性という考えが根強く残っているためで、女性が働く社会を想定した内容ではないという。

「メタボ検診以外に女性は女性検診が必要です。というと子宮がん、乳がん検診と思われる傾向があるけど、これを『ビキニ検診』と言います。女性に多い病気は他にも多く、バセドウ病、橋本病、関節リウマチ、膠原病、骨粗しょう症、子宮内膜症、卵巣のう腫など、女性ホルモンに関係する不調や男性にはない臓器の病気などがあります。子宮頸がんで亡くなる人も増えています。40代からは、閉経に向けて個々にさまざまな不調が現われる時。働いている女性や会社は、もっと女性の身体のことを学んでほしい。女性が健康でなければ、家庭や子どもたちにとって大変。女性の健康管理を考える時に大切なのは、ライフコースアプローチという視点です」と言われた。

クリニックでお話を伺っている時に、急患で、突然めまいに襲われたという50代ぐらいの女性が夫に連れ添われて来ていた。彼女は点滴をしながら、「明日の子どもたちのお弁当の準備が」と口にしていた。頑張りすぎて病院に行っていない女性は多く、ある日突然駆け込む人が多いという。

私自身は、20代で卵巣のう腫がわかり、左側を全摘出、右を2／3切除し、40代でその残りを摘出した経験がある。この切除によって段階を踏まずに一気に突然の更年期症状に見舞われ（対馬先生にはすぐに指摘された）、3年間は意欲減退とめまいに悩まされ続けた。女性の経営者や管理職が増えているなか、こうした症状が、どれほど事業や仕事に影響を及ぼすかも身を持って体験してきた。

この頃、体調不良が怖くて購入したサプリメントやドリンク、栄養食品、診察費用、薬代、体調管理のために足腰を温める靴下や湯たんぽ、下着や衣服といったアイテムは数え切れない。3年間は不調を脱出できなかったので、購入総額は数百万円にのぼるだろう。

ブルーは、年齢ライフステージ×ライフイベントの数だけある

女性たちの「ブルー消費」は数えればきりがない。もし技術のある読者なら、自社の強みを活かし

て女性たちのブルー消費に応えてほしい。それは長いおつき合いのはじまりになるはずだ。ブルー気分は周期的で終わらない。次に列挙するのは、あくまで例だ。

月経前症候群（ＰＭＳ）などの生理不調ブルー、生理期間中のブルー、就活ブルー、婚活ブルー、マリッジブルー、妊活ブルー、不妊ブルー、マタニティブルー、産後ブルー、子育てブルー、教育ブルー、閉経ブルー、親問題ブルー、介護ブルー、老化ブルー…etc.

女性たちの「ブルー心理」に必要なのは、**肯定感や傾聴**だろう。女性は、人と人のつながりに生きている。テクノロジーの進化と傾聴を並走させていくことを忘れないでほしい。右脳と左脳の両脳があることは、現実と心の安定を同時に行なうことにある。

それは電話カウンセラーなのか、コンシェルジュなのか、ウェブ担当者なのか、チャットなのか。「女性同士が悩みの共有で横につながる」自発的な機能に、脱線しないように専門家が適度な位置で存在するサービスがあることが望ましい。デジタルに偏ることは、女性たちのバランスを気づかないうちに壊している。

ここからあとは実際の女性たちの「ブルー」に関するデータを掲載していく。

妊活ブルー、不妊治療ブルー

日本の不妊治療実施数は、世界一かつ成功率は最下位であることをご存じだろうか。今も真剣に治療に取り組んでいる方にとっては歯がゆいばかりの現実だろう。

菅政権は、2022年4月から不妊治療に公的医療保険を適用する方針を固めた。これ自体は、やっとかという思いだが、課題は山積みだ。

女性がフルタイムで働く社会。現実と乖離している。

もちろん保険適応は助かる。しかし、そもそも仕事の最前線にいて、どうやってクリニックに定期的に通うのか。

未婚の女性、男性の方々にも考えてみてほしい。会社は平日の朝から夕方。専門クリニックの多くは、会社と同じ時間に開いている。さらに専門クリニックは、家の近くにあるわけではない。遠くに通うことになる人も多い。

ネットで「妊活」「不妊治療」と検索してみると、女性たちがどれほど悩み、苦しんでいるかがわかる。そしてなぜか、妊娠は夫婦の活動だが、圧倒的に女性側の悩みになっている。国は、保険適用がテーマだが、当の女性たちの現実には、**退職、職場転換、勤務形態の変更などが起こっている。**男

不妊治療と仕事の両立が困難な人の半数が「退職」を選択

Q. 不妊治療により働き方をどのように変えましたか？（複数回答、回答数：2,232人）

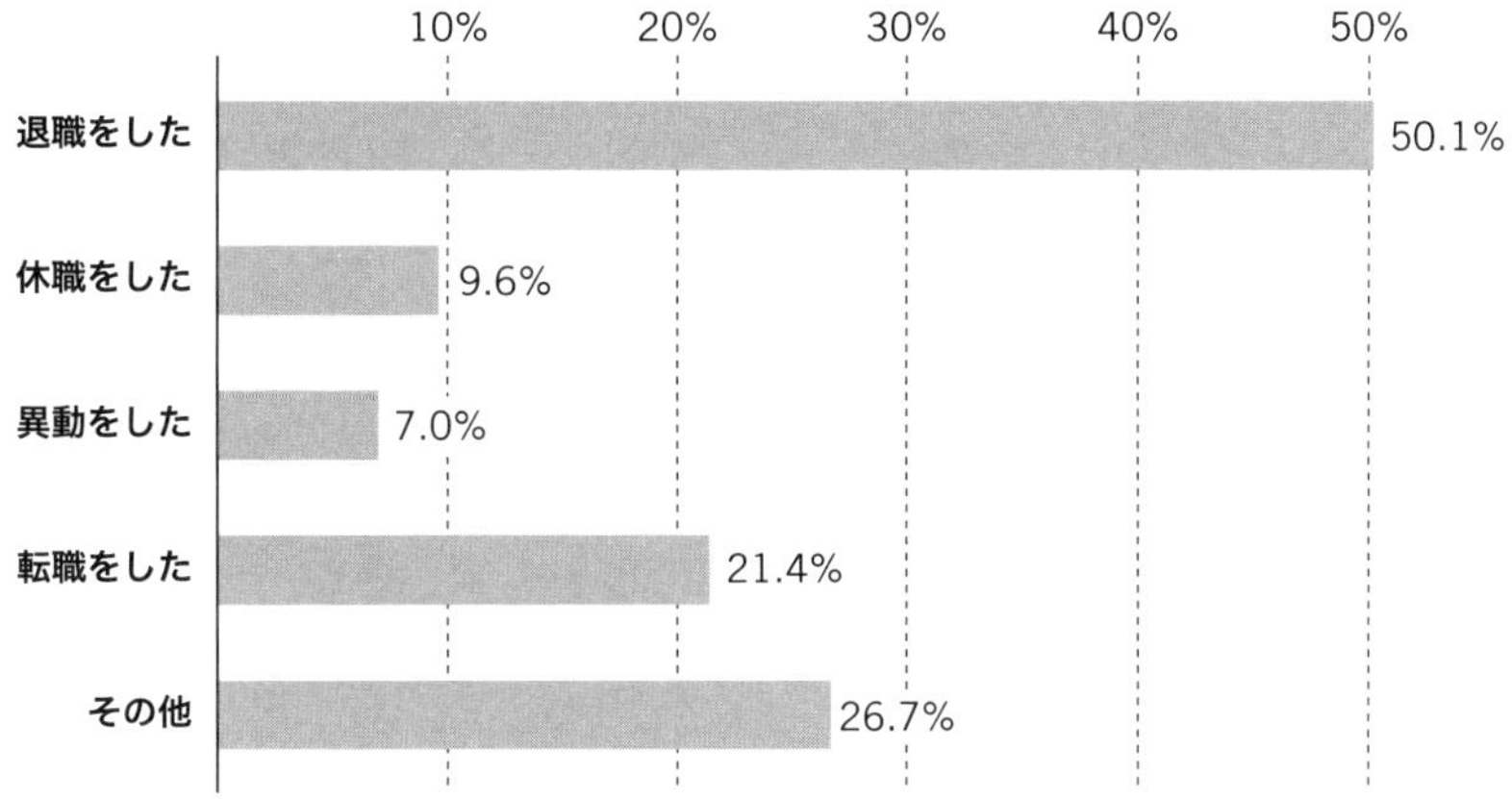

※「その他」は雇用形態の変更、勤務時間や仕事の削減など

出所：NPO 法人 Fine「仕事と不妊治療の両立に関するアンケート Part2」

性には起きていない。

日本では、5・5組に一組の夫婦が何らかの不妊治療を受けていると言われる。

不妊治療は、金銭はもとより、精神的、肉体的にも負荷がかかる。終わりがわからないからもっとつらい。

以前、弊社で不妊に関する女性漢方のセミナーの開催をお手伝いした。

土曜日の昼間。セミナー会場は１００名の満席。でも夫婦で来ていたのはなんと、たったの一組だった。参加した女性たちの空気は必死だった。睡眠は？　食事は？　運動は？　性交のタイミングは？　体外受精や凍結まで、多くの情報を女性たちが真剣にメモを取っていた。

コロナ禍で、この先生の漢方商品は、とんでもない数が売れ続けているという。

出生率は過去最低を更新し続けている今、それでも子どもがほしいという女性たちの願いを社会全体で受け止める時が来ている。そのニーズは最高潮に達している。

マタニティブルー、産後ブルー

ちょうど1年前の2020年1月、環境大臣の小泉進次郎氏が2週間の育児休業を発表した。育児休業2週間という期間に対して、マスコミは、要職にある人間が取る期間として長いとか短いとかの議論をしていた。正直、マスコミの無知に情けなくなった。

2週間という期間にはちゃんと意味がある。出産後の女性が自殺する産後うつがピークの時だ。さらに妻の滝川クリステルさんは42歳という高齢出産だった。35歳からが高齢出産と言われている。不安は大きかったはずだ。また、産後は気持ちも不安定になりやすい。

進次郎氏はインタビューで、「産後、ホルモンバランスが崩れてうつになる人が10%いると知って驚いた」と発言している。少子化対策、女性活躍という国で、大臣も自分の妻が妊娠するまでそうした現実を知らない。たぶん当事者になるまで多くの人は知らないのだろう。

産後の女性の死因の第1位は、自殺だ。

うつ病の可能性のある妊産婦の割合

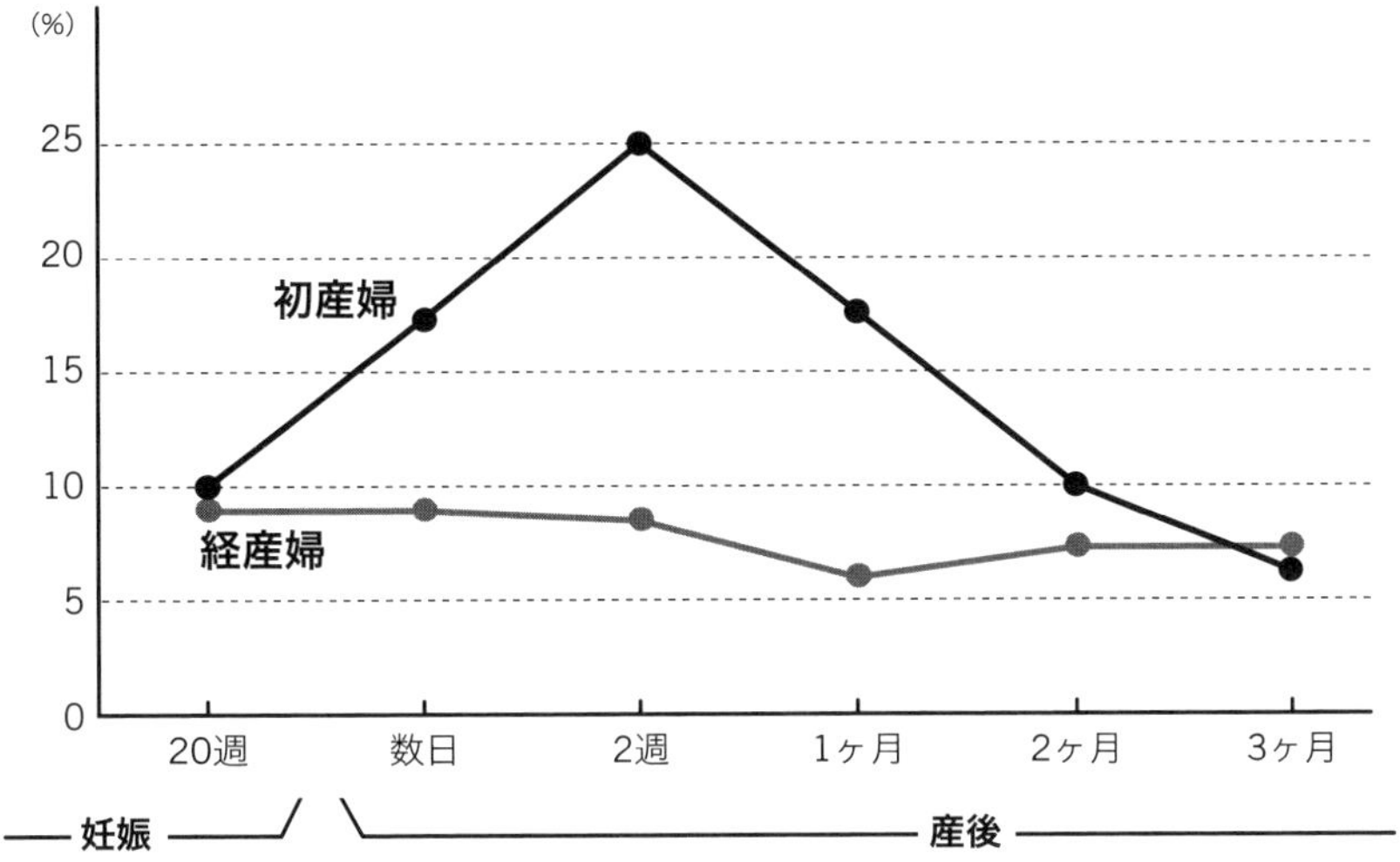

出所：厚生労働省研究班の調査をもとに作成

有名女優が、生後間もない子どもを残して自殺をしたニュースに、産後うつではないかという噂が女性たちの間で広がった。

２０１５年から２０１６年の2年間で、１０２人の女性が妊娠中から産後にかけて自殺（国立成育医療研究センター調査）。うち92人が出産後の自殺で、35歳以上や初産の女性の割合が高かった。

その時期こそ、小泉進次郎氏の取った育休２週間なのだ。

また、産後2〜3年の間に夫への愛情が冷め、夫婦仲が悪化するという「産後クライシス」という現象が増える。

産後うつや産後クライシスといった女性特有の心の問題についての研究も近年のこと。

コロナ禍で、産後うつは以前の倍に増加したという報告を、筑波大学の松島みどり准教授と助産師が、子育て関連アプリを通じて発表した。

4人にひとりがうつ傾向を示し、そのうち2／3には自覚がないということもわかった。この問題は緊急で取り組むべき社会問題だろう。

▽新型コロナ禍で注目された女性首相。子育てはみんなで。

新型コロナ対策で、注目された世界の女性リーダーたち。その根本は、**命ファーストから考え、行動する姿**だった。**子どもや妊婦、高齢者、家族のことを思うメッセージ**を国民に丁寧に発信し続けていた。マスクを否定する男性リーダーたちとは対象的だった。

ニュージーランドのアーダーン首相は、その後、再選を果たした。

彼女は、首相在任中にも6週間の育児休暇を取っている。期間中はピータース副首相が首相を代行した。また男性の育休ではフィンランドのリッポネン元首相、イギリスのブレア元首相、キャメロン元首相なども経験者だ。第一子、二子、三子、四子と続けての取得も珍しくない。

ここで、小泉進次郎氏の育児休暇のニュースを取り上げた海外メディアのタイトルと記事を掲載する。世界から日本がどう見られているのかがよくわかる。

・「これは一大事だ」

アメリカ／ニューヨーク・タイムズ「日本の政治家が父親として育児休暇を取得する。これは一大事だ」

・**「労働圧力への挑戦だ」**

イギリス／ＢＢＣ「日本の大臣が父親として育休を取ることは、労働圧力への挑戦だ」

・**「長時間労働を賞賛する社会」**

イギリス／ガーディアン紙「小泉氏は、父親として育休を取る初めての日本の大臣だ」

「出産をしたのは妻であって、夫は何もすることがないから育休など必要ないのでは？」と、まことしやかに言う企業文化は根強い。ここは、「育児休暇」ではなく、「産後ケアと育児シェア期」と名前を変えたほうがいい。「休暇」とするから勘違いするのだ。

育児ブルー

「おもてなしの国ニッポン」として観光業を柱にしている日本だが、「子ども連れに優しくない国」という残念な評価があることをご存じだろうか。日本を訪れた海外の人たちの間で「日本の国の不思議」としてネットで広がっている。たとえば、子どもが電車の中などで泣き出すと、「早く静かにさせろよ」という視線を母親に向ける。ベビーカーで電車に乗ったら、「勘弁してくれ」「邪魔だ」という表情や舌打ちをされることまである。

ちなみに赤ちゃんの体重は半年で８キロを超えてくる。

ベビーカーは重いほうが安全面で好まれるが、ママがひとりで階段や電車の中でベビーカーをたたみ、子どもを抱き、荷物を抱えるにはたいへんな力がいる。さらに上の子どももいたら目も離せない。

この話を弊社社内の若手スタッフが、ママ社員に尋ねた。

若手社員：「電車で冷たい扱いとか舌打ちされるとか本当にあるんですか？」

ママ社員：「何度もあるよ。すごくつらい。子どもを抱いて電車に乗るとすごく肩身が狭いんだよね」

左の写真は、弊社社員間のＬＩＮＥ連絡網。

１週間に一度ならず二度程度は、「保育園から子どもが熱を出したと呼び出しがありました。今日は、ここで切り上げます」という連絡がある。

他社に行っても、女性社員がエレベーターホールなどで、あきらかに夫と「どっちが子どもを迎えに行くか」で押し問答をしている様子を見ることがある。そして多くの場合は、妻側が迎えに行く。弊社は、女性社員中心の会社だ。妻側を雇用している会社もあることを忘れないでいただきたい。

ある社員が、「夫ももっと子育てをしたいと会社に掛け合ったら、『昇進を諦めるのか』と言われたらしいです。でも30代の男性は、共に子育てをしたいという人がとても増えています。会社の姿勢に

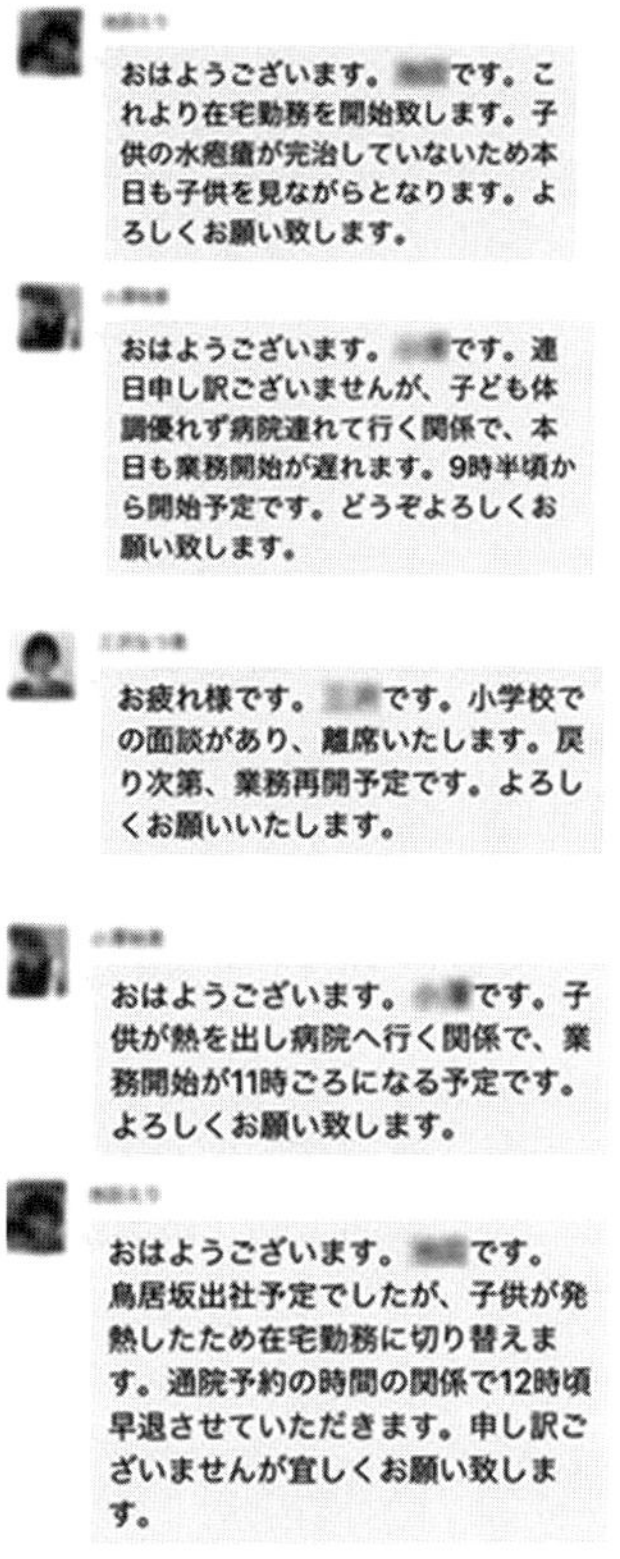

社員からのLINE連絡の例

夫も納得できないと言っています」。

日本では、子育ては大人全員の責務になっている。この上司のセリフが本当ならパワハラになる。そして、それがパワハラだと気づいていない上司は大きな問題だし、それをパワハラと返せる夫たちを増やさなければ国は変わらない。

子育てをしなかったことで将来、家庭内に問題が起きたとしても、会社は絶対に責任は取ってくれない。人生にとって大切なのは会社か家族か。家族が幸せであることを心から応援する会社を増やさなければならない。

▽パパたちが声を上げるブルー革命

男性の育児休業取得率が低いというニュースは、もう誰もが知っていることだろう。

この数値の現実は、若い男女、パパも苦しめている。理解しない経営陣、組織がある。さらには、子育てを支える本気の文化を持たない国がある。昔は妻の多くは専業主婦だったため、子育てを任せきりにできる存在（妻）がいた。

しかし、時代は変わった。パパたちも育児をしたいと思っている。未来の救世主になる若い男性や夫たちを応援しない社風、文化がまだまだ日本には根強い。人材サービスのネクストレベルが２０２０年11月22日の「いい夫婦の日」にちなみ、30歳以下の未婚の男女３１４人を対象にした「令和時代の結婚願望」を調査した結果、20代独身男性の30％が「専業主夫でもＯＫ」と回答している。時代は変わった。

若い男性ほど家事・育児を大事にする価値観を持っている。

今後、日本は急速に**「共家事・共育児」**に向かっていく。

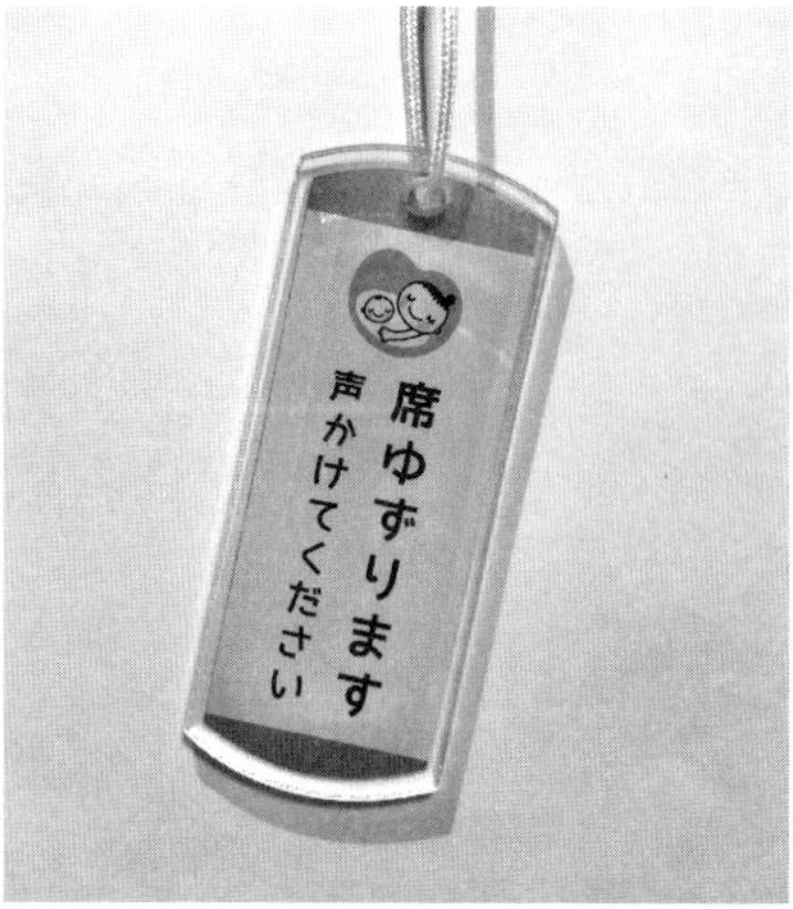

「席ゆずります」マークキーホルダー

日本の６歳未満の子どもを持つ夫婦の家事・育児参加時間は、世界各国と比較すると、女性が世界一長く、男性が世界一短い。唖然とするし、恥ずかしい。しかし、女性の社会進出率と男性の家事育児参加率は本来同じように伸びなければ、最後のしわ寄せがいくのは子どもたちだろう。

ネットで話題になっていたグッズがある。パパが考えた「席ゆずりますマーク」」。個人の男性が、妻の妊娠をきっかけに、自分にできることはと考えたこのグッズは、厚生労働省にも許可を取ったというからすばらしい行動力だ。一人ひとりのこうした動きが広がることが必ず変化につながるだろう（http://sekiwoyuzuru.starfree.jp/）。

男性の家事・育児参加は、新型コロナウイルス対策が理由という皮肉で急速に進んだ。リモートワークが増え、会議のための出勤や出張にはかなりの無駄があったことに気づいた。会社に行かなくても自宅で十分にできる仕事があることもわかってきた。

都市部から郊外や県外に引っ越しをする若い家族が増えている。公園、海辺など自然に近い環境で、父も一緒に子育てを楽しみたいという機運がきている。

これからの10年、男性たちが動き出す。心豊かな暮らし方を子どもたちに教えてくれる頼もしいパパが増えてくれる。

シングルマザーの生活困窮ブルー

結婚する数は減っているが、離婚する人は増えている。

シングルマザーの子どもの貧困化が大きな問題だ。

その理由のひとつに、子どもが2歳までの離婚が多いことがあげられる。**母親が若く、子どもが小さい状態で離婚をすると、仕事にうまく就けない。**夫も社会人として未熟な時期が多く、8割が養育

母子家庭・父子家庭の現状

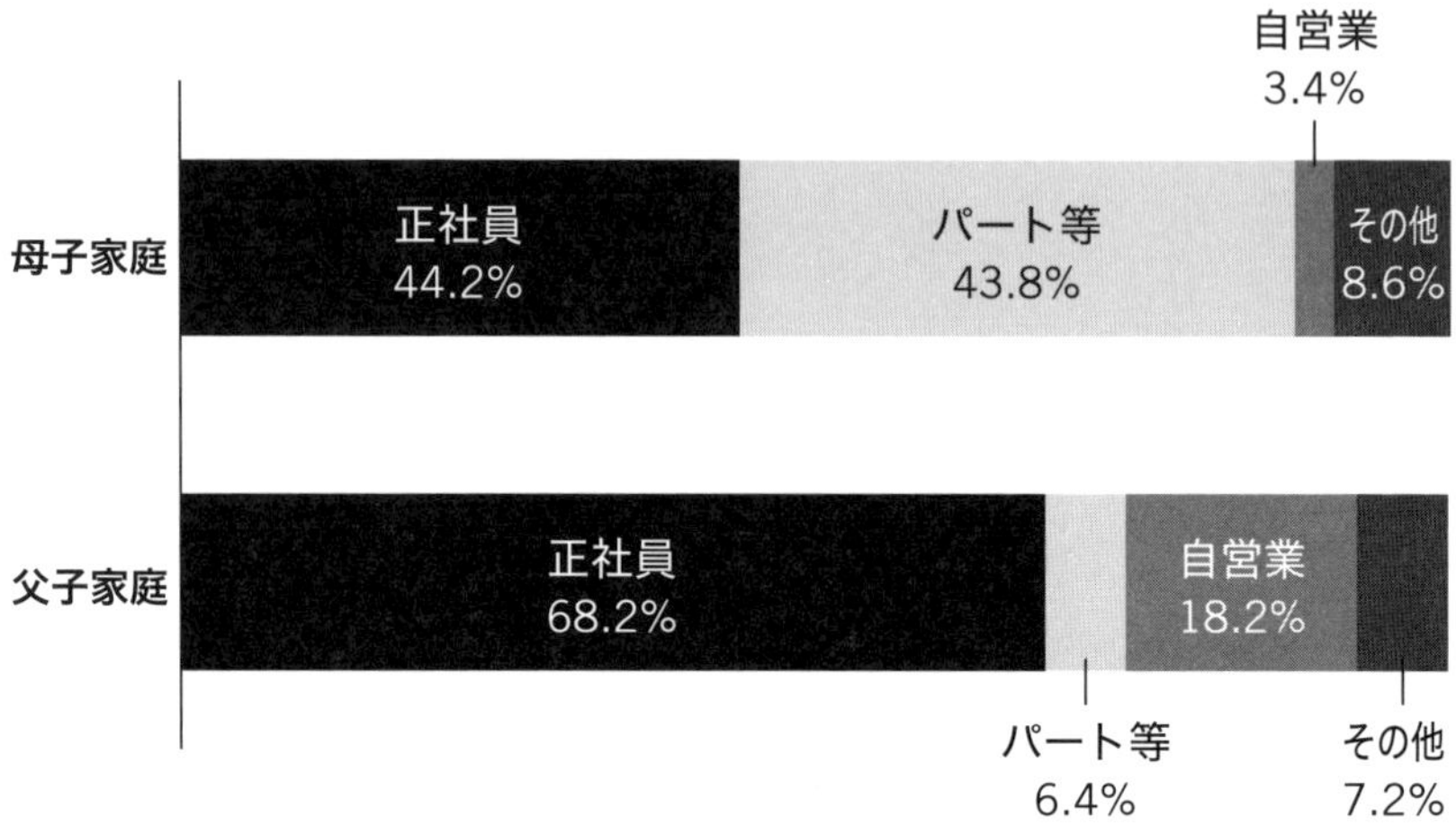

出所：厚生労働省「全国ひとり親世帯調査」（2016 年度）

費を「もらっていない」と言われている。残り２割のもらっている平均月額は４万３７０７円だ（２０１６年）。

さらに、シングルマザーの２割以上が「未婚（の母）」か「死別」の実態となり、養育費がない環境となる。

厚生労働省の「全国ひとり親世帯等調査」（２０１６年）によると、日本には約１４２万の「ひとり親世帯」がある。父子世帯の約18万７０００世帯に対して、母子世帯はその６倍以上、約１２３万２０００世帯に上る。ひとり親世帯の９割近くが母子世帯だ。

ＯＥＣＤ（経済協力開発機構）の調査によると、日本のひとり親世帯で親が就業している場合の相対的貧困率は54・６％と、先進国の中で突出している。経済大国の日本でありながら、なぜここまでひとり親の貧困率が高くなるのかおわかりだろうか。

子どもが小さいとフルタイムでの採用が極端に減るためだ。子育ては、お金と同じぐらい大変なのは養育だ。

子どもは小さい時には手がかかる。保育園への送り迎え、食事、病気など、さまざまな突発的な出来事が起こる。それをひとりで対応しなければならないのがシングルマザーだ。母子世帯のうち91・4％の母親が就業し、そのうち正規社員は44・2％。非正規社員は43・8％。

父子世帯の場合、父親の92・8％が就業している。この率だけは母子世帯の母親の就業率と大きな差はないが、勤務形態は大きく異なる。

父親は就業者のうち18・2％が自営業者、68・2％が正規の職員・従業員だ。女性の正規雇用の割合は圧倒的に低く、男性と女性で稼ぐ条件に大きな差があると言わざるを得ない。

母子世帯がひとり親世帯となった場合、その時点の末子の平均年齢は4・4歳。幼い子どもを抱えて、フルタイムでの勤務が難しいという現実が貧困を生んでいる。政府は2019年11月に、貧困家庭の子どもへの今後5年間の支援方針をまとめた「子どもの貧困対策に関する大綱」を閣議決定した。しかし、数値目標はなく、具体策に乏しい。

▽シングルマザー支援のビジネスが生まれている

シングルマザーは不動産を探しても保証人が見つかりにくい、非正規雇用などのために給与が不安定で入居できないということが少なくない。かといって一般の不動産サイトなどでは、シングルマザーに適した物件か否かが探しにくいという問題がある。シングルマザーのためのシェアハウスを運営しているのが、シングルマザー・ファーザーのもとで育つ子どもたちの幸せをサポートする会社、シングルズキッズ株式会社（代表・山中真奈さん）。

２０１５年の設立以来、**シングルマザーとシニアが同居する新しいタイプのシェアハウス事業**を世田谷区・用賀で展開。ひとり親の子どもたちが楽しく、温かい食事をとれる環境をつくりたい、そんな思いからはじまった事業。今は多くの大人たちが関わり、子どもたちの未来を支えている。

「子どもがハッピーになるためには、お母さんがハッピーでないと成立しない」。そんな思いでシングルマザー対象のシェアハウスを運営する。

この施設は、私たちが想像する「シェアハウス」とは少し違う。「シングルマザー下宿　MANAHOUSE 上用賀」は山中さんも、管理人シニアも暮らす「多世代型下宿」だ。男性も女性も日替わりで調理や手伝いに来てくれる。人の出入りも多く、地元とのつながりも強い。子どもの笑顔が増える。そして働くシングルマザーにとって「こんなところがあったらよいのに」が現実に叶えられたシェアハウスだ。

更年期、閉経ブルー

「育児」と「介護」の両方が重なることをダブルケア、そこに家族の看護や介護も重なるとトリプルケアと言う。初婚の年齢が上がり、40代で出産する女性が増えてくると、子どもに手がかかる時期と親の介護の時期が重なってくる。

寿命が長くなったことで、40代の自分、60代の親、80代の祖父母というトリプルケア状態になる人も増加している。

追い打ちをかけるのが閉経に向かうことによって、想定外の体調不良に見舞われる女性が多くなっていくことだ。個人差も大きい。女性の更年期は閉経に向かってホルモンバランスが崩れ、不安定や体調不良になる人が多い。男性の更年期もあるが、圧倒的に女性のほうが多い。育児、介護を抱え、更年期の不安定さが重なると本当につらい。

街のドラッグストアや薬局の役割はとても重要だ。訪問や宅配、巡回などのニーズも広がる。女性はコミュニケーションが重要と考えると、薬を買う場所、もらう場所というだけではなく、今後は、予防や未病について学べる、情報が得られる。話を聞いてもらえる、といった場になるといい。

「ドラッグストアに集い、学び、心が軽くなる」という環境がほしい。

病院は患者で溢れている。なかには話を聞いてもらうだけで楽になると通う患者もいる。病院に行く前に薬局を活用できて、地域の学びとコミュニティの機能が併設されるとうれしい。アメリカには心理カウンセラーに話をするという文化があるが、日本ではポピュラーではない。せめて身近な場所に、気軽に老若男女が集える、民間コミュニティの場などが増えるとシングルマザーも、シニアも、地域も、明るく楽しくなるだろう。

▽ブルー消費は、「寄り添いモデル」が第一歩

女性の身体の変化の前後と、渦中の「不安」をきちんとケアしていくビジネスモデルをつくり上げるのが女性視点マーケティング的だ。

私は、コロナ禍の自粛中に太ったため、ダイエットをはじめた。定期的にアドバイザーが「寄り添ってくれる」ことで成功した。リバウンドはまったくない。

方法は、週1回、リモートでアドバイザーと面談し、計測した数値を伝え、毎回、栄養に関するミニ講座を受けるという内容だ。アドバイザーは、遠く県外の方。リモートだからエリアも関係ない。指導に従った結果、過去に何度もフィットネスに通い、食事を減らしても落ちなかった体重がすぐに変化し、希望の体重を2ヶ月で達成した。

その後は、アドバイザーから学んだ栄養の知識がついたため、自分の身体の調子をコントロールできるようになり、リバウンドしていない。そこで得た知識を友人知人に語ると、次々と紹介してほし

いと言われ、なんと1ヶ月に16人も紹介して、担当のアドバイザーに驚きと感謝をされた。

自分の体験を通じて、**「お客様と寄り添う販売」**がいかに効果的かつクチコミに説得力を持つのかを自ら実感した。これが、ただ購入しただけでは、きっと続かずに効果も出せずに止めていただろう。

商品はずっとリピートしている。商品力が高かったこともあるかもしれないが、リモートで定期的な面談をしたことが一番大きかったと思っているし、紹介した友人知人たちも異口同音に「リモートで面談があったから続いた」と言う。画面の向こうに待ってくれている人がいるだけで頑張れる。そして、一緒に体験している仲間たちができたことで、さらに声をかけ合って体質改善を続けている。

「テック」のブルーケア開発に期待

女性たちの「ブルー」という、今まで見えにくかった世界をお伝えした。

女性サイドの深刻な課題は、女性個人のなかだけで片づけようとすることに大きな無理と影響が出はじめている。世界中で、女性の活躍がクローズアップされるなか、見えなかった世界が見えてくるようになった。テクノロジーの進化をこうした女性のブルー分野と掛け合わせていく動きが、今後は一斉に活発化していくだろう。

女性に関わる大きなくくりとしては、次の3つの言葉をよく聞くようになった。

①ビューティテック（BeautyTech）：美容×テクノロジー

ビューティテックとは、テクノロジーが生み出す新たな美容製品・サービスのことだ。最近の動きとしては、ＡＲ（仮想現実）技術を使って消費者がファンデーションやリップを仮想で試すことができる、ＡＩ（人工知能）技術を使って自分の好みや肌状態に合ったパーソナルな製品を紹介してくれる、などのサービスになる。

日本最大の美容・コスメ総合サイト「＠コスメ」を展開するアイスタイルは、ユーザーのビューティ度とテック度を数値化し、ＢＴ度という指標をつくって発表している。それによるとＢＴが高い人は、全体の７％。ＢＴ度が高くなればなるほどクチコミが購入決定に影響を及ぼしている。

②フェムテック（FemTech）：女性×テクノロジー

フェムテックとは、女性の健康に関わる課題をテクノロジーを通じて解決しようとするサービスやプロダクトのこと。female（女性）とtechnology（テクノロジー）を掛け合わせている。フェムテックの領域は広いが、主要カテゴリーは「妊娠／不妊」「月経」「産後ケア」「更年期」「婦人科系疾患」「セクシャルウエルネス」などがあげられる。

たとえば、「妊娠／不妊」の分野で言えば、オンラインでの不妊治療相談サービスや、自宅でできる妊孕（にんよう：妊娠し出産できる力）の検査キットなどがある。国内では、妊活コンシェルジュ

Beauty系アプリの浸透度(全体:複数回答)

	認知	興味	体験	利用
ルナルナ	74%	17%	44%	28%
LIPS	47%	18%	26%	15%
ワタシプラス カラーシミュレーション	44%	14%	14%	5%
FiNC	20%	6%	12%	6%
肌パシャ	19%	7%	9%	3%
MakeupPlus	18%	5%	8%	3%
noin	15%	4%	8%	4%
YouCamメイク	13%	3%	8%	2%
DHCメークパレット	7%	1%	1%	0%
PriNail	7%	2%	1%	0%
通販サイトの ARメイクシミュレーション	7%	1%	2%	1%
LOOKS	6%	2%	2%	1%
smile connect	4%	1%	2%	1%
ポーテ	3%	1%	0%	0%
SimFront	3%	1%	1%	0%
Optune	2%	1%	0%	0%
Perfect365	2%	0%	0%	0%
MEZON	1%	0%	0%	0%
mira	1%	0%	0%	0%
あてはまるものはない	11%	15%	22%	39%

アイスタイル発表(@cosme メンバーにおける BeautyTech 度調査 2019 より)

サービスも生まれはじめ、企業の福利厚生としても導入されている。「月経」の分野では、「ルナルナ」のような月経管理アプリの認知度が高い。

③ベビーテック（BabyTech）：ベビー×テクノロジー

ベビーテックとは、Baby（赤ちゃん）とテクノロジーを組み合わせた造語。妊娠から未就学の子どもまでを対象とする育児、保育に携わるすべての人を支えるＩＴサービスと製品の総称だ。

日本国内は少子化傾向が続いているが、国内ベビー用品・関連サービスの市場規模は続伸している。２０１７年では前年比約６・７％増の４兆19億円（矢野経済研究所）と推計される。子育ての人的リソースが減少している背景が大きい。

それは親だけではなく、保育現場も同じだ。特にコロナ禍で保育者の負担は増えた。保護者との連絡、労務管理などをＩＴ技術での解決が求められる。

ベビーテックの領域は、「授乳・食事」「学び・遊び」「安全対策」「妊娠管理」「子どもの健康管理」「保育環境システム」などがある。

女性たちのブルー消費とその関連分野は、やっと入口に来たばかりだ。

これまでタブー視されてきた女性が抱えていた課題や問題が可視化され、女性自身が声をあげやすくなった社会ということも影響している。これまで、口に出しにくい、言っても理解されないと、悩みを「仕方がない」と諦めてしまっていた女性たちのブルー領域。

テクノロジーによって身体的なデータを手軽に記録することが可能になった。それらをビッグデータとして蓄積研究すれば、今まで解明できなかった男女それぞれの性差医療課題解決へとつなげることもできるだろう。

女性のすべてが歩んでいく「ブルー」ロード。巨大どころではない可能性を秘めている。

第9章

女性たちが見ている10年後の消費社会

企業との10年ギャップを埋める視点

女性たちは、10年先を生きていると言ってきた。周囲が「サステナブルだ」「ＳＤＧｓだ」と言い出すずっと前から暮らしのなかで行動していた。次のページの図は、女性消費者と企業に聞いた取り組みに対する意識のギャップだ。

女性消費者は「ＳＤＧｓ」という言葉の認知度は56・３％と低いが、サステナブルを意識した行動に関心を示した人は、全世代で約８～９割に達している。

対して企業側は、「ＳＤＧｓ」の認知度は96・９％に達するが、実際に取り組みをしているかという問いには、56・３％となっている。１００人以上の企業では67・０％となった。

女性たちの意識の高まりに対して、企業側の取り組みが遅れていることがわかる。

「ＳＤＧｓは儲からない」「本気で取り組んでいる企業は少ない」「表向き仕方ない」といった声が企業調査で見受けられた。個人ができることと同じように、生活者目線に近い取り組みからでも従業員、顧客に発信する姿勢が大事だろう。

女性たちは、「サステナブルな活動をしている企業の商品、サービスを買いたい」と85・４％の数

あなたはSDGsという言葉を聞いたことがありますか？

女性消費者の回答

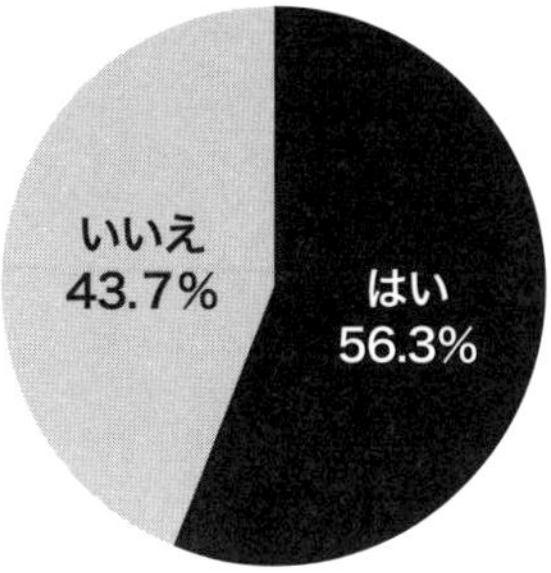

SDGsという言葉の認知度は、全体で56.3%。20代では69.2%、30代では59.1%、40代では53.8%と年齢が上がるほどに下がっていくが、70代以上でも半数の人はSDGsという言葉を耳にしたことがあると回答している。

Q あなたは環境に配慮した材質を使用する、資源のムダを削減するなど、サステナブルを意識した取り組みや活動に興味がありますか？

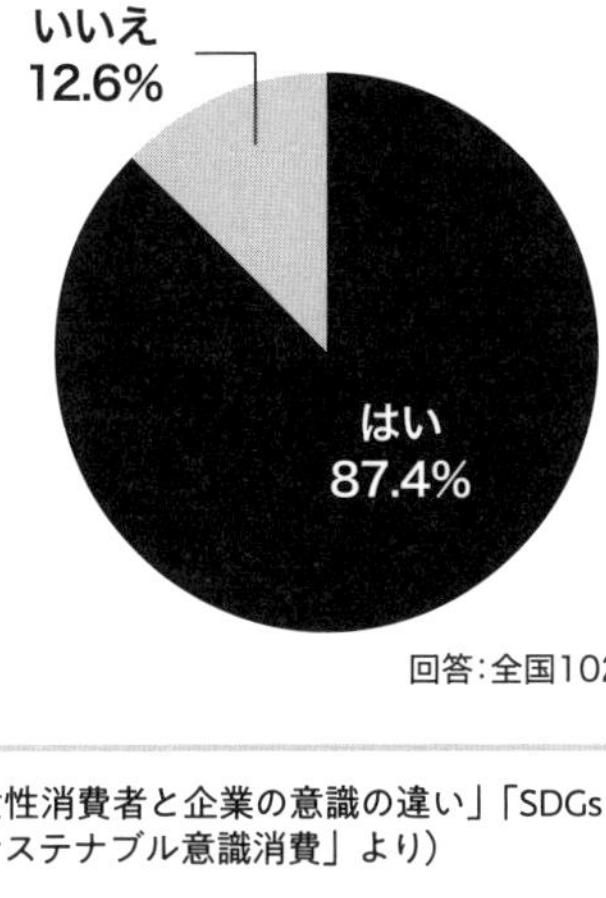

回答：全国102人

企業の回答

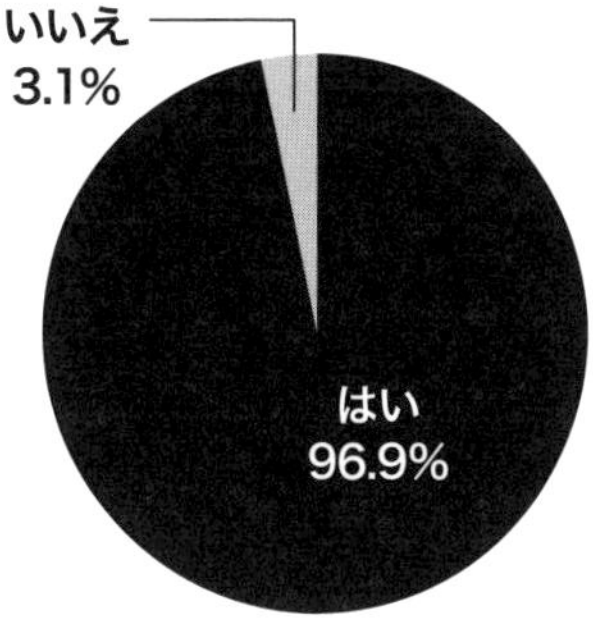

SDGs、サステナブルという言葉を聞いたことがあるという回答は96.9%。一般消費者に比べ、企業内ではSDGs、サステナブルという言葉や意識が浸透してきていることがわかる。

Q 環境に配慮した材質を使用する、資源のムダを削減するなど、企業として、または社内で SDGs に関する取り組みやサステナブルな活動をされていますか？

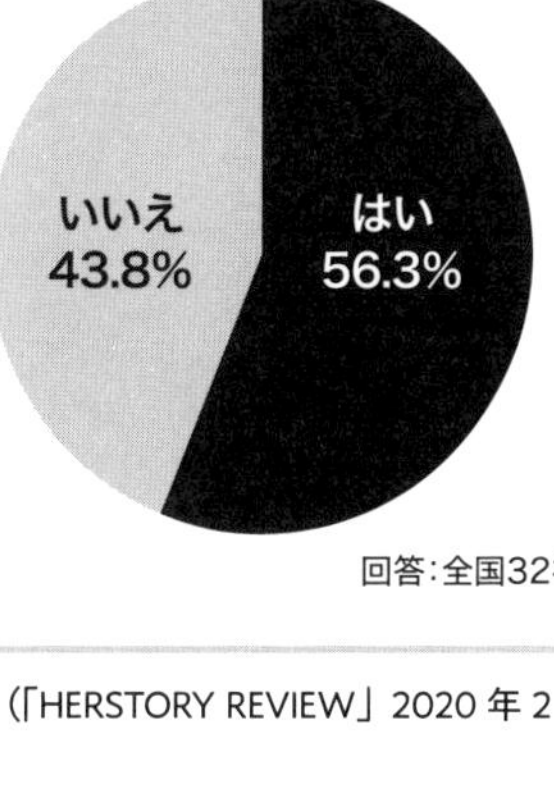

回答：全国32社

「女性消費者と企業の意識の違い」「SDGs に関する意識調査」（「HERSTORY REVIEW」2020 年 2 月号「サステナブル意識消費」より）

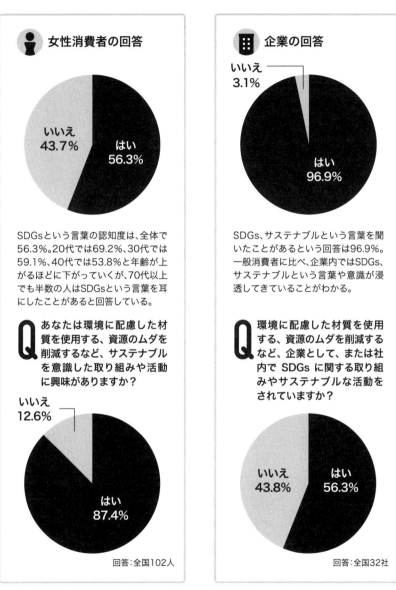

値で答えている。消費の８割を握る彼女たちがそっぽを向くのか、選ばれる企業になるかどうか、大きな分岐に来ていることがわかる。

儲からない道はどっちなのか、すでに答えが出ている。２０２０年はいよいよ女性たちが何となく感じてきた10年の暮らしに決断の時をくれた。もう迷わない。分岐点を越えて歩みはじめた。

10年後の消費リーダーはミレニアル世代

私たちが10年後を考えるうえでもうひとつ大切なことがある。「誰が主役で歩む時代なのか」を考えることだ。

紛れもなく、今の20代〜30代だろう。この世代は、２０００年を超えて成人を迎えた世代のため、ミレニアル世代と呼ばれる。

ミレニアル世代の価値観は、ミレニアル以前に成人を迎えた世代とはまったく違う。このことをミレニアル以前に成人を迎えた世代はしっかりと認識しなければならない。

４年前、弊社主催の「女性トレンドセミナー２０１７」で、私はソフトバンクのＣＭコピーを紹介した。女優の広瀬すずさん演じる女子高校生とジャスティン・ビーバーが登場する「宣言編」。

「どうやら世界が大きく変わりはじめている。私たち学生は、当たり前のようにスマホと生きている。デジタルグローバルとか、最初からやや普通」

「私たちは、大人の後輩なんかじゃない」

「私たちはスマホと大人になっていく、多分初めての人類だ」

こう宣言する。とてもわかりやすいコピーだと驚嘆した。

この高校生たちもすでに大人になっている。

ネットで傷つけ合う怖さ、自殺に追いやるほどの危うさを痛いほど知ってきた。本当に大切にすべきは何かを考える。昭和時代のアナログ商品やデザインに関心が高い。社会課題解決への取り組みに強い思いを持ち、共感者をSNSで集め、渦にすることも得意だ。

▽ミレニアルのY世代、Z世代の違い

友人とその高校生の娘さんと一緒に食事をした時、娘さんが、「皆さんは1000年代生まれですよね?」と聞いてきてびっくりしたことがあった。千年の単位での世代違いの線引きを初めて意識した。

ミレニアルとは英語で「千年紀の」という意味。アメリカのシンクタンクでは、1981年〜1996年生まれと定義している。この世代は、2025年に40代に突入する。

アメリカでは1960年初頭から1980年に生まれた世代を「X世代」と呼ぶ流れから、ミレニアル世代を「Y世代」と呼んでいる。「Z世代」はY世代に続く世代で、1990年代後半から2000年代初めに生まれた世代となる。

このミレニアルのY世代とZ世代では、価値観が異なる。

Y世代は、ITリテラシーの高い世代でありつつも安定志向。「氷河期世代」とも言われる。「失われた20年」に青年期を過ごしていることが背景として大きい。会社への帰属意識よりは転職や個性を活かす意識などが強く、ネットを通じて価値観の合う人たちとの「つながり」を大切にする。また、周囲の大人たちが、ITを使いこなしていない、スマホが身近になかった時代の人たちだということがわかっている。両方の時代を見聞きし、昭和の親と平成の自分時代をまたいだ世代だ。

Z世代は、まったく新たな、人類史上最初の新しい価値観を持っている。生まれた時からIT製品は当たり前にあった。ITと暮らす便利さと危険さの両方を理解している世代となった。

そのためITというツールを駆使するからこそ本質そのものへの価値を重視する。また地球環境など社会課題に対しても意識が高い。デジタル機器の使い過ぎによる体調不良やプライバシー保護、そしてSNSの危険性などを認識している。

Y世代、Z世代は、その上の世代の人たちの価値観とはすべてが違うと思ったほうがいい。

就活、働き方、結婚、子育て、企業評価に至るまで、シビアに見て、リアルな社会を動かすパワーを持っている。

10年後に向かってミレニアル世代の価値観が主流となる。

弊社が「新型コロナの拡大によってもたらされた価値観変化」についてインタビューをした際、20代前半の女性から出たコメントの例にこのようなものがあった。

「ペットボトルの飲み物は2年くらい買っていないです。ゴミが増えるし場所も取るし。パックのお茶はたくさん飲めておいしいし」

「1年に2回、衣替えの時に近所で見つけたリサイクル店に服を持って行きます。捨てるよりはいいかな、と」

「GUで買っています。おしゃれで安いし。この前、店内放送で、何年後には、包装やゴミとかをどのくらい減らしますとか聞いて、店を出た時に『ここで買っていいことしてる』と思っちゃいました」

「エコとかSDGsとか、よくわからないけれど、いるものだけでいいので。それってエコですか？でもフツーですよね」

▽社会を変えるのはミレニアル世代のソーシャル起業家たち

日本では、若い社会起業家や団体リーダーが今、次々と生まれている。

たとえば、国産牛ステーキ丼専門店「佰食屋」。ここは1日100食しかつくらない店。売り切れたら閉店する。働く人は、シングルマザーや障がい者。そのため働ける時間に限りがある。多店舗展開の売上至上主義とは対極だ。働く人側からの店づくりに挑戦している。「売上を減らそう」「意識の高い人を採用しない」など、今までとはまったく逆視点で多くの共感者を集めている。代表の中村朱美さんは1984年生まれだ。

一般社団法人アプローズは障がいのある方たちが営む生花店。代表の光枝茉莉子さんは元東京都福祉保健局勤務。先の中村さんと同じ1984年生まれだ。

一般社団法人Colaboは、女子高校生のサポートセンターという事業をしている。主な活動として、新宿や渋谷にピンクのバスを止めて、夜の繁華街を徘徊する女子高校生が立ち寄れる「十代無料の夜カフェ」を運営している。代表の仁藤夢乃さんは1989年生まれ。

そしてこのY世代のあとに、すでにZ世代が動いている。

ニュース番組「news zero」（日本テレビ）に出演しているクリエイティブディレクターの辻愛沙子さんは1995年生まれ。株式会社arca（アルカ）を創業し、イベント企画や飲食店プロデュースなどを行なう。「社会派クリエイティブ」を掲げる。

生理周期に合わせたサプリが届くサブスクサービス「ILLUMINATEチケットサプリ」のサービスを提供するハヤカワ五味さん。同じく1995年生まれだ。Twitterフォロワー数約8・5万人（2020年12月時点）の発信力を持つ。

彼女たちに共通しているのは、儲けるという前に、「意味」「意義」が原点であること。これからの世代は年齢ではない。ひとりの意志と行動が多くの人を動かすパワーを持っている。同じように今、若手社員は会社の姿勢を見ている。優秀な社員の視線の先は、社会に向いている。

女性の消費動向から読み解く2021年以降

ここでは、毎月、女性消費者動向レポート「HERSTORY REVIEW」で、女性へのアンケート、インタビューを重ねてきた編集チームが、カテゴリー別に今後の予測をまとめてくれた。「食」「ファッション」「健康」「美容」「住まい暮らし」「学び」の6つだ。ぜひ今後のマーケティングの参考にしてほしい。

▽食

①レシピはオンラインライブと注文の一体化

料理はレシピ検索から動画が中心になった。自分のお気に入りの料理研究家たちの料理をVRで見て、一緒のキッチンにいる感覚になる。
また、自分の家の冷蔵庫内の食材を画面に映すと、自動的に適した料理とその料理動画が流れるなどのテクノロジーと融合したサービスも出てきた。レシピ動画と注文も一体化していくだろう。「これおいしそう」と思えばポチッだ。

②意味食とフードロス削減の活動

食は、「誰が誰のためにどこでどんな風に」という意味や物語が一層価値になってきている。応援、支援、こだわり、手間暇、伝統、希少、栄養、知識提供など、「想い」を買う方向に向かう。目利きがより強化されていく。また、リサイクルにつながる容器を使用している商品やフードロスに取り組む姿勢を評価する。日本発のフードロス削減サービス「TABETE」の利用者たちはレスキュー意識だ。「安さ、お得、いいことをしている」の3つが得られる買い方が広がる。

③働く女性のウェルビーイング×テック

これは私がぜひ提言したい着眼分野。長年、女性社員を雇用してきた弊社では、生理痛で悩む女性社員に、クリニックに行く前の「食生活」改善を指導することを試みている。なんと親御さんも驚くほど虚弱体質が変化し、生理痛まで改善し感謝される。

若い社員ほど食生活の知識がなく、「女性の身体に補充すべき栄養」を知らない。「女性の体を考えた栄養学×フード×医療×管理ツール」という、病気ではなく、心身の健康をテーマにしたウェルビーイングを実現させるテックを期待したい。

▽ファッション

①所有ミニマム化

ファッションは持たないことがおしゃれになった。断捨離し、リサイクルの活用・売買は個人間で一般的になる。またスーツではなく、マイビジネスユニフォーム、ホームユニフォームといった感覚で場面に合わせて無駄のない洋服選びとなる。最小限、最適化だ。買わないのではなく、吟味し、納得し、無駄にせず、できれば社会に役立つ買物意識の中で、最上位にファッションを楽しむ人がおしゃれだ。

②1点着まわし価値

1点をどう組み合わせるか、着まわせるかという提案力が価値になる。現在、他人のコーディネートを参考にして気に入った服をその場で決済できるアプリも増えているが、靴、カバンなどトータルに、どう1点を最大限魅力的に着まわせるかという提案力に魅了される。

③意志ファッション

ファッションは、自分の意志や価値観が表われやすい。サステナブルな買い方の一歩先の、アップサイクル（リメイクしてさらにデザイン価値を上げる）を表現するブランドが人気となっていく。そのブランドを着ることは、意志への賛同であり共鳴であり、その先に社会貢献がつながっている。「買う」とは、「一票を投じる」感覚で、ブランドを着ることは絆や団結の意でもある。

▽健康

①リプロダクティブ・ヘルス／ライツ

リプロダクティブ・ヘルス／ライツ（Reproductive Health and Rights）とは、性と生殖に関する健康と権利のこと。女性と男性ではライフサイクルを通じて、異なる健康上の問題に直面することの重要性と理解に関心と気運が向かう。姿だけでなく内面から正しく整える健康へ。女性特有のブルーに対する性差教育も低年期から重要な広がりを見せる。小中高生の性教育のあり方も問われていく。少子高齢化の根本は、性知識の欠如も大きい。これまでタブーとされてきた分野が注目されていく。

②オンラインパーソナル管理

ジムのオンライン化や、YouTubeで動画を見るなど、自宅でエクササイズが手軽に取り組めるようになった。SNSを活用したパーソナルアドバイスやカウンセリングが伸びる。どこからでもアクセスして学べる。女性は友達に会うことが楽しみという人も多いので、オンライングループでの交流レッスンなどもニーズは高く、今後はフィットネスやカルチャー分野も海外レッスンがダイレクトに受講できる。同時和訳や通訳も可能に。

③横断ヘルスケアサービス

あらゆる業界が健康志向へと向かう。たとえば、任天堂のリングフィットが好調に売れるなど、ゲーム業界でも健康が取り入れられている。世界的に人気のあるオンラインサイクリングzwiftなど、実際に体を動かすリアルと、映像でゲーム世界の非現実と融合することが加速するはず。

デジタルが人に及ぼす弊害も明らかにされ、子どもたちの自然に触れる時間とデジタルに触れる時間のバランスがテーマとなる。自然の中で過ごすことは高い価値になる。

▽美容

①映像による使用レビュー

10代〜20代の若い世代に、よく見るYouTubeチャンネルを聞くと、ほぼ必ずあがるのが美容ユーチューバー。@コスメなどのクチコミサイトはもちろん人気だが、クチコミ、レビューのレベルが格段に上がっている。美容ユーチューバーによる実際に化粧をしながらのレポートほど参考にできるものはない。美容部員たちのプロノウハウも世に発信するなど、ファンを持つスタッフにインセンティブ評価制度を考える。体験が必要な商品は、クチコミの影響が圧倒的になる。

②コスパ・品質・デザインの3高

コスメ業界にはよい商品が溢れている。有名メイクアップアーティストのイガリシノブさんの「WHOMEE」、ダイソーのコスメブランド「URgram」、働く女性に絶大な人気のBCLカンパニーの「サボリーノ」の時間帯別や悩み別のシリーズ、見た目のデザイン力でも大ヒットした「Fujiko」などの2000円以下のおしゃれな高品質コスメが次々と登場。GUもほぼ1000円以下の国産、自然由来のコスメを発売。顧客ニーズ別に細分化が加速。

③自然派の生き様メイク

サステナブル、オーガニックの商品が増えていることもあるが、メイク自体がナチュラル（スッピンに近い）であることが評価されている。素肌状態がいかに美しいかであり、食生活、運動などは素肌に出る。自宅でできるケア、ホームエステなど、素肌の基からよくしたいといった商品が注目される。とはいえ、忙しい日々。手軽に、時短で〝さっさ〟という需要は残るため、いかに短時間に、または寝ている間に素肌美人になれるかでもある。素肌は正直だ。自然派は日常の手入れの仕方、過ごし方など生き様を表わす。

▽住まい暮らし

①ホームオフィスの進化と充実

コロナの影響で、リモートワークをする人が増え、職場から離れて広い家、庭のある家に移り住むなど、家と暮らし方について見直すきっかけを得た。自宅のＷｉ－Ｆｉ環境、ワークチェア、パソコン、ホームカフェメーカーなど、家の中を充実させる商品は安定的に需要が生まれた。女性向けのホーム用ワークチェアは不満の声多数。女性っぽいカラーなどは出ているが、女性の体を深く研究したホームワーク家具はまたまだ未開拓分野だ。

②家族単位の移動型居住

キャンピングカーの売れ行きが好調になるなど、コロナ禍で外へ出かけても他人との接触が少ないスタイルが人気に。キャンプが人気になり、それに伴う商材（キャンプグッズやアウトドアグッズ、ファッション）も好調に。ラグジュアリーキャンプ場など、手ぶらで手軽に行ける本格的なキャンプではないところや、少し特別感のある場所も人気。次第に過疎地、少子化の町とタイアップして自然体験と住まいの提供と週末キャンプ感などが融合し、どこでも仕事、どこでも授業、どこでも暮らせる、が広がるか。

③ゴミ削減の循環

買物袋の有料化によるエコバッグなど、世の中はエコを意識せざるを得えない状況に変化した。同じ買うなら、少しでも環境によい買物を考えるようになった。脱プラパッケージや、リサイクル変換商品の消費は進むだろう。自宅のゴミを粗大ゴミに手続きする手間よりは、定期的にサブスク的に取りに来る業者、家庭専門の機密情報の溶解やシュレッダー機器、住居やマンションが提携してゴミ廃棄の再利用分だけポイントなどに還元されるなど、可能性は広い。

④家食サービス

家で食べることが増えたため、料理をつくる回数が負担に。手づくりブームはあるが、同時にウーバーイーツなどの認知度が上がったことで、配達でレストランメニューなどが気軽に食べられるようになったことは大きい。家で料理をしない国の文化が日本にも入ってきそうだ。家庭料理は家でつくるという認識から、町のレストランでまわすという注文スタイルも出てきそうだ。レストランの料理も低価格で手に入る時代。幅広く利用が増えている。

⑤ペットテック、ペットロボット

ペットを飼う家庭が増加。それに伴い、ペットテック市場（ペット向けのテクノロジーサービス）が拡大。ひとり暮らしの世帯も増えているため、家族としてペットと過ごす人も増加。そうした人は自身がいない時の見守りサービス、自動餌やり機などを利用している。

ペットロボットも種類が増加。犬型アイボや、家族型ラボットなど。ラボットはウェスティン、ニューオータニなど高級ホテルでも取り入れられ注目されている。ペットロボットを預かるサービスや、介護、病院などにペットロボットがつき添うなど、ペット関連テックは生活の重要な存在になっている。

▽学び

①オンライン登校

幼稚園、授業、塾、勉強など、コロナ禍でオンライン化が進んだ。時間つぶしにもYouTube視聴する子どもが多いため、Ｗｉ－Ｆｉ環境、ｉＰａｄやパソコンなどのタブレットが必須化。学校に行くことが当たり前という常識から、登校拒否に悩む親は多かった。しかし、オンライン授業が広がったことで単位や授業を家でも取れる。子どもひとりを家に置くことが不安な場合、塾やプレイルームなどを活用して、学校には行かないけれど、授業は受けられるというスタイルが出てくる。

②ビジネスと経済教育

日本は女性の管理職も政治家も起業家も、先進国のなかでは極端に少ない。つまり、女性はお金、ビジネス、政治を学んでいない。女性は本来、社会意識が高いのが強みだ。女性たちがビジネス、経済を学ぶことは、未来を変える力となる。

私は、コロナ禍に「一般社団法人女性の実学協会」（https://www.j-jitsugaku.org/）を立ち上げた。女性が真に経営を学ぶ場だ。

女性たちが真に経営やマネジメントを学べば、社会を支える商品やサービスも生まれやすくなる。

エピローグ　10年後の消費社会の答え

本書は、女性視点マーケティングの本として書き進めてきた。

「売上を上げたい」「お客様を増やしたい」、何よりも「コロナ後の消費社会がどうなるのかが見えない」といった気持ちから本書を手に取った読者は多いことだろう。

本書を読み進めていくにつれて「女性マーケット」の現実を伝えてきたつもりだ。そこには、今まで拾われずに置かれてきた課題が溢れている。

なぜここまで「女性マーケット」は、本気で追求されてこなかったのか。

女性たちは10年先を見ていると伝えてきた。

日本の今を女性たちは10年前から予測し、ＳＯＳを送っていた。


日本は今、急速に「お客様の数」が減っている。

２０２０年に生まれた子どもは、84万７０００人。コロナ禍によって少子化は加速したが、もともと10年後は70万人を切ると予測されている。予想より早くなっている。

この数が、どれほどの深刻さを持っているか、考えたことがあるだろうか。

子どもは2人の親から生まれる。2人から1人という数値が続くことは、毎年、親世代に対して子どもは半分というスピードで減っている。これは極端な話であったとしても深刻度は変わらない。人生が長くなっているとしても活性は長くはない。若い世代が、先細っていく国に未来はなく、活力も生まれず、成長は望めない。

時々、「少子化はそんなに悪いことではない」といった類のコラムを見ることがあるが、びっくりする。早々に消滅に向かっているというのに。

この現実を10年前から女性たちは感じていた。

それでも声なき声の立場では消えていった。その緊急対策は2つあった。

ひとつは、**育児家事時間の男女差世界一の現状を解消すること**。

もうひとつは、**政治・経済の要職に女性が先進国中もっとも少ない国であることから順位を上げること**だ。つまりジェンダー・ギャップ指数ランキングだ。

この2つは、社会に大きな歪みを起こし、結果として子どもを授かるかもしれない女性の心身を包括的に守れない現実を生み出し、ことの重大さに気づかないままにここまできてしまった。

奇しくもコロナ禍によって、家事育児に参加する男性は増えた。しかし一方で暴力などのDVや虐待がすさまじく増えていることを知っているだろうか。その被害者のほとんどは女性と子どもだ。少数派の女性たちの声が届かない国になっている。少子化以前の解決すべき課題が足元で膨れている。

本書は、そうした現実を悲壮感で伝えたかったのではない。マーケターとしては、今の日本を活力ある国に戻し、少子化を止めて、元気な消費者を再び増やし、街に活気を戻すことをゴールとして考えたい。

その策は、先に書いた2つの緊急対策に真剣になることだ。

実は、先進国を見ると、日本に似た道を歩みながら、少子化を克服した国はいくつもある。国が活力を維持するのに必要な合計特殊出生率をV字回復させてきたのは、北欧諸国やフランスなどだ。そしてこれらの国は、世界ジェンダーギャップ指数ランキングの上位国の顔ぶれと一致する。

少子化とジェンダーギャップ指数には関連性がある。

女性視点が主要な政策に入ることで、拾えなかった声、見えなかった現実に対処できるからだ。また、「女性省」などの専門省庁が存在する国も多い。当然、日本にはない。「女だけ特別扱いするのか」「逆差別だ」といった話になるのだろうが、「先進国中最下位のジェンダー・ギャップランキング」であることが、国の未来と可能性を狭めていることを最優先の緊急課題にし、期間限定であっても「女性省」は急務だろう。

「女性省」は、女性を特別扱いする省ではない。女性の心身を守り、出産や子育てを社会でサポートし、人口の活性化と子どもたちの環境を守ることにある。

２０２０年後半、話題のベストセラー『武漢日記　封鎖下60日の魂の記録』（河出書房新社）を読んだ。新型コロナが蔓延し、１１００万人の大都市が完全封鎖した実情を中国・武漢在住の作家、方方（ファンファン）が、自身のブログに書き続けた日記だ。この文章でもっとも注目された一節は、「ある国の文明度を測る基準は、どれほど高いビルがあるか、どれほど科学技術が発達しているか（中略）でもない。ある国の文明度を測る唯一の基準は、弱者に対して国がどういう態度をとるかだ」（２月24日１４１ページ）の箇所だ。

モノからコトへ
コトからイミ（意味）へ
イミからイギ（意義）へ

２０２０年秋、ひとつの団体が立ち上がった。一般財団法人日本女性財団（https://www.japan-women-foundation.org/）。

すべての女性の「ウェルビーイング」と「女性省創設」を掲げている。

競い合いではなく、「包括的に女性の心身を守る国づくり」を目指しているこの団体に、弊社もサポーターとして加わった。賛同者、企業、団体を募っている。

女性視点マーケティングは、「戦って敵を減らして勝つ」ではない。減りゆくお客様を奪い合ったところで、もう長くは続かない。

女性視点マーケティングは、**「共に助け合い、仲間を増やして生き残る」**道を取る。

これからの10年を創るのは、ほかでもない私たちであり、10年後、20年後を活力ある消費社会に変えることができるのもまた、今なのだ。

見えなかったもうひとつのマーケティング、女性視点マーケティングが、皆様の事業に新しい息吹と未来を連れてくると信じている。

おわりに

本書を書き終えたのは、２０２０年末の初冬。

書きはじめてから丸１年が経過した。まさかの新型コロナウイルス感染拡大という出来事に出会ったが、今思えば、去年に発行していなくてよかったと思っている。私は女性たちが10年先を見ていることをずっと感じてきた。それが新型コロナを経験したことではっきりとより強く感じた。

２０２０年は、何か不思議な年だった。西洋星占術の世界では、２００年に一度のグレートコンジャンクションという宇宙と星の位置に大きな変化が起こる年と言われ、２０１９年末から「来年は大変な年になる」と言っていた易者は多かった。

２０２０年までの「地の時代」が象徴するのは物質的な豊かさ。目に見えるものの所有。２０２１年からの「風の時代」が象徴するのは、情報や体験といった目に見えない豊かさ。所有からシェアへ。蓄積から循環へ。境界からボーダレスへ。自力から共創、共助へ。そして利己から利他へ。まさに女性視点マーケティングがもたらす価値となる。これがコロナ禍でさらに加速した。

「何か人間の力では及ばない流れがある」と感じずにはいられなかった。

本書を書くきっかけをくれたのは、株式会社ソーシャルビジネス・パートナーズの山崎伸治社長、カンボジアに渡って女性たちの能力開発に尽力している株式会社ブルーミング・ライフの温井和佳奈社長のおふたり。麻布十番の居酒屋で話していたその日のことを、今でも鮮明に覚えている。

山崎氏から、「日野さんのしていることは、『女性の解体新書として出すといい』」と、キーワードをもらった。「女性解体新書」、この言葉は私の30年間の歩みをまとめようと思った大きな気づきにつながった。

弊社が１９９０年の創業から30周年を迎えている時だった。

女性マーケットではなく、女性の目が見ている社会。その社会を言語化し、世の中に出し、少しでも誰もが幸せな社会につながっていってほしいという思いを語った時、大きなヒントをいただいた。親友ふたりには、いつも大事なタイミングで気づきをもらい、心から感謝をしたい。

女性視点マーケティングは、ジェンダーという多様性もひとつとして認めつつ、ジェンダーと関係なく、手を取って社会を、未来の子どもたちのために向かいたい。

日本は、男性がまだまだ政治経済の中心リーダーであることは事実。だからこそ未来を考えた時、世の中に違和感を持つ男性リーダーたちも多い。

私も含めて、女性がこうして意見を言える環境になったことは、「共」に歩む社会に向けてサポートしてくれる人たちがあってのことだ。

しかし、ここから10年、女性の政治家、経済人を急ぎ増やす必要がある。女性視点は暮らしから社会を見る。老若男女のことを気にする。国も企業も、女性視点が極端に少ないアンバランスな面々の采配はもう終わりにしなければならない。偏りからバランスを均等にしなければ、いびつさが増すばかりだ。女性も男性も、これから続く若者や子どもたちにも幸せは届かない。

「共に」語り、手を取り、考え、行動する社会ムーブメントが必要な時に来ている。

本書の出版にご尽力いただいたのは、元「月刊　商業界」の編集長で、現「商い未来研究所」代表の笹井清範氏。常に私の発信を心強く支えてくださった。また、本書の出版・編集にあたっては、同文舘出版の津川雅代氏にもアドバイスを多数いただいた。両名には心からお礼申し上げたい。

そして最後に、本書を、弊社社員、関わってきた仲間たちに記録とメッセージとしても届けたいと思った。

20代までに大病、手術をし、子どもができないと言われた私が、25歳で結婚し、奇跡的にひとり娘に恵まれた。私が多様な女性の人生と社会に大きな関心を持ったきっかけは、自分自身の人生からだった。

その後も起業家になってから、たくさんの女性たちの声を聞き続け、マーケティング事業をする中で、私自身は相変わらず何度か婦人系のブルー期間に悩まされてきた。すでに社会は、「男女共に」というキーワードが広がっているが、実態はまだ伴っていない。これから10年、女性の置かれている現実と、力強い男性たちの思慮と懐で、未来の子どもたちの幸せを「共に」つくりたい。

目指すは、世界ジェンダー・ギャップランキング50位以内。実践者を支援したい。

そして2021年からの10年は「抱括的に女性の心身を守る国」として「女性省」の立ち上げにも尽力したい。

10年後に報告と合わせた、出版ができることを楽しみにしている。

株式会社ハー・ストーリィ　代表取締役　日野佳恵子

2021年1月

アクセス先

■株式会社ハー・ストーリィ　https://herstory.co.jp/

■一般社団法人女性の実学協会　https://www.j-jitsugaku.org/

■一般財団法人日本女性財団　https://www.japan-women-foundation.org/

著者略歴

日野　佳恵子（ひの　かえこ）

株式会社ハー・ストーリィ代表取締役
1990年広島市にて創業。地域の女性たちのネットワークをつくり、消費者体験の意見などを企業に届けるマーケティングサービスを行なう。同時に、家庭にいる女性たちの能力を活かす人材バンクを立ち上げ、自宅で業務ができる現在のリモートワークの原点に近い就労スタイルを確立させる。女性たちのクチコミパワーに着目した書籍『クチコミュニティ・マーケティング』（朝日新聞社）はベストセラーとなる。
2010年以降、拠点を東京に移し、「女性視点マーケティング®」という消費全体の8割に影響を及ぼす女性の存在に着目したマーケティングを企業に提供している。2015年から女性消費者動向レポート「HERSTORY REVIEW」を月刊で発行。「女性のあした大賞」アワードを開催し、女性たちの未来を支援する商品・サービスを表彰している。
著書に、『「ワタシが主役」が消費を動かす――お客様の"成功"をイメージできますか？』（ダイヤモンド社）、『女性のためのもっと上手な話し方』（ディスカヴァー・トゥエンティワン）など多数。

株式会社ハー・ストーリィ　https://herstory.co.jp/

女性たちが見ている10年後の消費社会
市場の8割を左右する「女性視点マーケティング」

2021年2月11日　初版発行
2022年6月1日　4刷発行

著　者――日野　佳恵子

発行者――中島　治久

発行所――同文館出版株式会社

東京都千代田区神田神保町1-41　〒101-0051
電話　営業03（3294）1801　編集03（3294）1802
振替00100-8-42935　http://www.dobunkan.co.jp/

ISBN978-4-495-54078-4
印刷／製本：萩原印刷
Printed in Japan 2021